U0054150

經濟心理學

俞文釗 · 魯 直 · 唐為民◎編著

序

　　自二十世紀九〇年代起，筆者就帶領研究生們開拓了一個新的交叉學科領域——經濟心理學。經過多年的探索與實證研究，這門學科的理論基礎、方法論和研究方法已日趨成熟。筆者指導的博士、碩士研究生們在這一領域中的成果豐碩，也逐漸形成了具有中國特色的經濟心理學的理論架構和在實踐中的有效應用。

　　在本書的導論中闡述了一個主題思想：在解釋人類社會的經濟現象時應該導入心理變數的影響才能完整有效地說明，這就是所謂的「經濟學面臨來自心理學的挑戰」。在經濟學家與心理學家的共同努力下，這門學科得以迅速地發展。

　　市場經濟的領域是多方面的，有金融市場、產品市場、勞動力市場等，其中人們每時每刻都面臨著金融投資、通貨膨脹、物價消費、福利、就業、失業等等現實問題，這些問題時刻困擾著每一個人。

　　本書第1章架構了經濟心理學的五大理論基礎——效用、預期、不確定性與風險、對策與福利理論。當然，隨著研究的深入，我們相信，這一學科的理論基礎將會擴展。

　　經濟心理學的研究方法與分析模式有其獨特性，這是第2章中要闡述的。總之，第1、2章對理論與方法作了較大篇幅的說明，這完全是建立這一學科所需要的。堅實的理論與方法是一門學科的立足之本。

　　第3、4章是闡述個體與家庭中的經濟心理與行為。首先，

「理性經濟人假設」客觀地說明了人的經濟行為的目的就是為了獲利最大化。事實上對這一假設是不必多作道德評價的，在社會生活中，奉獻精神與個人獲利行為，這兩種行為並不矛盾。人們可以選擇理性行為，也可以選擇非理性行為。從經濟心理學角度研究生育、婚姻、儲蓄等已經取得了成果，經濟學家貝克爾為此還獲得了諾貝爾獎。

第5章中分析了企業中的低效率現象，並提出了建立現代企業制度中的激勵機制的對策，這是筆者長期探索與研究的成果，並已為實踐應用所證實。中國不同企業的企業形象設計其向度構成是應該權變的，這是我的研究生詳細研究的結果，這在本章中也有詳盡說明。

最後一章為「勞動力市場中人的經濟心理與行為」，其中涉及到勞動力市場中的擇業、就業、失業等當前社會中最迫切的問題。我的研究生們研究了失業職工的挫折、焦慮和抑鬱等心理障礙，同時也提出了克服這些障礙的心理對策。

俞文釗‧魯直‧唐為民

目　錄

導論 二十一世紀的新興交叉學科
——經濟心理學

一、經濟心理學的誕生與發展沿革

　　經濟心理學是一門研究經濟心理與行為的科學，從它的誕生到引起人們興趣才不到百年的時間。作為一門新興的學科，很難說它的發展經過了幾個階段，而只能透過一些具有代表性的經濟心理學家嚴謹和系統的研究來探求經濟心理學的發展軌跡。

加布里埃爾・塔爾德和《經濟心理學》

　　標誌著經濟心理學真正誕生的是塔爾德（G. Tarde, 1843-1904）在1902年出版的《經濟心理學》。塔爾德是法國一位法學家和社會學家，長期對社會現實的經濟方面感興趣，同時他又是現代犯罪學和社會心理學的奠基人，他試圖擴大自己對個人關係心理學的構想，特別是把這些構想用來研究經濟活動。1902年他把在法蘭西學院授課用的教程分兩卷出版，該書的書名就叫《經濟心理學》（*La psychologie économique*）。阿爾布認為這本書「以一種古典的，同時也是明確的形式，構成了經濟心理學的基礎」。因此，一般認為經濟心理學起源於法國。雖然在此之前，人們稱之為「奧地利心理學派」的卡爾・門格爾、馮・維塞爾和柏姆—龐巴維克的邊際效用主義的著作已很多，但說到底，至多不過是借用了邊沁對行為的動機所作的考察。所以我們認為，經濟心理學於1902年誕生。

　　塔爾德在這本書中，以更為冷靜、更為公正的科學態度，

突出了經濟現象的主觀方面，並證明這是眞正能對經濟現象作出解釋的方面。他認爲「內在的和精神的方面」應不同於「事物的外部的和物質的方面」；經濟學家把人們的內心世界設想得那麼簡單、那麼粗略，根本不了解「各門社會科學具有十足的心理特性，而政治經濟學只是社會科學中的一個門類」。因而，塔爾德認爲經濟心理學的抱負和願望就是「試著改寫政治經濟學」，使它避免狹隘和枯燥，顯出「完全是心理方面和完全合乎邏輯的、十分生動和十分合乎理性的」眞面目。塔爾德的觀點可歸結爲：

1. 強調經濟現象的主觀方面，並提出了主觀價值論的觀點：他認爲，貨幣在經濟學家眼中是價值的標誌，但是貨幣是與人的信仰、希望、思想、意志等主觀方面相聯繫的，不同的人對貨幣的主觀價值是不同的。

2. 提出了心理預期的觀點：例如，他認爲股票市場中證券價格的起落不同於氣壓計指數的上下波動，而是受股民預期的影響（如公眾認爲大有希望或灰心喪氣、任何一個引起轟動的好消息或壞消息都會影響股民的心理預期）。

這些觀點在今天看來，仍具現實意義，例如在股票交易方面的心理分析確實很重要。在理論方面，塔爾德的有些看法也帶點主觀任意性。儘管如此，塔爾德爲研究經濟現象所做的努力以及爲經濟心理學誕生所作的破堅冰、開航道的貢獻，是功不可沒的，他所提到的很多建議在今天仍然有著特殊的影響。

皮埃爾・路易・雷諾和《政治經濟學和實驗心理學》

塔爾德出版了《經濟心理學》一書不久，就於1904年去世。在以後一段時間裡，經濟心理學依然難以為人們所了解，幾乎到了瀕臨銷聲匿跡的境地，但還是有人作了一些具體的研究，表明人們對心理學仍有某種興趣。後來，凱因斯在英國把心理學作為自己愛談的話題，雖然凱因斯的心理學好像純粹是為了裝飾門面，很大程度上只是對心理學作字面的理解。他的心理學主要是立足於國民生產總值和總額基礎上的，而遠不是立足於個人，如他注重的是儲蓄而不是儲蓄者，是消費而不是消費者。

第二次世界大戰以後，經濟心理學又悄然興起，其標誌是1942年法國著名經濟學家皮埃爾・路易・雷諾（P. L. Reynaud 1908-1981）撰寫的「第一部將經濟學與心理學有機結合的系統性著作」——《政治經濟學和實驗心理學》一書。

雷諾是法國斯特拉斯堡的羅・巴斯德大學的政治經濟學教授，很早就對心理學產生了興趣，試圖用實驗心理學來理解客觀經濟現象。他發現「人的行為並不是嚴格合乎邏輯的，而往往是一半合乎理性的或非理性的」，他希望制定出一種有關這種「非理性的人」的經濟理論，認為這種「非理性的人」是由「外部刺激」或自己的「內部衝動」決定的。1964年他撰寫《經濟心理學》一書，在此書中，強調了「整合」概念對心理學和經濟學的重要性，著重指出了「心態層次」、「閾限」和「動力想像」這三個基本概念。在其他著作中，他又試圖把對「企業家的活力」、緊張心理和多種願望的主要作用所作的考察擴大到

「人類社會」。1974年他發表了《簡明經濟心理學》，此書著重考慮了「建立質量模型」的問題，他主要關心的是確立「水準參數」，並用三個主觀因素：興趣、智慧和認識來估測這些參數。

最後雷諾認為，經濟心理學的最終目的就在於說明「關鍵閾限」的位置和性質，以便能夠用心理力量（心理力量遠比物質力量重要得多）來超越這些「關鍵閾限」，建立起一種「概括的經濟學」——把人類的進步和個人的首創精神和自由結合起來。

喬治・卡托納和《經濟行爲的心理分析》

隨著心理學研究對經濟領域的滲透，以及精神分析法和民意測驗法等研究方法的運用，經濟心理學的研究逐漸開始贏得越來越多的注意。特別是第二次世界大戰以來，由於大批心理學家和社會學家來到美國，從而使經濟心理學的研究中心從歐洲轉移到北美。從那時起，經濟心理學作爲一門獨立的科學，在這些學者們的推動下獲得了第二次發展，這其中應屬卡托納功高至偉。

被稱爲美國經濟心理學之父的卡托納（G. Katona, 1901-1981）原籍匈牙利，曾是一位教育心理學家，熱衷於格式塔心理學，後來在芝加哥的雅各布・馬爾克教授的影響下，轉而研究經濟學。他擔任過美國財政顧問，從1950到1972年，他在密西根大學同時主持心理學和經濟學講座，努力把這兩個知識領域完整地結合起來，賦予經濟心理學事實基礎。同時他還劃定了經濟心理學的界限，提出了它的研究方法，認爲抽樣民意測驗是對經濟行爲的心理分析的首要工具。在此基礎上，他於

1951年出版了自己的第一本著作《經濟行為的心理分析》。

　　接著，他又於1960年發表了《強大的消費者》，1964年出版了《大眾消費社會》，對消費心理學進行了進一步的研究，提出了「消費者主權」的概念，認為週期性的經濟變動（通貨膨脹或緊縮）和經濟增長率都在很大程度上取決於消費者；消費需求不再受制於惟一的收入因素，需求有「自由決定權」，受到消費者購買傾向的影響，而購買傾向則是顧客的動機、傾向和期望的反映。

　　卡托納的研究興趣主要是消費行為，也包括適當的企業行政管理行為。他特別對二十世紀五〇年代以來美國社會的消費行為的變化進行了系統的研究，認為在貧困時代消費是收入的函數，但在富裕社會，人們的生活消費方面發生了五種變化：(1)收入增加；(2)儲蓄和資產增加；(3)賒銷的普及；(4)非必需耐用品的比重增加；(5)經濟資訊迅速傳播。因此消費者行為會發生如下三種趨勢的變化：(1)契約性的、習慣性的、必需的消費減少；(2)自由酌量處理的支出增加；(3)自由酌量處理的儲蓄和投資增加。卡托納認為，經濟行為是由人格和環境的相互作用決定的，上述消費行為的變化傾向必然導致研究消費行為的理論和結構也發生變革。他提出以以下三項作為把握消費行為的主要變數群：可能條件（enabling condition）、態度（attitudes）和促進條件（precipitating condition）。可能條件指收入和自由酌量處理的支出額，態度是消費者的購買傾向的集中體現，而促進條件則是促成消費決策與行為的市場條件和偶然條件。透過上述三方面變數群的綜合，才能對具體的消費行為進行全面的分析和預測，較為準確地把握消費行為。

　　另一方面，卡托納在1952年至1954年間制定了「消費者感

情指標」來衡量一個特定社會中消費者的態度、期望以及樂觀或悲觀的程度。這種用來預測消費者短期行為的指標經許多研究者驗證證明具有相當的效度。美國經濟的發展也充分證實了卡托納的主張：(1)消費者對於經濟波動的影響大大超過了他們的收入變化對於經濟波動的衝擊；(2)對消費者的意向、預期、欲望、態度和動機的測量預先指明了他們消費和儲蓄行為的變化，特別是預先指明了耐用品消費的重要變化。如雖然在1970年經濟衰退之前的1969年春，美國消費者的個人收入總量並未下降，但消費者的態度已經顯著地趨於惡化。結果到1970年，整個社會對於汽車、器具以及其他耐用品的消費需求量陡然下降，失業也因之而大大增加。

　　卡托納在自己領導的安阿伯（Ann Arbor）實驗室中建立了一個卓有成效的研究隊伍，同時他還與其他經濟心理學家保持了密切的學術交流。在卡托納的推動下，經濟心理學得到了不斷的發展，先是在歐洲，繼而在世界各地最終找到了自己的位置。

佩爾斯特·迪希特和《動機研究》

　　迪希特（E. Dichter）1907年生於維也納。他像佛洛伊德一樣，對人們的消費生活感興趣，當然其目的並不是要研究日常生活的病態方面，而是要理解它的「惟利是圖」的一面。在他看來，行為是一種假象，人的各種購買動機一般是潛意識的，它們是一些與利比多（libido）衝動有關的錯綜複雜的機制，而利比多衝動又是從童年開始和形成的，所以只有依靠臨床治療和精神分析才能理解購買動機。

　　一般認爲，購買行爲既然是經濟行爲，那麼消費者的行爲應是合乎邏輯和理性的。但實際上，在多數時間裡，消費者的行爲往往是由偶然性或當時的環境所決定的。迪希特認爲，人的動機分有意識的和潛意識的兩方面，或稱爲理性與非理性兩種。而「我們最後往往是以特殊的、非理性的和荒謬的方式行動的，而且往往事先並不知道自己會採取這樣的行動」。他認爲「產品中有著個人的投射」，「當個人繼續忠於產品的牌子時，忠於的仍然是他本人」；各種物品「並不是超然於個人之外的、原始的和不帶個性的，它們是人的物品」，因此必須進行人類學尤其是文化人類學的研究。

　　在研究方法上，迪希特採用了以對那些從少數消費者中收集的資料作深層解釋爲基礎的「間接的」手段（如精神分析、主體統覺測驗、戲劇手段等）。

　　迪希特由於其對於產品和服務的動機的研究受到其他學者的排斥和輕視，但阿爾布公允地指出：「迪希特所作的研究有其重要性，使我們完全更新了對經濟行爲的動機的認識。」同時，他的研究還開創了經濟心理學的一些新領域，並把握了一些基本問題的關鍵，他所提倡的對消費者的願望進行認眞研究的主張對於廣告製作、了解消費者的動機及潛在需求也都有著重要的意義。

拉紮爾斯費爾德的經濟社會學研究

　　拉紮爾斯費爾德（P. F. Lazarsfeld）在大量宣傳行爲、政治行爲和消費者行爲的社會學以及社會心理學的研究領域中作出了巨大的貢獻。其中，他對消費行爲研究的方法和卡托納的方

法有很大不同。因爲卡托納是經濟學家，所以主要對一國的宏
觀消費水準、市場趨勢和各個消費者在微觀水準上的消費行爲
進行綜合研究，研究的焦點最終還是經濟現象。在消費行爲的
研究方面，卡托納是以闡明消費行爲的關係，並使之理論化爲
研究目的的。與此相反，在拉紮爾斯費爾德看來，消費行爲只
不過是人類社會行爲中的一種型態。他往往把對消費行爲的研
究模式轉用到政治行爲研究的模式中去。他的關於政治行爲研
究的第一本名著《人民的選擇》（*The People's Choice*），就是在
轉用了關於購買行爲的研究的基礎上誕生的。

　　此後，他在《個人影響》（*Personal Influence*）一書中更加
明確地、有意識地展示了這種意圖，即打算作這樣的嘗試：對
政治行爲、購買行爲和流行行爲進行直接比較。

　　在拉紮爾斯費爾德看來，研究政治行爲不僅僅是政治學家
的工作，研究經濟行爲也並不僅是經濟學家的工作，兩者沒有
嚴格的區別。事實上，他研究的本來目標就是人類社會行爲的
一般理論結構。因此，拉紮爾斯費爾德評論和研究經濟行爲的
論文（1959）並不限於對消費者行爲進行研究。同時他還採取
了將消費者行爲和經營行爲作對比來進行論述的方法。由此可
見，與其他領域相比，他更重視把握人類的社會行爲。

　　拉紮爾斯費爾德提出影響消費行爲的三個重要的變數：(1)
先有傾向（predisposition）；(2)宣傳和交流的影響
（influence）；(3)商品的特性（product attributes）。先有傾向包
括消費者階層和地位等各種社會學屬性以及購買意識等心理學
因素。其中社會學變數有：社會階層、參照團體和購買習慣。
購買習慣又可根據社會地位（social position）和角色概念
（conceptions of role）予以區分。關於心理學因素，拉紮爾斯費

爾德提出應由範圍（特殊或一般）、力學性（指向性，被動還是主動）和時間觀念（現在還是未來）加以組合後進行研究。在上述三個影響消費行爲的變數中，拉氏尤其強調宣傳的影響和先有傾向的重要性。他認爲，與其研究購買的經濟條件和偏好的結構，不如把研究的焦點放到購買習慣和消費者所屬的社會集團、地位和作用的聯繫方面，進而再研究宣傳和交流對購買行爲的作用。可以看出，拉氏對消費行爲研究的側重點出於他的經濟社會學的獨特視角。正如我們前面指出的那樣，他的消費行爲影響變數的理論無疑可以推而廣之到人類的其他型態的行爲研究中去。但應當指出的是，對於消費行爲乃至經濟心理學的研究，如果拘囿在原有的學科思想中，沒有一個更綜合和寬廣的視野，那麼要想達到對消費行爲的充分理解和建立一門新的眞正有效的學科體系顯然是困難的。

戶川行男的深層心理研究

日本心理學家戶川行男（1960）在商品購買行爲的動機研究上是卓有成效的。他在市場調查中，摻進了一些深層心理學測試（如投射法、精神分析法）、深度訪談法和詳細交談法來探求消費者的購買動機。

戶川等人採用的方法是：對於一個研究課題，一般由幾位臨床心理學家和社會學家組成一個研究小組，每人以二至三名被測試者爲對象，進行深入交談，然後歸納成事例研究。從而以十至二十名測試者的事例爲基礎，研究其一般理論。一次交談所需要的時間爲兩小時，包括被測試者的生活經歷等。詳細記錄其購買某種商品的過程、購買情況等，並加以分析。

　　戶川等人在購買行為的研究中，根據購買行為發生的過程，闡明了在各個不同階段什麼樣的動機發揮重要作用，舉出了如下六種主要的動機：(1)需求；(2)喜好；(3)態度；(4)推測（對今後生活的預期）；(5)社會承認（參照群體）；(6)偶然因素（廣告、推銷等）。戶川認為，就以上因素而言，真正重要的是需求，然後才是態度和價值，經濟條件只不過是包括在「偶然因素」中的因素之一。透過這六種動機的綜合，徹底了解某一購買行為是怎樣得以實現的，進一步加深對消費行為的理解並使之理論化、一般化，這就是戶川的主要研究成果。

IAREP的成立和與SASE、SABE的合作

　　進入二十世紀八〇年代以來，經濟心理學在經過了長期的「學術休眠」以後重新恢復了活力，越來越多的經濟學家和心理學家以及其他領域的學者都對經濟心理學的研究產生了濃厚的興趣，國際學術交流和合作也日漸增多。1976年在荷蘭的底爾堡召開了第一屆經濟心理學歐洲討論會並建立了每年開會一次的制度。歐洲討論會進一步擴大的結果便是1981年在巴黎召開的第一屆經濟心理學國際討論會。學者們共襄盛舉，1981年在荷蘭創辦《經濟心理學雜誌》（*Journal of Economic Psychology*），並促成了國際經濟心理學研究會（IAREP）於1982年成立。該研究會認為經濟心理學是一門產生於心理學、經濟學和管理理論結合處的交叉性學科，又是一門獨立的學科，既有其理論的一面，又有應用的一面。

　　在眾多研究者的共同努力下，經濟心理學的研究日益得到學術界和社會的認可、支援與重視。這從1991年IAREP與

SASE（Society for the Advancement of Social-Economics，社會經濟學研究學會）在斯德哥爾摩、1992年與GEWF（Gesellschaftfür Experimentelle Wirtschaftsforschung，實驗經濟學研究學會）在法蘭克福和IAREP與SABE（Society for the Advancement of Behavioral Economics，行爲經濟學研究會）1986年在以色列施法伊姆、1994年在荷蘭鹿特丹相繼召開的聯席會議中便可略見一斑。近年來，經濟心理學者的研究報告的數目不斷增長，從《經濟心理學雜誌》、《經濟觀察雜誌》到《行爲經濟學雜誌》、《政治經濟學雜誌》、《人格與社會心理學》、《經濟文獻雜誌》以及《心理學與市場營銷雜誌》、《消費者研究雜誌》、《斯堪地那維亞經濟雜誌》等都刊載了有關經濟心理學的研究報告，而且這些研究的被引用率也相當高。研究者們的相關論著也層出不窮，如有關經濟心理學的就有麥克法德恩夫婦（Macfadyen & Macfadyen, 1986）、弗漢姆與劉易斯（Furnham & Lewis, 1986）、利、塔比和韋布利（Lea, Tarpy & Webley, 1987）、安東尼茲（Antonides, 1992）等的著述，不勝枚舉。學者們卓有成效和極富開拓性的工作不但得到了眾多研究者的重視和讚賞，促進了經濟心理學學術地位的提高和學術影響的擴大，同時也使得公眾更爲了解和認同經濟心理學的研究。

二、世界各國人類經濟心理與行爲研究現狀

　　二十世紀八○年代以來，經濟心理學的研究迅速勃興，它的研究不再局限於歐美的幾個國家，世界各地的研究者們都積

極投入到經濟心理學的研究熱潮中來。這些研究名目繁多、形式各異。「誰要是想爲他們開列一張完整而詳細的清單，這也許是世界上最枯燥乏味和徒勞無益的事了。」而且「即使身處資訊高度豐富的時代，要想完整和及時地收集到經濟心理學正在那些蓬勃發展的很多國家中所發生的一切，顯然是一種幻想」（阿爾布，1984）。因此，我們僅限於目前所掌握的資料，對世界各國經濟心理與行爲的研究現狀進行一番粗略的介紹。

歐洲經濟心理學研究現狀

隨著1986年歐洲統一法案的實施，統一的歐洲共同體已經逐步形成。與之相應的是從個體的消費、旅遊、就業到企業的資金流向、員工招聘、營銷、投資和廣告以及政府的貿易、貨幣和出入境政策的制定等等，整個共同體在各個層面和幾乎所有方面上都在發生著前所未有的變化，這其中有著大量的經濟心理問題。統一共同體的形成在爲各國提供了發展機遇的同時，也爲各國的經濟心理學研究準備了沃腴的土壤和廣闊的天地。

(一) 法國

1955年2月，法國計畫總署成立了一個「經濟心理學小組」，並定期向法國國家應用人文科學混合委員會遞交有關經濟計畫問題的報告和行動綱領，從而使經濟心理學得到了廣泛承認。此後，法國經濟心理學家進行了關於經濟行爲的一般理論、日常生活的諸多經濟心理、經濟需求與經濟動機、銷售與廣告、衛生經濟學、勞動、消費、企業家行爲、預測和發展的

經濟和社會意義等多方面研究。尤其在預測心理學領域，法國
的研究者們起了「一種引人注目的帶頭和創新作用」，他們參與
了法國第四個國家經濟計畫的各個章節及第五個計畫的動機說
明部分的研究，在預測心理的研究中影響很大。近年來，法國
研究者們又提出了國際經濟關係心理學的研究思想，極富科學
創見性。在各個領域的研究中，他們與各國同行都保持了密切
的交流，共同推動了經濟心理學的發展和完善。

(二) 瑞典

在韋爾納利德等人的推動下，瑞典的經濟心理學研究者形
成了斯德哥爾摩學派。開始研究的是消費心理與貿易關係，並
在消費動機的研究方法上有所創新。最近他們又轉向稅收心理
及其與職業創造性和成就動機的關係、商業中心的興建等問題
的研究。

(三) 荷蘭

荷蘭在經濟心理學方面的研究令人矚目，成果豐碩。1976
年正式在荷蘭的底爾堡召開了第一屆歐洲經濟心理學討論會，
為以後召開經濟心理學歐洲年會開拓了道路。此外，經濟心理
學研究的權威學術期刊《經濟心理學雜誌》也是在荷蘭經濟心
理學家范拉伊（W. F. Van Raiij）的努力下面世的。荷蘭經濟心
理學家在稅收心理學與消費者資訊方面與斯德哥爾摩學派進行
了合作研究。另外，他們對能源消費（家庭行為和家庭對能源
的態度等的研究）、投資、儲蓄和信貸的研究也很富有特色。范
拉伊對組織中的經濟行為和經濟行為中的歸因以及儲蓄意向的
研究、安東尼茲（G. Antonides）對談判行為的研究和麥克法德

恩（A. Macfadyen）對理性經濟人的研究也都在相應的領域內頗
受矚目。

(四) 德國

德國經濟心理學家們對於財政、稅收心理、預測心理、消
費者心理、價格心理、「公共」經濟和勞動問題等有很大的興
趣。其中剛特・施摩爾德斯的財政和稅收心理研究尤其出色。
弗蘭克和屈爾曼（Franke & Kühlman, 1990）結合一種有規則的
環狀模式，對生產、銷售、管理和服務的經濟心理進行了研
究，他們關於應用經濟心理學知識到優化勞動、組織和企業的
構成的觀點也頗受注意。在經濟心理學的學科結構上，屈爾曼
和霍約斯（Hoyos, 1987）主張經濟心理學由四個相對獨立的研
究領域構成，即整體經濟過程心理學、市場心理學、組織心理
學和勞動心理學。波恩大學的希爾頓（R. Seldon，1994年諾貝
爾經濟學獎獲得者）關於行爲過程的研究以及他的有限理性理
論的建立更是博得了全球的讚譽。

(五) 英國

英國學者在經濟心理學領域的研究起步較晚，但他們的研
究一開始就顯得豐富多彩。他們的研究包括旅遊心理、報酬和
通貨膨脹、動機和未來化手段、貨幣和信用經濟的研究等，特
別值得一提的是巴斯大學（University of Bath）的劉易斯（A.
Lewis）對稅收心理學的研究影響頗廣。他所領導的研究小組與
斯德哥爾摩經濟學院的韋爾納利德利小組和荷蘭蒂爾堡大學的
范爾德霍芬小組正在把這方面的研究加以深化。另外，利（S.
G. Lea）對動物心理學和經濟心理學之間的關係所作的研究也相

當新穎。

(六) 前蘇聯與東歐國家

前蘇聯在經濟心理學方面的研究較少，他們提出經濟心理學的主要任務是建立提高生產效率的勞動中心論，研究的主要問題應包括：(1)生產關係、經濟政策和經濟機制的心理反映的規律性；(2)各種所有制形式影響勞動積極性、個人及其社會行為的性質和力量；(3)公民的社會主義財產共有者的感情是怎樣形成的；(4)從社會和個人利益的角度來看，滿足某一時期最佳水準需要的問題；(5)勞動者的勞動能力、心理狀態與其他生產力因素的相互依賴關係；(6)伴隨交換關係和分配關係同時產生的特殊心理現象和消費關係的特殊心理方面等一系列問題（基托夫，1984）。不難看出，他們的學術研究因為其意識形態方面的特點而顯得片面。另外，波蘭、匈牙利等東歐國家的經濟心理學家也對廣告以及從生產與心理學的關係角度結合起來建立心理學的理論體系等方面進行了探討。波蘭的研究者們還研究分析了高度中央集權化的經濟中企業高級管理人員的動機。

(七) 奧地利

奧地利的經濟心理學研究比較其他西歐國家而言相對較晚，他們以認知心理學的近期研究成果為背景，對失業、地下經濟和稅收心理幾個領域進行了深入研究，並提出了現實主義的失業經濟模型。儘管其結論和概念並未系統地融入經濟模式之中，但研究很有新意，推動了經濟心理思想的新發展。

美洲經濟心理學研究現狀

（一）美國

　　美國的知識和社會氛圍對經濟心理學的發展特別有利，它是經濟心理學研究方法的誕生地，還使它的研究領域進一步深化。卡托納、迪希特以及拉榘爾斯費爾德等人對經濟心理與行為進行的卓有成效的工作，帶動了對於消費心理的系統和豐富的研究。以勒溫（K. Lewin）為首的團體動力學學派為人們更好地理解環境行為作出了貢獻。利維特（H. J. Leavitt）和馬奇（J. G. March）等人對組織行為進行了系統而全面的研究。以利克特（R. Likert）為中心的研究小組深入地研究了儲蓄問題。西蒙、舒美克（P. J. H. Schoemaker）和特韋斯基等人對於決策行為分析的研究更是執學界之牛耳，贏得了廣泛的贊同。就近年來處於學術前沿的博弈理論及其議價行為的研究而言，仍是美國學者獨領風騷，其中納什（Nash, 1950）的議價模型和羅賓斯坦（Rubinstein, 1990）的輪流出價模型（alternating-offer model）最為著名，納什也因此而榮獲 1994 年諾貝爾經濟學獎。埃茲額尼（A. Etzioni）的社會經濟學和史密斯（V. L. Smith）、普洛特（C. R. Plott）帶領的實驗經濟學（亞利桑納學派）也從另一個側面促進了學界對經濟心理與行為的重視與研究。

（二）巴西

　　作為西半球最大的發展中國家，巴西的經濟心理學研究主要集中在對消費問題的探討上，企業家研究、消費預期以及廣

告心理也都是他們的熱衷所在。由移居帶來的經濟心理問題同樣也引起了一定的研究興趣。

（三）加拿大

社會交換和經濟行為的社會心理學分析是加拿大心理學家關注的問題，同時他們還對就業中的性別歧視、經濟人與存在人的理論模式等問題進行了探討。

亞洲及澳洲經濟心理學研究現狀

（一）印度

印度的經濟心理學研究相當薄弱，目前他們對小企業家的能動性的研究較為突出。柯拉拉大學的喬治（E. I. George）對印度小企業家的培養計畫也屬此列。

（二）日本

日本的經濟心理學研究取向同它的科學研究取向一脈相承，強調最直接的應用方面。反映在經濟心理學的研究中，就是注重對消費心理學的研究，其中又尤以廣告和消費者行為研究最為成功，對於經濟心理學的一般理論則相對比較忽視。

（三）以色列

經濟心理學在以色列的興起應該完全歸因於以色列學者與歐美的密切聯繫。近幾年該國學者透過個體的主觀直接評價對個體的心理─經濟福利進行了成功研究，為類似問題的個體主

觀評價研究開闢了方向。另外，通貨膨脹、貨幣、決策行為分析以及經濟行為與社會學習也是他們感興趣的問題。

（四）澳洲

澳洲的研究集中在消費行為和儲蓄行為上，研究者運用通貨膨脹和消費者的感情這兩個向度來對消費與儲蓄行為進行解釋。

三、經濟心理學研究對象的規定性

經濟行為有著諸多的表現形式。儘管我們也可以描述出其中的若干種典型類型及其特徵，然而卻無法將所有的經濟行為列舉出來。惟一的辦法是依據一定的標準，先把它們劃分為若干種類型再予以研究。這裡我們參照社會學家喬治‧古爾維奇的多元類型分類法，按照不同的劃分標準將經濟行為予以分類。如根據行為的發生頻度可劃分為重複行為（如習慣或定期儲蓄）和偶然行為（如衝動性購買）；根據功能可以劃分為生產行為、投資行為、交換行為、消費行為和儲蓄行為；根據時間長短劃分為長時行為、短時行為和限時行為；根據行為者的數目分為個體行為與群體行為；根據行為發生的不同經濟領域可分為金融市場、產品市場、勞動力市場和家庭中的經濟行為；根據行為的不同層面又可分為宏觀、中觀和微觀層次的經濟行為。現在我們將經濟心理學研究的對象作以下的限定。

金融市場中的經濟心理與行爲

（一）投資心理與行為

　　投資行爲是一種以獲得未來資產增值爲目的的經濟行爲，具有聯繫的廣泛性、規模的擴充性、過程的連續性和勞動的多耗性等特徵，在全球經濟發展和整個國民經濟運行中均占有極其重要的地位。近年來發生的東南亞金融危機、俄羅斯金融風波以及大陸掀起的「實業投資熱」、「股票熱」、「房地產熱」、「期貨熱」無不是投資行爲在各時期、各領域的具體體現。同時投資行爲又是一種風險性行爲，是投資者在風險與收益之間的選擇，其中投資者的動機、需要、情緒、偏好、預期、對資訊的認知與加工能力以及對風險的知覺與態度等都將對他的投資決策與行爲產生舉足輕重的影響。因此，投資既是利潤的函數，又是經濟心理的函數。如經濟心理學家研究發現，無論是企業還是個人都有迴避風險追求穩定的心理偏好，只有在兩種情況下企業家或個人才可能冒險，一是選擇的貨幣期望值大到足以彌補所冒風險時；二是結局呈負性，直接威脅或損害企業家和個人的利益時。德里曼（Dreman, 1977, 1982）分析了股市投資中的依從、感情、非理性等心理問題，並推斷解釋了許多職業投資者的缺陷。近來，對投資行爲尤其是金融市場中的投資行爲的研究已成爲經濟心理學和經濟學研究的新亮點，並在此基礎上產生了一門新的學科——行爲金融學（behavioral finance）。

（二）稅收心理和逃稅行為

稅收是國家財政制度的重要組成部分和國家財政收入的主要支柱。就其實質而言，稅收是納稅人爲了改善、創造生產力發展的必要條件並能得到相應的保護，向國家支付的一筆「社會成本」，因而具有整體的有償性。同時稅收也是國家執行經濟調控職能和實現經濟發展目標的重要手段。國家透過稅收政策來影響社會的需求和收入，調節財富的分配和控制國民經濟的運行。

傳統經濟學認爲，增加稅收必然導致減少等量的消費，削減稅收則會帶來消費量的增加。但這並不是客觀情況的準確表達。經濟心理學透過研究社會納稅心理發現這是一個或然性事件，人們在增稅時可能減少消費，也可能減少儲蓄量來補充消費；在減稅情況下，人們也可能增加儲蓄節制消費。無論稅收是增還是減，人們都可以透過自我調節保持生活水準不變。稅收變化到底是刺激消費還是遏止消費取決於人們對經濟狀況的理解、對政府的信任感和滿意度，以及與之相關的對政府的稅收政策的態度、評價和心理期望。非經濟學的考慮，如對政府的信任和信心的程度，對於經濟行爲的影響與稅收政策本身所具有的影響同樣重要。美國前總統尼克森（R. Nixon）1970年2月在向國會所作的經濟報告中指出：「我們已經懂得，在經濟事務中存在著人的因素──習慣、信心、恐懼等。」近年來，「理性預期」也已成爲經濟學家包括經濟心理學家關注的焦點之一。另外，稅收和逃稅漏稅行爲也引起了學者們的研究興趣。劉易斯1982年研究個體納稅心理時還發現，只有在納稅人感到就他的收入而言稅收政策是公平合理的，才可能自覺地交納稅

款，否則就逃稅，產生「搭便車」行為。因此，公平是納稅的心理前提。羅賓（Robben et al.）等人對逃稅行為進行了模擬實驗，認為社會比較對模擬的逃稅行為是沒有影響的。

（三）地下經濟行為

地下經濟行為（underground economy or unobserved economy）是指那些廣泛存在的防止和逃避政府的管制、稅收和稽查的經濟活動。其主要特點是隱蔽性，它侵蝕了政府的稅收基礎，非法地將收入從誠實公民的手中重新分配到不誠實公民的手中；同時由於它對國家宏觀經濟數據體系的精確性的扭曲和損害，使得根據這些作為「經濟溫度計」的數據資訊制定的宏觀經濟政策失去原有的效力與意義，並形成惡性循環，破壞使經濟能夠恢復到穩定狀態的「看不見的手」，最終導致經濟的不穩定。從經濟理論上講，這種經濟資訊的扭曲和失真也致使經濟學界對經濟病症根源的認識偏離經濟生活的現實，對相應治理對策的尋求亦往往困難重重、無功而終。正因為此，美國國會聯合經濟委員會也把地下經濟行為描述為他們考察過的最有興趣和最令人困惑的課題之一。

在當今社會，地下經濟行為的規模不斷增大，如對美國、英國、加拿大等國的研究表明，地下經濟已占整體經濟的5％至25％。目前，地下經濟行為已成為一個全球性的問題，並已引起各國政府的廣泛關注，為此還產生了一門新的經濟學分支即地下經濟學。經濟心理學也已開始涉及這些問題，研究者們認識到：地下經濟行為的錯誤導向會引發更多的社會心理後果，如使更多的公民產生過度悲觀的經濟預期、減少奉公守法的意願以及對政府權威和公信力的逐步喪失（Wilensky, 1981），其最

終結果是侵蝕社會秩序的基礎，「當政治上的疏遠與經濟刺激相互發生作用時，就有可能達到社會凝聚的容忍閾」（Feige,1982）。

因此，對地下經濟行為的深入系統研究可以透過有效地減少其收益、增加其進入成本，同時疏導和防範其負面心理影響，來最終爲遏止地下經濟提供科學的理論依據和實際可行的對策。

（四）通貨膨脹的經濟心理與行為

通貨膨脹和生產停滯不前是西方社會的經濟通病，即所謂「滯脹」。一些社會主義國家改革中出現的嚴重通貨膨脹，如大陸1988年的通貨膨脹，同樣是幾代經濟學家苦苦思索，以期發現良方診治的問題。傳統理論將通貨膨脹主要歸因於求大於供，而過量的需求起因於貨幣膨脹和政府的財政赤字。由長期工資上漲趨勢引起的成本變化也被認爲是通貨膨脹的原因之一。另外，傳統觀點還在一定程度上承認人們心理上對於價格上漲的預期引起需求的增長。經濟心理學對通貨膨脹的研究開始於這樣一個現實觀察，即第二次世界大戰後，雖然大多數美國人視通貨膨脹爲惡魔，認爲它製造了不穩定，暗中降低了自己的收入。但是他們在面臨通貨膨脹時，其行爲不是超需要的購買，而是採取觀望等待的態度。經濟心理學家們研究發現：人們對通貨膨脹的行爲反應也受心理預期的支配（Batchlor,1986）。當價格上漲並且人們預計今後還將繼續小幅度上漲時，人們往往維持消費，或降低消費，增加儲蓄。只有在預期物價將會大幅度上漲或通貨膨脹的初期，人們才可能採用囤積和儲藏的方式來保護自己，以對付通貨膨脹。坎普（Kemp, 1991）

對個體的過去價格回憶與通貨膨脹的關係進行了實驗研究，從而對通貨膨脹的預期提供了理論上和經驗上的事實支援。應用心理物理定律對歐共體成員國的通膨研究結果表明，人們對通貨膨脹率的敏感性是隨通膨率的上升而下降的，證明了人們對通膨有著適應性。本書也將在後面的章節中對這些研究予以介紹和評價。個體對通貨膨脹的知覺，通貨膨脹與消費、儲蓄、投資等經濟行為之間的關係，是經濟心理學研究的又一重點和焦點所在。

產品市場中的經濟行為

(一) 企業家的經濟心理與行為

儘管在經濟情景中企業家行為極為常見，管理中也對企業家的激勵問題關注頗多，但經濟學中幾乎沒有關於企業家的理論，其中一個原因是認為企業家的行為是獨特和不可預測的 (Baumol, 1983)，心理學對企業家行為的研究主要是麥克利蘭 (McClelland, 1961) 關於成就動機的研究以及在此基礎上的對控制點概念的研究。

經濟心理學對這方面的研究重點是企業家的決策行為 (Cyert & March, 1963) 和經濟學家熊彼特 (J. A. Schumpeter) 研究過的企業家的創新行為。熊彼特認為企業家就是把各種生產要素組合起來和實行技術革新的人。傳統經濟學則把企業家的行為抽象為經濟人的行為，以此作為經濟分析的前提，認為經濟人的行為有著完全的理性，決策時所追求的是「以最小的耗費獲得最大的價值」的「最大化」滿足。經濟心理學家採納

了西蒙（Simon, 1984）的「有限合理性」思想，認為企業家在解決簡單問題時的方式可能與最大化原則很接近，但企業家活動的現實行為環境特點為不確定性和不完全競爭性，他的決策行為可以細分為獲得行為和選擇行為。前者由於受資訊不完全性制約，企業家往往無法獲得關於最大收益或最小成本的資訊，只能在有限資訊的基礎上尋求收益與成本的最大差距，即尋求令人滿意的決策。影響後者的因素除資訊外，還有企業家本人的經驗因素、人格因素和人際因素。在同樣的可取資訊中，企業家選擇作為決策依據的資訊也不盡相同。即使選擇了相同的訊息，不同企業家根據各自的效用函數作出的決策還是可能不同。受這些因素的制約，企業家的選擇行為只具有「有限滿意性」。

相比較來看，企業家行為同消費者行為具有一定的相似性，尤其是商人的購買與投資行為，但經濟心理學對企業家行為的研究範圍更廣，如西蒙就曾運用「滿意」和期望水準的概念來考察企業家的決策。瑞典經濟心理學家戴維森（Davidsson, 1989）的研究表明，小企業中連續的企業家行為可以透過客觀指標和對於企業家的職位、機會和能力的需求的主觀知覺來理解。韋爾納利德（1990）認為對於企業家行為的研究應將心理測量和諸如客觀指標、系統變數等其他變數的評估結合起來，同時還應選擇適當的有代表性的樣本。

（二）消費者的經濟心理與行為

消費行為是經濟心理學迄今為止得到最多研究，同時也是成果最多的領域。尤其是對市場營銷的研究，這裡，經濟心理學的研究幾乎完全替代了微觀經濟理論對消費者行為的研究。

　　傳統經濟學認為，「消費支出是收入的函數」，同一收入條件下，人們將支出相同比例的收入，收入一旦確立，就可以對消費支出的總量作出精確的預測。而經濟心理學家卡托納認為，問題並非如此簡單，人們的消費支出不但受收入總量的制約，同時也受消費動機、消費態度的影響。消費既是收入的函數，同時也是消費意願的函數。購買不僅取決於經濟形勢、可使用的資金和消費者的財力，而且取決於他的消費態度、動機、期望以及對消費對象的渴望程度。主客觀因素的雙向作用決定了消費者的消費方式、消費內容和消費取向。如 1970 年，美國在社會收入總量基本不變的情況下，由於消費者對社會狀況及發展前景持消極態度和悲觀情緒，消費意願發生改變，導致汽車等耐用消費品嚴重滯銷、產品嚴重積壓，進而引起社會失業增加和經濟動盪。若干年後，「由於積極樂觀社會情緒的重新降臨，迅速帶來了經濟繁榮的恢復」。同時，卡托納也認識到，在貧困時代，消費支出仍是收入的函數。

　　廣告研究是市場銷售研究的一部分，它的作用在於改變消費者的消費態度，以牽動消費行為，控制消費意向。經濟心理學的研究涉及廣告在態度認知和行為方面的重大影響，主要研究興趣在於情感因素與認知因素在改變消費態度時的相互作用問題（Van Raaij, 1984）。

　　經濟心理學家認為消費者的滿意是相對的，決定於期望與物品或服務之間的差距。對這個問題以及對消費者的抱怨心理和消費者權利主義的考察已成為經濟心理學研究的一個獨立領域。A. R. Andreason（1977）對消費者的滿意感作了綜合研究，強調消費者滿意感依賴於一定的參照系。正像人們所熟知的，個人在工資增加後比期望工資增加而未增加時滿意感更

小。人們在某個方面獲得滿足之後，由於新的參照系的介入，生活期望值提高了，滿意感又會下降。同時，滿意感是一種心理體驗，富有不等於滿意，因爲「財富不會帶來幸福」。滿意感是可以測量的，從滿意到不滿意，心理演化序列中有一個零級度。人們在零級度上既沒有滿意，也不產生不滿意，零級度的情緒反應最弱，動機水準最低，即存在一個「滿意的心理連續帶模式」。當實際消費與心理期望相符時，滿意指數從零級度向正級度變化，滿意感隨符合度而提高；當實際消費與心理期望不相符時，滿意指數從零級度向負級度變化，負級度越高，越不滿意。正如傳統經濟學假設的「邊際消費傾向」，人們獲得商品和服務越多，就越有可能達到心理飽和而減少消費，當達到飽和時，再增加大量的消費並不會引起滿意感的增加。因此，經濟心理學家認爲滿意感是一個可變化的量。勒溫（Lewin, 1935）的場理論早就揭示並已被現實證明，人們的期望水準不是一成不變的，它由於成就和成功感而提高；由於失敗和失意感而降低，成就和成功感具有刺激功能並將影響今後的行爲，從這個意義上說，滿意感是個體對自己是否成功的一種心理感覺。因篇幅所限，有關消費心理的問題本書不進一步闡述。

勞動力市場中的經濟行爲

此問題的中心是就業者和失業者的經濟心理與行爲。經濟心理學家認爲，工作的價值不僅體現在工資上，而且是個人發揮積極性、創造性和達到一種征服欲和支配感等多方面自我實現的途徑（Earl, 1990）。工作充實了個人時間，提供了社會交往的機會，給人一種認同感和目的性。如何促使工作中的個人努

力工作是現代經濟學和企業管理長久以來關注的問題，而如何透過制度性的安排與改革激勵企業中的個體、群體和組織行為更高效和富有創造性，也是經濟心理學研究的內容之一。本書第6章對此進行了全面分析與闡述。

失業是原經濟活動及經濟條件的喪失。經濟心理學對失業的研究主要側重於個人失業後的心理體驗、工作期望、消費行為特點以及失業者的心理健康、失業與離婚率、失業與犯罪之間的關係等問題。失業後，個人的經濟狀況和社會地位都發生了很大的變化，特別在自由資本主義社會，雇主按能力標準挑選職工，職業狀況往往成為個人能力的無形測驗。因此，失業者更可能出現心理失調、家庭生活興趣減退、成就期望值降低以及對社會的滿足感、對國家的信任感、對前途的自信心下降，長期失業者尤為嚴重。研究還發現，個人失業後的心理反應存在著個別差異。內向型的人往往傾向於自我歸因，把失業的原因歸結於自己缺乏能力，因而常具有更強烈的失落感和挫折感；外向型的人則傾向於把失業的原因歸結為社會政治因素或經濟因素，故而發生心理疾病的機率相對小些。在全社會高失業率的情況下，也更容易恢復心理平衡（Furnham, 1986）。失業時間越長，失業者對工作的挑選越少，尋找工作的特點是「饑不擇食」，隨之而來更易出現對新工作缺乏興趣，動機水準不高。本書在最後一章中對個體失業出現的一系列心理問題及相關的勞動力市場中的謀職與職業指導問題進行了闡發。

家庭中的經濟心理與行為

美國經濟學家貝克爾（Becker, 1981）在所著的《家庭論》

中從經濟學觀點研究了婚姻、生育率和家庭中的利他行為等問題，給我們的研究提供了新的思路和啟發。但是家務勞動仍是經濟心理學研究的薄弱環節。目前理論家們只是認識到家務勞動是一種非正式的經濟活動形式，在社會經濟總體運轉中有著重要作用。家務勞動間接地產生經濟效益，尤其在經濟蕭條時期，家務勞動常常緩解了勞動力對社會的巨大壓力。

　　家庭中的經濟行為中一項重要的內容就是儲蓄行為。儲蓄是一種待實現的消費，經濟學家把它界定為貨幣收入中扣除消費後的剩餘部分。因此儲蓄行為與消費行為相輔相成，都是人類經濟行為的重要組成部分。傳統經濟學認為，人們的儲蓄傾向與收入水準同方向變化。在經濟繁榮時期或收入增加的情況下，人們通常將更多的錢存入銀行，增加儲蓄；經濟蕭條時期或收入減少的情況下，人們將更多的錢用於消費，減少儲蓄。卡托納等人1975年在調查了消費者儲蓄偏好後得出了與之相反的結論。他們發現，收入與儲蓄量之間缺乏絕對的正相關聯繫，並非儲蓄能力越強，儲蓄數量一定就越多。對儲蓄行為起決定作用的除收入以外還有兩個重要的經濟心理因素：

　　其一，儲蓄動機。研究發現，低收入者比高收入者具有更強烈的儲蓄動機。儘管前者在儲蓄總量上可能遠不及後者，但他們是「堅定的儲蓄者」，會持續不斷地把錢存入銀行，儲蓄行為的穩定性程度大大高於後者。正因為如此，調整利率對二者的影響也不盡相同。一般情況下，上調利率，能調動起高收入者的儲蓄動機，將更多的錢存入銀行；而下調利率則可能使高收入者失去儲蓄興趣，將存款取出轉向其他更為有利可圖的投資，如證券、期貨等。但無論利率是升是降，都很少引起低收入者儲蓄行為的明顯變化。其原因在於持幣量的限制和與高收

入者不同的儲蓄動機，低收入者儲蓄的主要目的並不在於謀求增值，而是保障目前及今後日常生活之需的「非生產性儲蓄」（Van Raaij, Moerkerke & Gianotten, 1987）。

其二，對社會經濟狀況的理解及期望。經濟蕭條時期人們的儲蓄動機多高於經濟繁榮時期，因為蕭條的經濟具有緊迫感和威脅性，往往帶來普遍的社會恐慌，使人們感到前途未卜，迫切需要有一個能夠幫助自己抵禦風險、度過難關的經濟緩衝器——一筆足夠保障當下及今後一段時期基本生活需要的儲蓄金，於是盡可能少消費多儲蓄；而在經濟繁榮時期則通常是樂觀主義情緒占上風，於是更多的資金被轉向購買耐用消費品和滿足旅遊、度假等其他享樂性需要，儲蓄量就相對減少。

除此之外，經濟心理學涉及的問題還有：人們對國家財政政策的反應特徵、耐用消費品週期性波動的心理規律、國民生產總值的經濟指數和生活品質的社會心理指數的統一性、儲蓄與借貸的關係及工資和價格的變化率、社會經濟發展預測、國際經濟關係等。當然，經濟心理學家目前並沒有就經濟心理學的研究範圍取得一致意見，他們似乎比較多地透過「研究什麼」去發現和思考「應該研究什麼」，這種狀況反映了這門新生科學的發展現狀。

在本書中我們將系統地就這些經濟心理與行為進行研究和探討。

四、經濟心理學的發展前瞻

經濟心理學理論研究的新動向

　　第一，對經濟心理中的金融行為的興趣日趨濃厚。1994年在伊格斯特和1993年與1995年在蒂爾堡的學術研討會上都明顯地顯示了這一特點。

　　第二，雛發於前景理論的實驗經濟心理研究已經吸引了越來越多的研究興趣並為許多問題的解決提供了可能。作為經濟心理學一個迅速成長的領域，它彙集了大量的經濟反常現象，如對博弈理論預測的偏離、參照效應、稟賦效應、現狀偏見、思維運算、自我控制和時間不一致偏好等等。

　　第三，經濟社會化和經濟知覺雖然尚未達到上述領域的發展階段，但同樣也受到了越來越多的研究者的關注。

　　第四，一個頗具吸引力和迅速發展的領域是談判行為。與對博弈理論的研究不同的是，它的研究主要是描述性的。

　　第五，經濟心理學研究將更多地與公共政策、企業策略和宏觀經濟體系等宏觀參照結構聯繫起來。

　　第六，儘管現在態度研究在經濟心理學中並未得到太多的強調，在理論建構中也不很重要，但態度測量已經相當細致複雜，並已透過與其他方法相結合來達到對經濟行為的更好的解釋和預測。因此長遠來看，態度研究將在經濟心理學中產生更大的影響。

　　第七，歸因理論已被引入到諸如購買失誤時的心理與行為反應等許多研究中（Weiner, 1985）。貝特曼和魏茨（Bettman & Weitz, 1983）的研究表明歸因理論對於企業行為也有著較好的解釋效力，福特（Ford, 1985）認為企業經理對於業績下降趨勢的歸因將直接影響他們對補救措施的選擇。甚至有學者認為，如果能得到制定政策者和決策者等相關人員的合作（或透過查閱文件）了解到他們如何歸因，那將為國際經濟關係研究開闢一個新的視角。

　　第八，消費者行為研究仍將是經濟心理學的研究重點所在，但從長遠來看消費者行為的理論發展將會更獨立於市場營銷，並在研究取向上更加關注諸如消費者資訊之類的公共政策問題。

經濟心理學的學科發展態勢

　　第一，目前，經濟心理學中的主要理論都來自於心理學和社會心理學。如人類訊息加工理論就為消費者研究中的許多模型提供了材料。即使是對於認知研究中將訊息加工純粹比做電腦模型的批評也對經濟心理學的研究大有裨益——它導致了對於情緒和情感因素的研究。可以預見，心理學的發展或突破將為經濟心理學的研究提供新的思路、方法和理論，未來的經濟心理學研究也將融彙更多的心理學思想。

　　第二，歐洲各國自二十世紀七〇年代開始的公眾觀點調查無疑是受卡托納的研究影響的結果，這些調查以其獨特的方式提供了幾乎二十年的心理時間序列。如今這種調查方法已經擴展到公眾對於歐洲共同體的事務及其發展的觀點以及生活滿意

感和幸福感（即福利問題）等方面。經濟心理學家們也已充分
利用這些資料來進行研究，如貝施勒對通膨預期（Batchlor,
1986）、范登阿庇里對消費者情感指標的預測價值（Vanden
Abeele, 1988）和范拉伊等人對儲蓄意向（Van Raaij, Moerkerke
& Gianotten, 1987）等問題的研究。可以設想，這種極具價值的
研究方式將得到進一步推廣和應用。

　　第三，當前的許多研究往往止步於經驗主義的研究積累，
對於具有一般和普遍意義的理論的構建重視不夠，從而不僅滯
緩了整個經濟心理學理論體系的完善與發展，而且在相當大的
程度上限制了經濟心理學研究和應用的廣度和深度。就研究者
來說也相對更偏愛使用調查的方法，對於理論構建的方法和手
段的掌握卻尚有欠缺。在未來的發展中，經濟心理學的這一研
究偏向無疑將會得到有效的糾正，理論研究會受到應有的重視
和進一步的加強，經濟心理學也會逐步形成自己嚴格的規範和
標準。

　　第四，鑑於公眾對於經濟心理學的了解和認可仍有待進一
步深入，因此經濟心理學家們也會在向公眾介紹、宣傳學科的
基本知識與成就上加大力度，尤其在大眾傳媒層面，較通俗的
介紹性文章和普及性節目會持續增多。經濟心理學的應用特性
也將使得對經濟現象進行心理學分析，解釋經濟行爲背後的心
理動因，如失業問題、通貨膨脹問題等的相關普及性讀物大量
湧現。

　　第五，經濟心理學是「經世之學」，應用性已成爲它的固有
特性，幾乎所有的經濟心理學研究和各個分支都肇始於現實問
題，並在現實需求的推動下得到發展。作爲一門旨在研究人類
經濟行爲的科學，經濟心理學在現實經濟和社會領域中的重大

作用日趨明顯，如通膨的心理預期、宏觀經濟調控中的心理問題、消費者的購買意向和消費決策等問題都是經濟心理學研究的課題之一，其研究成果也越來越受到政府和公眾的重視。經濟心理學將繼續以自己的應用研究成果證明學科存在的價值和意義，並爲學科的深入發展提供充沛的動力。

第六，經濟心理學的研究內容將會日臻豐富，研究範圍也將日益擴大。隨著研究的逐步深入，經濟心理學將迅速拓展自己的研究範圍，把探索觸角伸向一些原來鮮有問津的領域，如國外研究者已開始涉足稀有資源心理學、人類生態問題、預測心理學、國際經濟關係心理學、移居心理病理學等一系列問題。在學科建構方面，它把工業心理學、商業心理學、消費心理學、廣告心理學等分支學科聚集在自己的麾下，在注重學科發展的廣度和分野的同時，試圖提出人類經濟行爲心理活動的一般理論，充分體現出了學科發展的宏觀架構。

第七，經濟心理學的跨學科特性和它研究內容與領域的豐富決定了對於經濟心理與行爲的研究從來都不可能是某一個學科所能獨立完成的，同時它的研究的挑戰性和前沿性也將吸引越來越多的各學科的學者們躋身於經濟心理學的研究行列，合作研究，相得益彰，共同推進學科的發展和繁榮。

第1章

經濟心理學的理論基礎

1.1　效用理論及其應用

1.1.1　效用理論的歷史沿革

（一）伯努利的效用觀

　　1738 年伯努利（D. Bernoulli, 1700-1782）在其發表的〈測定風險新理論之解說〉一文中曾指出，一物的價值的決定不以該物的價格為基礎，而以其帶來的效用為基礎，一物的價格只取決於該物本身，而且對任何人都是一樣的。然而一物的效用則取決於估價該物的人的特殊情況。1000 元的收益對一個窮人比對一個富人無疑具有更大的意義。

　　伯努利的觀點可歸結為兩點：

1. 商品的價值取決於商品的效用，而不是商品的價格。
2. 商品的效用大小是因人而異的，1000 元對富人與窮人的效用是不同的。

（二）加里阿尼的效用觀

　　加里阿尼（F. Galiani, 1728-1787）在其著作《貨幣論》中提出，效用是一物帶來福利的能力。人是由各種情欲構成的，這些情欲以一種合力推動著他。情欲的滿足是享樂，享樂的獲得便是福利。

　　加里阿尼的觀點是功利主義的觀點，強調效用與福利、享樂的聯繫，能帶來享樂與福利的商品才有效用，不能帶來福利與享樂的商品就沒有效用。

　　但是，伯努利與加里阿尼都沒有提出邊際效用的概念。

（三）邊沁的效用觀

　　著名的功利主義哲學家邊沁（J. Bentham, 1748-1832）認為，經濟學應該是研究效用的科學。所謂效用是物品能使人獲得幸福和避免痛苦的能力，一切物品的價值都在於它的效用。

　　為此，邊沁認為，經濟學應以最大幸福原理和效用原理為基礎。邊沁的重要觀點是他提出的效用遞減法則。他認為，一個人占有的財產越多，他從增加的單位財產上所獲得的幸福越少。儘管邊沁還未從其最大幸福原理和幸福遞減法則中引出邊際效用概念，但已為後者的出現奠定了哲學基礎。

（四）傑文斯的效用觀

　　英國的傑文斯（W. S. Jevons, 1835-1882）在其代表作《政治經濟學理論》（1871）一書中提出了「邊際革命」的理論。

　　他在論述中原封不動地接受了邊沁的快樂與痛苦觀之後。接下來考察了效用及其變化法則。

　　他完全從主觀感受的角度解釋效用。他認為，凡是能引起快樂或避免痛苦的東西都可能有效用。效用是物品以某種方式服務於人類的能力。

　　進一步，他認為，效用雖是物的一種性質，但不是物的內在性質，它最好被看作是物的一種情況，即物同人的需求關係引起的情況，為此，效用的有無或變化皆以物與當事人的欲望

與需求之間的關係而轉移的。

（五）龐巴維克的效用觀

奧地利經濟學家龐巴維克（E. V. Böhm-Bawerk, 1851-1914）是提出邊際效用價值論的有影響的代表人物。

龐巴維克的觀點為：

1. 人的欲望及其滿足是一切經濟活動的出發點，因而也是價值論的出發點。
2. 物品能滿足人的欲望的這種性質就是物品的效用。效用即欲望的滿足，它是主觀的，物品的價值的來源在於效用。
3. 龐巴維克區分了效用與價值概念的聯繫與區別。價值的定義是一種商品或各種商品對物主福利所具有的重要性。一種物品要具有價值，必須既具有有用性也要具有稀缺性。稀缺並非絕對的稀缺性，而是比較於特定需求而言的相對稀缺性。例如，一個人坐在泉水旁，一杯水對他來說雖然有效用，但卻沒有價值，因為此時並不稀缺水。但是，一個人在沙漠中旅行，一杯水對他來說不僅有效用而且有價值。
4. 龐巴維克還指出，欲望及其滿足遵循著一定的規律，即欲望遞減和邊際欲望相等規律。

1.1.2　效用概念的涵義

效用概念的涵義是指商品與服務有使人的欲望與需要得到滿足的能力，它表示在特定時期內消費一定數量商品時所獲得

的滿足程度。

　　這是一個將經濟現象與心理現象聯繫、融合在一起的心理物理概念，也是將心理分析引入經濟現象的結果。

　　效用有時被廣泛地理解為福利、經濟福利、滿足甚至是幸福的同義語。效用又可分為確定情況下的效用和不確定情況下的效用。前者只與確定因素有關而不考慮隨機因素，即在確定情況下的消費行為產生事先知道的肯定後果。後者不僅與確定性因素而且與隨機因素有關，即在風險情況下的消費行為所產生的具有特定機率的隨機後果。

1.1.3　效用的單位

　　效用的單位稱為 util。效用單位表示某物品對消費者效用的大小。例如，蘋果對人的效用為二十個 util，而毛衣對人的效用為一百個 util，這說明，與蘋果相比，毛衣對人的效用大數倍。

　　效用單位 util（簡稱 U）是一個心理量，此量與消費者對物品的消費量（物理量）之間存在一定的相關。例如，汽水的消費量（物理量）與效用（心理量）之間存在以下的關係：

汽水（消費量）	效用（util）
0	0
1	30
2	55
3	75
4	90
5	100

1.1.4　效用函數的概念

我們用 U 表示效用。

$$U = U(X, Y, Z...)$$

式中，X、Y、Z＝所消費的商品（產品）和所獲得服務的
　　　數量

由此，效用函數可定義爲個人的效用依賴於他所消費的產品和獲得服務的數量的函數。

1.1.5　總效用的概念

總效用是指在消費者偏好不變的一段時間內，消費 x 種商品及 n 種服務所得到效用滿足的總數。它也可定義爲，人們從給定數量商品和服務的消費中得到的總滿足量。用公式表示：

$$T_u = u_1(x_1) + u_2(x_2) + \cdots + u_n(x_n)$$

式中，U ＝效用

　　　　　$x_1, x_2..., x_n$ ＝歷次消費某種商品或服務的數量

消費者從一定量的某種物品或服務中獲得的效用單位的總和，即爲總效用，可以用總效用曲線或總效用函數的積分公式來表示。總效用曲線如**圖 1-1** 所示。

總效用函數的積分公式爲：

$$U(x_i) = \int_0^{x_i} \frac{\partial f}{\partial x_i} dx_i$$

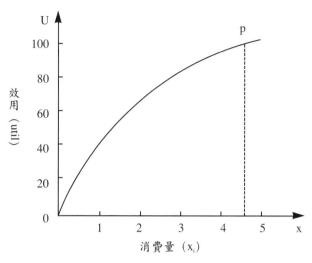

圖1-1　消費量和總效用的關係

式中，$\dfrac{\partial f}{\partial x_i}$＝某一消費單位的邊際效用

1.1.6　效用變化法則

德國經濟學家戈森（H. Gossen, 1810-1858）在其〈人類交換規律與人類行為準則的發展〉一文中提出效用變化法則，又稱為戈森第一定律。

戈森從功利主義觀點出發，提出：人追求最高程度的享樂為普遍法則，這是上帝的意志與安排；經濟學的目的是發現享樂規律及其條件，幫助人們獲得人生最大之享樂。在此享樂與效用為同義詞。

戈森進一步提出享樂量遞減的如下法則：

1.假定連續不斷滿足一種相同的享樂，那麼，享樂的強度會

連續遞減，直至最終達到飽和。

2.反覆滿足人的已有享樂，出現享樂的強度減弱與持續時間縮短，飽和很快到來。

3.這一法則適用於物質、精神享樂的所有領域。

傑文斯在十九世紀七〇年代首先發現和肯定了戈森學說的價值和地位。他本人和門格爾、瓦爾塞斯完整地論述了導致「邊際革命」的效用變化法則。

1.1.7　邊際效用的概念

設 Δ TU 為總效用變動量，Δ Q 為消費變動量，邊際效用

$$MU = \frac{\Delta \ TU}{\Delta \ Q}$$

為此，可定義邊際效用為，在消費者偏好不變的一段時間內，額外增加一單位商品或服務的消費，使總效用數額相應增加。

邊際效用遞減法則的概念是指，當連續不斷消費某種商品或勞務時，開始時總效用增加速度遞增，在達到某一消費量時，繼續增加消費某商品或勞務時，則總效用遞減。這說明，隨著一個人消費的某物品的增加，增加的邊際效用卻在逐漸減少。

邊際效用遞減規律，可用總效用函數的三個特徵來表示：

1. U(0)＝0，在沒有消費時，所得效用為0。

2. $\frac{\partial f}{\partial x_i} > 0$，邊際效用總是正的。

3.$\dfrac{\partial f}{\partial x_i} < 0$，總效用函數是一個凹形曲線，邊際效用遞減。

在圖1-1中p點處切線的斜率為x_i的邊際效用。

1.1.8　邊際效用價值理論符合心理物理定律

心理物理定律又稱為韋伯－費希納定律（Weber-Fechner's law），用公式表示為：

S＝a log I

式中，S＝感覺量

　　　I＝刺激量

　　　a＝常數

公式表示：刺激量呈對數變化時，感覺量才會發生變化。S又稱為最小可覺差（JND），JND是一個心理物理量，也是一個測量單位，JND與物理量（刺激量I）的關係可用**圖1-2**表示。

仔細分析邊際效用價值理論，不難發現邊際效用理論中的確隱含著心理物理學，隱含著物理量到心理量的轉換。

這表現為邊際效用理論中揭示的符合心理量和物理量之間關係的總效用曲線和心理物理學中的費希納的對數定律有較好的吻合，並反映在以下幾個方面：

首先，邊際效用理論究其實質而言，它要探討的是消費者或購買者在消費商品時所引起的心理上的變化。它和心理物理學研究的目的是一致的，都是試圖揭示物理和心理量之間的對應關係。總效用函數中的自變數x_i，即消費者所消費的物品，可對應於對數函數中的I——物理刺激；總效用函數中的因變數

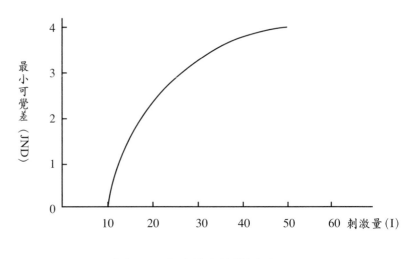

圖1-2　費希納定律的圖示

U，即消費者對某一物品的滿足程度，主觀心理評價，可對應
於對數函數中的S——心理感受大小。這就是說，邊際效用函數
要研究的兩個向度是和心理物理學探討的兩個向度是對應的。

　　其次，總效用函數的推導和對數函數的推導是基於同樣的
假定基礎上的。如同心理物理學對心理量的大小可用JND作為
測量單位一樣，在效用理論中也相應地用了一個測量單位util來
衡量效用這一心理量的大小。費希納在推導對數函數時提出了
兩個假定：

1. 一定感覺向度上所有的ΔS都是在大小和強度上相等的。
2. 一個較強或較大的感覺是零以上的某些感覺的總和，因而
　　一切ΔS都可分為更小的增量，可以應用積分表示。

　　相對應地，邊際效用理論者們認為某件物品對於消費者的
效用大小可以用效用單位來計量，並且，消費者從一定量的某

物品中獲得的總效用是各邊際效用的總和，它可以用較小的效用單位來計算，因而也可應用積分表示，由此可見對數函數與總效用函數具有相同的理論基礎。

最後，對照總效用函數和對數函數，不難發現這二者所揭示的心理量和物理量之間的關係也是較為一致的，兩者都呈現為一條凹型的曲線。這都表明，隨著物理刺激的變化，人們知覺到的心理量也會發生變化。物理量和心理量之間的確存在著一定的函數關係，並且都揭示了隨物理刺激強度的增加，人們知覺到的心理量也在增加，但心理量增加是呈負加速度的，即每增加一定量的物理量，心理量的增加呈減小的趨勢。

從以上幾方面的分析，我們看到效用價值論中的確隱含了心理物理關係，效用函數和對數函數是相一致的。這就意味著如果我們從心理物理學角度出發，將更有利於我們去理解邊際效用價值論、分析和完善邊際效用以及應用和推廣邊際效用理論，從而更深入地了解人們的經濟行為。

1.1.9　態度與效用

（一）態度的概念

態度是對待任何人、觀念或事物的一種心理傾向。它包括認知、情感和行為三個成分。認知成分指物或人被知覺到的方式，即在大腦中形成的心理印象，它包括人對於對象的所有思想、信念及知識在內。情感成分是個人對某個對象持有的好惡情感，也就是個人對態度對象的一種內心體驗。行為成分則是個人對態度對象的反應傾向，即行為準備狀態，準備對態度對

象作出某種反應。

　　一般說來，以上三個心理因素是相互協調一致的。一個典型的例子是了解到一個姑娘品貌兼優之後，小夥子開始愛上她並不久開始向她求愛。但有時三個因素之間也會發生不一致的情況，其中感情因素往往起主要作用。

（二）態度與效用的區別

　　下表表示態度與效用之間的區別。

	效用	態度
差異的基礎	偏好	價值
測量方法	間接測量	直接測量
特徵	非線性多重特徵	權數總和
功能	指導性	工具性、認知性、價值表示性、自我防禦性

（三）態度在經濟行為中的功能

　　態度是和需要緊密相連的。積極的態度來源於需要的滿足，相反，不被滿足的需要則引起消極的態度，因此對於態度的功能，卡茲（Katz, 1960）提出了以下四點：

◆工具性、調整性和功利性功能

　　這是態度在經濟行為中最重要的功能。在這裡態度是個體為了達到某一目的的手段。調節功能也可以理解為個體為了爭取獲得外界環境的最大利益或盡可能減少損失，因此常常選擇與「客體」態度效能相一致的態度。例如好的服務態度有助於商品的銷售。

◆自我防禦功能

該功能是指每個人都力求使自己的「自我」認知與現實環境保持協調。當人們的「自我」受到內、外因素的威脅時,他便會採取一種保護「自我」的態度,如一個正遭受「自身價值感」衝擊的人,常常會購買一些時髦的消費品,從而達到抵禦「自我價值」所受到的危機。

◆價值表現功能

一種態度可能是一種中心價值體系的表現或是一種說話方式。例如他會說:「我是那種人,所以購買那種商品。」在這裡,態度是在購買行為之後發展起來的,而在態度的調節功能中,行為則是緊隨其後出現的。

◆認知功能

認知功能是指個體透過態度來了解自身的需要並建立一種和諧的認知環境。如認知失調理論認為減少失調的方法之一就是轉變一個人的態度,以適應新的環境。認知功能的另一個表現是,態度是關於個體和環境中諸多因素的組合資訊(組塊),在訊息加工過程中,可以省掉不少步驟。因此,認知功能可以加速作決定或行動。

(四) 態度理論的新模式

由於態度的複雜性和多樣性,許多心理學家有不同的理解。

奧爾波特(Allport, 1967)認為個體對某一客體的態度,就是該客體所具有的積極或消極的價值。這個價值是可以透過一個單向度量表來表示的。奧爾波特的這種觀點強調態度是產生於對客體總的價值評定上而未考慮客體的個別屬性對個體產生

的特殊影響。

勒溫（Lewin, 1938）用場動力論來解釋態度的模式。個體行為是由內驅力引起的，內驅力是由個體生活空間中的誘發及個體與誘發力之間的心理距離共同決定的。誘發力是指某一客體所具有的吸引力或拒絕個體的力。心理距離則指環境對個體來說所具有的吸引力。在超級市場的貨架上，有各種不同品牌的飲料，每個飲料對消費者來說都具有一定誘發力，而可選的目標就構成了心理距離。儘管有些品牌不在消費者考慮之列，但這些品牌仍在消費者的心理距離之內。各種不同品牌的飲料對消費者產生不同的心理力（內驅力），經比較，最終形成決定購買行為的結果驅力。因此，勒溫認為在個人生活空間中，存在無數的誘發力，這些誘發力的大小及人們的認識，決定了產生結果驅力的態度的方向和強度。

托曼（Tolman, 1959）則提出了態度的信念—價值模式。托曼認為決定行為的是一個信念—價值的心理構建。個體是根據客體能否滿足其需要來決定其價值的。它和場動力模式不一樣，關心的不是整個客體，而是客體的某些與個體需要相聯繫的特殊方面。如個體在選擇餐館吃飯問題上，考慮的不是整個餐館，而是餐館裡的食品、服務及價格。這些才是影響決定的關鍵因素。

應該說環境中許多方面是能夠滿足個體需要的，但價值量各不相同，有的重要一些，有的稍差。因此我們可以用權數來確定環境不同方面的價值是有必要的。但具體的每一方面的權數大小則與個體當時的需要狀況、個體的個性特徵等是密不可分的。如與剛吃過飯的人相比，饑餓的人在評價食品的味道方面會持更積極的態度，而一個重視將來的人更可能購買保健

品、養老保險。

羅遜伯格（Rosenberg, 1956）提出態度是主體對客體的認知和評價的綜合。認知指主體根據需要面對客體的特徵所持有的思想、信念和知識。如一個主體估計一塊巧克力（客體）含有 x 克糖，那麼他就可以根據自己的需要狀態決定攝入巧克力的量。所以，態度也可以定義為關於某一客體所有特徵的信念的總和。

若客體某一方面的信念表示為 b，其重要性權數表示為 e，相關聯的特徵數目是 I 時，那麼態度 A 就可以表示為：

$$A = \sum_{i=1}^{I} b_i e_i$$

這一態度的概念是費希賓（M. Fishbein）在 1966 年正式提出來的。他把信念定義為對客體客觀屬性的主觀評價或感覺。因此，信念是有賴於客體的客觀組成的。如巧克力中所含的糖是可以用克來計算的。而前面提到主體對物理刺激的知覺是符合心理物理規律的，因此某一信念也就是關於某一物理量的心理感覺。

態度的價值—信念模式的提出對解決現實問題有很大的幫助。在某些情況下，即使某些物理量的測量是不可能的（如核武器的破壞力），但主體對此的主觀感覺即信念卻可以透過一定的方式獲得，因此仍能預測可能的行為。

羅遜伯格關於信念的總和構成態度的觀點，僅僅是一種最簡便的形式。而在現實生活中，主體在考慮某一客體時，不可能是對單一物理量的評價，而是對多個物理刺激的評估，這就必須用「多重冪定律」來表示對多個物理刺激產生的感覺。如對社會地位裡的知覺，就與 n 個刺激 ϕ，如收入、職業及教育程

度等有關：

$$\psi = b \prod_{i=1}^{1} \phi_i^{ci}$$

式中，b和c＝心理常數

研究發現，在這裡對多重刺激的感覺（信念）是組成合力來發揮作用的。在知覺心理學中，冪定律的共同效力可以透過測定刺激和感覺之間的關係來得到。而在經濟學中，測定共同效力的方法是探求收入、價格和對商品需求量的關係。

在經濟學中，效用表示一種不可能或沒有必要進行進一步分析而產生的感覺。偏好是效用的基礎，從上面的分析可以看出，效用在很多方面是與態度相關的。

與態度相似，早期人們對效用的認識也是模糊的，人們在面對某一客體考察其效用時，常常感到束手無策，認為效用同態度一樣是影響人們決策行為的無法觀察的因素。

（五）蘭卡斯特的特徵模式與效用偏好

蘭卡斯特（Lancaster, 1966）提出特徵模式之後，人們才把偏好從整個客體中分離出來進行考察，蘭卡斯特認為效用更多地取決於商品的特徵，是商品的特徵而非商品的數量滿足了人們的特殊需要。因此，我們現在比較容易解釋：為什麼消費者偏愛具有某種特徵的品牌的商品；為什麼新商品會出現而有些商品會消失。

效用概念的這一變化，也很類似於托曼把信念—價值模型引入態度概念中：不是整個環境中的客體或整個商品在起作用，而是對個體有特殊價值的客體的某些方面或商品的某些特徵在發揮影響。

　　特徵模式常被用來評定耐用商品的特徵，如電視機、電冰箱等。因為這些商品的特徵比較容易定義，而且每個人都能看得見，如帶遙控的電視機、有自動除霜功能的電冰箱。然而許多商品的特徵是模糊的、不容易定義或不可測量的，如「時髦」、「風格」等。在這種情況下，就必須使用「被覺察特徵」或「信念」等心理學的測量方法。

　　在經濟學中，特徵模式中的特徵或產品服務的權數，是透過消費者的行為來評估的。在心理學多重特徵模式中，特徵的權數是直接透過消費者來測定的。如透過對某類商品的態度測定，就可以了解消費者更傾向於哪種特徵。心理學的優點在於可以直接利用消費者的資訊材料來解釋「偏好」問題，不能直接了解的特徵也可以評定，消費者的不同意見也能被考察，當然，要達到這一目的需要大量的消費者資訊。

1.1.10　情緒與效用

　　從前面對效用概念的論述中我們可以看到情緒和效用有著非常密切的關係。因為情緒既有積極的也有消極的，而人們總是追求積極的情緒而躲避消極的情緒。但是由於性情和心境的不同，人們對同樣的刺激會產生不同的情緒。這就使得產生這些刺激的商品（或勞務）的效用函數不是同質的。而且，由於心境的變化，效用函數也會變得不穩定。

　　情緒的這種不穩定性使我們在考慮效用函數時不再只是在「消費者偏好不變」這一前提下進行討論，而應將情緒狀態包括進去。當人處於應激狀態時，應激的數量也應包含在效用函數裡。所謂應激是指人類經受和體驗的一種心理生理狀態，又稱

緊張狀態。由於心理意識的複雜作用，應激成為一種緊張而帶有不愉快色調的情緒狀態。例如，某人的居住地和工作地相距較遠，而他既不想辭去那份工作，因為他已經在那裡工作了好幾年，而又難以一時決定重新購買住房。這樣他形成了一種衝突，從而處於應激狀態。他繼續在原地工作包含效用$U(c)$，c為一個向量，包括時間和體力上的支出，但不包含應激。如改為在工作地附近居住則包括另一種效用$U(c')$。但是重購住房會增加應激的數量S，從而減少效用$U(c')$。所以把這兩者考慮進去之後，我們就可以發現解決這一衝突的方法有賴於效用$U(c,s)$的最大化，而$U(c,s)$的最大值又取決於他的收入和時間的分配。這一點使我們能夠理解勞務市場上人們的某些行為，人們在找工作時，工作地離居住地較遠的工作，所能接受的最低收入要比離居住地近的工作相對高一些。

　　有人研究了不確定性情景產生的應激中的效應問題。人們都有這樣一個傾向，當他不知道將要發生什麼或知道將要發生什麼但不知道什麼時候發生時，總會產生一種不愉快的心情，也就是處於應激狀態。個體很自然地會想辦法減少這種狀態，哪怕做出一定的額外的犧牲也在所不惜。研究顯示，對於消極事件，人們願意冒三十倍於未來風險的當時風險來避免該事件的未來出現。所以在危險的工作中就會存在效用函數的應激問題。假設在一項有危險性的工作中，應激水準S隨危險出現的機率P增大而增高：$S = f(P)$。工作的結果有兩種狀態：安全狀態（1狀態）和受傷狀態（2狀態）。那麼該工作的薪水自然也由危險事故出現的可能性決定，用$W(P)$表示。雇員的最優決策取決於從如下工資表中選擇一個最滿意的P值。

$$Max(1 - P)u_1(s,x) + Pu_2(s,x)$$
$$Sts = f(P),\ x \leq A + W(P)$$

式中，u_1、u_2 ＝狀態的效用

　　　　x ＝消費量

　　　　A ＝最初的基金

透過選擇最滿意的 P（也就是選擇職業），雇員同時接受跟職業相應的應激水準。工資函數和 P 呈正相關，而且如果應激包括在效用函數裡，工資要求會更高。如果在工作場所裡安裝一些安全設施從而降低危險程度，那麼就會部分提高工人的滿意感。

　　實際上，任何工作中都包含一定程度的應激，有時候來源於管理制度的嚴格性，更多與工作本身的難易程度有關。約克和道德遜（Yerkes & Dodson, 1908）發現工作效率與應激水準之間存在著一定的關係。他們的觀點透過動物和人作為被試均得到了驗證。實驗中，動機或應激水準是透過不同程度的電擊控制的。被試的任務是進行一種視覺辨別。視覺辨別的複雜程度有三個水準。實驗結果表明，最容易的任務在較高水準的激起狀態下完成得最好，中等難度的任務在中等水準的激起狀態下完成得最好。這一規律稱為約克─道德遜定律（見圖1-3）。所以，對於容易的工作，如工廠生產線的監視控制，應該保持較高的激起水準以防止倦怠。相反，設計新型汽車這樣的工作就宜在低激起狀態下進行。也就是說，在較高的應激狀態下，人們應該從事一些簡單的工作，而在低的應激狀態下才適宜從事複雜的工作。

　　根據約克─道德遜定律，企業主為了使他的貨幣（雇員工

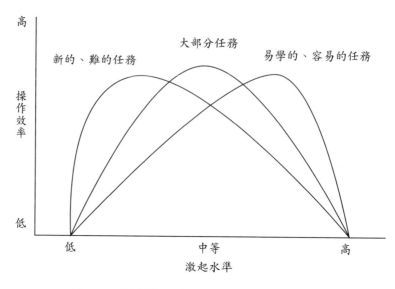

圖1-3　視覺辨別中的約克―道德遜定律

資）效用函數達到最大值，往往根據工作的性質來調整雇員的
應激水準，也就是上面提到的工作容易，則使雇員處於高應激
狀態；工作較難，則盡可能地使雇員處於低應激狀態。

1.2　預期理論及其應用

1.2.1　預期理論的一般概念

（一）預期概念的內涵

「預期」（expectation）是一種心理現象和心理範疇，它幾乎

影響到人類行為的一切領域。經濟學和經濟心理學中的預期概念是指，經濟當事人或經濟行為人對經濟變數（如價格、利率、利潤或收入等）在未來的變動方向和變動幅度的一種事前估計。在某種意義上，經濟過程即人的經濟行為過程，而預期作為經濟當事人活動的特徵與前提，無疑支配著他們的現實經濟行為。例如，正是依據預期，政府才制定其經濟對策，廠商才作出其生產決策，居民用戶才確定其資源供給與消費等等。而經濟當事人的經濟行為又反過來影響著國民經濟的活動水準，決定各經濟變數的變動方向和幅度乃至決定整個經濟走勢。換言之，預期與現實經濟間的作用及影響是相互的，它不僅連結著經濟的現在與未來，而且也連結著經濟的微觀領域與宏觀領域。

正是由於預期的上述特性，決定了它在經濟學理論中的重要地位。不過，雖然經濟學家對預期的關注由來已久，但真正形成一種預期理論，並將其容納到經濟學理論體系的有機整體之中，還是較晚才出現的事。而恰恰是隨著預期分析的深化，特別是隨著較為完備的預期形成理論的產生，經濟科學在其演進和發展的歷程之中，才取得了長足的進步，經濟分析水準才日益走向成熟化。這一點尤其是在半個多世紀以來宏觀經濟學的產生與發展歷程中得到體現。因此，可從一定意義上說，現代預期理論的產生與發展，建構了宏觀經濟學與微觀行為基礎的橋樑（Lian, 1999），在很大程度上決定了現代經濟理論的發展格局，以至於不了解現代預期理論，就無從理解現代經濟學，尤其是宏觀經濟學。

（二）預期研究的概況

在經濟學中，對預期的關注實際上由來已久，或者說，預期作為一種心理現象以及經濟行為人的行為特徵之一，從未脫離過經濟學家的視野。從史密斯（V. L. Smith）到馬歇爾（A. Marshall）再到維克塞爾（J. G. K. Wicksell），從尤格拉（C. Juglar）到龐巴維克（E. V. Böhm-Bawerk）再到熊彼特（J. A. Schumpeter）等等，都在不同角度和不同層次上關注和探討過預期問題。然而直到二十世紀三〇年代，人們才真正開始重視預期範疇對於經濟理論以及經濟學科的重要意義，在這方面，作出歷史性貢獻的是《就業、利息和貨幣通論》（下稱《通論》）這一劃時代經濟學名著的作者——約翰·梅納法·凱因斯（J. M. Keynes）。

眾所周知，凱因斯於1936年出版的《通論》是宏觀經濟學誕生的標誌。在《通論》中，凱因斯首次明確地提出了預期理論，並把它作為他所創立的宏觀經濟理論的主導思想，認為預期是影響總供給和總需求的重要因素，甚至是導致經濟波動的決定性因素。熟悉《通論》的讀者不難發現，凱因斯對就業水準的分析，對貨幣需求、投資水準以及經濟週期的探討，都是基於對預期範疇的考察而展開的。事實上，凱因斯拋棄馬歇爾的新古典主義微觀經濟學而創立的宏觀經濟學體系的微觀基礎即在於微觀主體的經濟預期；換言之，作為心理因素的預期範疇和有效市場清償（efficient market clearing）一起構成了宏觀經濟理論大廈的兩大支柱。對此，有不少學者認為，凱因斯經濟理論的意義並不在其結論本身，而是在於將不確定性預期置於經濟分析中的重要地位。

（三）不確定性與預期

凱因斯十分強調現實經濟世界中的不確定性問題，用他本人的話來說，即「未來的不確定性」（凱因斯理論的宣揚者和傳播者羅賓遜[Robinson]等將這一點概括為「時間是不可逆的，未來是不能未卜先知的」）。雖然有關未來的資訊不完全這一事實是人所公認的，也是傳統經濟理論所肯定的，但有別於傳統理論（新古典主義經濟學），凱因斯的「不確定性」概念的特徵在於：一方面，對於未來事件，人們不可能像新古典理論假定的那樣計算出一個確定的風險機率；另一方面，人們對未來的預期也不與現在的任何事件之間存在任何確定的相互聯繫。換言之，在一個動態的不確定的社會環境中，不能把各種經濟活動的未來損益視為是目前的損益；否則，即會斷送現在與未來的聯繫，斷送經濟理論與現實世界的聯繫。雖然未來與現在的聯繫維繫於預期，但任何預期都包含著人的任意猜測、一時衝動、投機心理以及其他種種心理因素，亦即預期本身是不確定的和不穩定的。

新古典主義假定事實和預期是在確定和可靠的形式下給定的，認為機率計算法能使不確定性像確定性本身一樣成為可計算狀態，然後用這樣構造的理論所推導出的結論來描述市場經濟的現實。在凱因斯看來，這種理論和方法，無論如何是錯誤的。

（四）預期對市場經濟的影響

凱因斯認為，在一個現實的充滿不確定性的市場經濟運轉體系中，生產者的生產決策和投資者的投資決策，除了以預期

為依據外，別無他法。隨著社會分工和生產迂迴程度的發展和市場的空前壯大，銀行體系和有組織的證券交易市場的業務活動向經濟生活各個領域的滲透不斷擴展和加強，人們當前的經濟決策對他們的預期程度也就不斷增加，以至於人們所擁有的各種資產，不論是機器、設備或其他耐用品等物質資產，還是貨幣、債券和股票等金融資產，都成了現在與未來的連結物。這就是說，人們在得到一筆收入之後，首先要考慮如何在它的各種用途之間作出安排，以何種形式來持有他們的資產，以及各種資產之間的配合比例怎樣等等，然後才可避免將來遭致各種可能有的損失，和獲得可能有的最大總效用或總收益。由此，預期就不能不闖入每個經濟行為人的心靈，形成他們的各種心理活動，成為他們作出當前經濟決策的決定性因素。因此，凱因斯指出，貨幣經濟的特徵即在於：人們對未來的看法的改變，不僅可以影響就業的方向，還可以改變就業的數量，亦即，預期不但可以影響產業和勞動力的結構而且能夠決定當前國民經濟的活動水準──是經濟繁榮，還是衰退；是充分就業，還是大量失業等等。因此，正是在預期這一心理範疇的基礎上，凱因斯才構築出其著名的「三大心理規律」，進而創立了宏觀經濟學的理論體系，對於這一點，我們將在下文進行分析。這裡，還是首先考察凱因斯關於預期與不確定性問題的觀點。

（五）預期的種類

凱因斯把預期分為兩類，即短期預期與長期預期。關於短期預期，凱因斯認為，它實際上是一種短期的價格預期，決定著廠商的日常產量。而當前產量的預期售價，大致就是最近的

過去產量的實得售價；生產者往往根據的是實得結果，而不是根據主觀臆斷，來逐步改變其預測。因此，廠商修改其短期預期的過程，一般是逐漸的和連續性的。並且，如果所生產的商品具有持久性，那麼廠商的短期預期，根據的就是投資者的長期預期。所以，在凱因斯看來，短期預期是可以略而不論的。

所謂長期預期，是指在增加資本設備（即資本品）時，對於未來收益的預期。它涉及未來資本品的類型和數量、消費者的時尚、有效需求的強度、工資單位（以貨幣計算）的大小，以及在目前所考慮的資本品的壽命期內一切可能發生的變化。因此，長期預期有一特性，即不能每隔一段時間就根據實得結果加以修正，而是往往會驟然發生修改。這就是說，長期預期充滿著不確定性，它不僅不能被略而不論，也不能以實得結果來替代。凱因斯認為，在發達的貨幣經濟系統中，未來的消費心理與時尚、工資率等因素是高度不確定的，故而人們據以推測未來收益的一點知識，其基礎異常脆弱。在人們心目中，對於若干年以後，到底是哪一種因素決定投資的收益，實在是知道得很少，以至「少到不足道」。看來，根據真正意義上的長期預期進行投資，實在是太難了，難到「幾乎不可能」。因此，凱因斯斷言，長期預期缺乏一種合乎理性的基礎。

既然人們對投資的未來收益的預期缺乏可靠的合乎理性的基礎，而投資決策又必須在當前作出，那麼投資者進行投資都必須具備一種「血氣之勇」。在凱因斯看來投資決策據以作出的長期預期，不僅要包括哪一種預測的或然性最大，而且也要包括作出這項預測時的信心和冒險精神。這樣，凱因斯就在其「缺乏合理基礎」的預期概念中，摻進了濃厚的心理成分，以至於把預期範疇與決策主體「神經是否健全」，甚至「消化是否良

好」，以及「對於氣候之反應如何」等方面聯繫在一起。

　　由此，我們不難看出，在凱因斯理論中具有特別重要意義的並不在於一般的未來不確定性，而是在於預期本身的不確定性或者說「無理性」。當然，這種預期的不確定和「無理性」，在根本上源於經濟世界本身的不確定性。同時，基於不確定預期的經濟行為亦帶有了不確定色彩，並且進一步導致了總需求水準以及國民收入決定的不確定性，導致了宏觀經濟的週期性波動。

（六）預期與凱因斯的「三大心理規律」

　　凱因斯的目標是要建立「一個關於貨幣經濟的全盤理論」──也就是我們今天所知道的宏觀經濟學。而他藉以構築這一理論大廈的每一塊重要的基石，都在於人們對某一變數的預期值，而不是它們已經實現的數值。譬如，在凱因斯理論體系中處於核心地位的「有效需求」範疇，即與預期範疇分不開。有效需求本身是一預期量值，由於他假定預期的總供給價格函數是既定的，故他認為有效需求相當於預期的所得（決定生產活動的所得），而非真正實現的所得。按照凱因斯的理解，「非自願失業」（古典經濟學只承認「自願失業」）的存在是由於有效需求的不足，而有效需求分為投資需求與消費需求兩大部分，社會上對這兩大部分需求的不足就是有效需求不足的根源。那麼，為什麼會發生這兩部分需求不足的現象呢？凱因斯力求從心理預期上尋求答案，並將其歸結成為著名的「三大心理規律」，即心理上的邊際消費傾向遞減規律、心理上的靈活偏好（亦稱流動偏好）規律以及心理上的資本邊際效率遞減規律。

　　首先，心理上的邊際消費傾向遞減規律的作用結果是消費

需求的不足。凱因斯認為，隨著人們收入的增加，其消費也在增加，但由於人們對未來收入不確定性以及生活中的不確定性的預期，使得消費增加的幅度不及收入增加的幅度。換言之，不確定預期形成了邊際消費傾向小於平均消費傾向的情況。這一情況直接導致了消費需求的不足，即不足以實現充分就業。這也就是凱因斯所謂的「富裕中的貧困」問題。

其次，心理上的靈活偏好以及資本邊際效率遞減規律作用的結果是投資需求的不足。凱因斯認為，決定投資水準的兩大經濟變數分別是資本邊際效率和利息率。所謂資本邊際效率，即心理上對資產未來收益率的預期。具體而言，指若用貼現率來把某一資本資產的未來收益折算成現值時，該值恰好等於此資本資產在目前的重置成本（供給價格）。用公式來表達即為：

$$Ps = \frac{R_1}{1 - r_m} + \frac{R_2}{(1 - r_m)^2} + \cdots \frac{R_n}{(1 - r_m)^n}$$

式中，Ps＝某資本資產的重置成本

R_1、R_2、$\cdots R_n$＝該資本資產在未來幾年的收益

n＝該資本資產的運行壽命期

r_m＝貼現率，滿足公式的r_m即凱因斯所指的資本邊際效率一般說來，它應大於幾年中的流行利率水準r_0；否則，投資者不會進行投資

凱因斯認為，隨著投資的增加，資本邊際效率即投資者對於資本資產的未來收益率的預期水準是下降的。這是由於：

1.隨著投資的增加，投資者預期將來資本品的重置成本會逐步趨高，從而導致預期利潤率或資本邊際效率下降。

2.隨著投資的不斷增加，投資者預期產品的未來供給將增加
　而價格卻要下降，進而資本邊際效率下降。

3.廠商對資本品進行投資時，不僅要考慮現有資本品的數量
　與價格，同時更多的是要考慮將來的需求、競爭、技術、
　政治環境以及天災人禍等不確定性因素，因此，也可能是
　由於對未來預期的悲觀而使資本邊際效率較低且不穩定。
　不過，僅資本邊際效率下降尚不足以導致投資需求的不
　足，因為，投資取決於預期利潤率與利息率的差額，若預
　期利息率也在下降，使得這一差額為正數，則投資引誘依
　然存在。然而凱因斯指出，問題恰恰相反，因為利息率取
　決於人們在心理上對貨幣的靈活偏好。

　　所謂靈活偏好，即指人們想以貨幣形式保持其一部分財產
的願望。按照凱因斯的理解，這種靈活偏好出於三種動機，它
們是：為應付日常支出的交易動機、為應付意外事件支出的預
防動機、為了進行投機而獲利的投機動機。這三種動機的產
生，皆由於人們對未來的不確定性預期。在這方面，前兩種動
機不難理解，最後一種動機即投機動機實際上是基於人們對未
來證券價格的不確定性預期而產生的。在凱因斯看來，所謂利
息就是對人們在一特定時期內放棄這種流動偏好的報酬，其大
小決定於貨幣的供需。流動偏好代表了貨幣需求，而貨幣數量
則代表了貨幣供給。貨幣數量的多少由中央銀行的金融政策而
定，它是一個外生變數，其增加雖在一定程度上可以降低利
率，但由於流動偏好的作用，利率的降低總有一個最低限度，
低於這一限度人們即將貨幣保留在手中。這一最低限度即凱因
斯所稱的「流動性陷阱」（又稱「凱因斯陷阱」）。正是由於「流

動性陷阱」的存在，使得利率下降到一定程度即不再下降；而另一方面，基於上述分析的資本邊際效率卻不斷下降。當資本邊際效率下降到這一不再下降的利率水準之時以及之後，投資者即失卻了投資的動因，於是投資需求必然不足。

不過，在凱因斯的預期分析中，似乎消費決策並不十分重要，他比較注重投資決策對於宏觀經濟的影響，因爲在他看來，他的消費函數雖然把個人對其未來收入的預期視爲影響個人現期消費的一個因素，但又認爲這種對未來的預期就社會全體來說，大概是互相抵銷的，因而不會有多大影響。因此，凱因斯實際是把消費視爲現期收入的穩定函數，從而把注意力置於廠商的獲利預期與投資決策方面。其中，上述資本邊際效率這一預期變數居於支配地位，它直接導致了宏觀經濟的不穩定性和週期性波動。

（七）預期與商業循環

凱因斯認爲，基於不確定預期或非理性預期的資本邊際效率是一個十分不穩定的不可靠的變量，其大小變動的循環往復，決定了商業循環的週期性波動。

商業繁榮時期，一般人對於資本未來收益的預期過於樂觀，投資情緒十分高漲。隨著投資的增加，生產成本和利率雖已上升，但都不足以阻止投資的增加，而這時投資市場上的投機熱也達到了頂點。因此，當失望來臨時，來勢驟然而猛烈，資本邊際效率突然崩潰，靈活偏好增強，銀根緊缺，利率猛升，投資大幅度削減，經濟危機爆發。商業循環是宏觀經濟活動水準的週期性波動。但凱因斯特別強調的是向下波動的危機現象，他認爲這是商業循環即經濟週期性運動中不容忽略的

「一個特徵」。因為這一危機現象是在經濟由向上發展轉而下滑時驟然發生的，變動得非常劇烈。而當經濟由下滑轉而向上發展時卻轉變得較為平穩，不存在尖銳的轉捩點。如前所述，凱因斯將其歸結為資本邊際效率的「突然崩潰」。但問題的關鍵在於，資本邊際效率為什麼會突然崩潰？答案即在於凱因斯的不確定預期或非理性預期的假定。不僅預期是一個很不確定的因素，而且投資者的情緒亦對預期有著重要影響。對此，凱因斯甚至說，投資「大部分決定於油然自發的情緒」。正如上面所描述的，在繁榮後期，投資者因對未來收益的預期十分樂觀而情緒甚佳，以致不顧一切地增加投資；投機者也不對資本資產的未來收益作出合理的估計，以致樂觀過度，購買過多；而一旦失望情緒來臨時，悲觀情緒就頓生，相互感染，資本邊際效率即在瞬間崩潰。與此同時，由於人們對未來的預期悲觀，不放心去投資或購買證券，於是靈活偏好大增，利率猛漲。這樣進一步使投資下降加劇，總危機突然爆發。實際上，在危機階段，即便利率下降，經濟也不會立即復甦，因為包含在極不穩定的資本邊際效率之中的悲觀情緒是很難立即消失的。所以，在《通論》中，凱因斯一般把經濟危機或經濟蕭條稱為「恐慌」，該詞形象地表達了不確定預期與商業循環的聯繫。

1.2.2　非理性預期理論

(一) 非理性預期理論的一般概念

　　凱因斯首次明確提出了不確定性預期理論，並以此作為基石奠立了宏觀經濟學體系，進而提出了一系列政府干預經濟的

政策主張。由此，預期範疇開始眞正受到了經濟學家的重視，並成爲現代宏觀經濟理論及政策體系探討中的一個基本出發點。

後凱因斯主義者又基於凱因斯的預期理論及國民收入決定模型，提出了菲利普斯曲線，用以說明失業與通貨膨脹的反方向交替關係，並以此作爲「逆經濟風向而行事」的「相機抉擇」經濟政策的理論基礎。但二十世紀五〇年代中期以後，伴隨著「適應性預期」範疇的出現，以現代貨幣主義的創始人弗里德曼（M. Friedman）爲首的一批經濟學家對凱因斯的預期理論展開了批判，並把適應性預期理論用於對菲利普斯曲線的討論，進而形成了一種新的宏觀經濟見解及政策主張。

然而，不論是不確定預期理論還是適應性預期理論，即使其對於宏觀經濟學理論十分重要，但到六〇年代初期以前，經濟學界還未形成一種比較成熟的預期形成理論，預期這一既是經濟學的又是心理學的範疇尚未具備可操作性。從另一角度來看，也正是預期形成理論的缺乏，導致了戰後宏觀經濟學日益脫離微觀經濟學的傾向。因此，爲塑造現代宏觀經濟學的微觀基礎，迫切需要一種關於預期本身形成機制的理論產生。惟有如此，預期分析才能眞正有機統一於宏觀經濟分析體系，宏觀經濟理論本身也才能成熟。

不過，對預期形成機理的揭示畢竟是困難的。因爲預期是一種心理現象，它不可能像商品的價格和數量那樣可被直接觀察到，用歐茨格（S. A. Ozga）的話來說，預期是決定至少可以說是伴隨著我們行爲的態度、意向和思維狀態的。實際上，可以用兩種方法來分析預測：其一是內省的，亦即一個人靠什麼把自己的主觀經驗投射到其他經濟人的身上；其二是代理公

式，亦即一個人是靠什麼在未能觀察到的預期和可觀察並體驗到的現實數量之間建立一種關係。對於經濟學者來說，一般選擇的是第二種方法。

（二）希克斯的預期彈性概念

在傳統理論中，最具操作性的預期概念恐怕要算希克斯（J. Hicks）的「預期彈性」概念了。希克斯在其1946年出版的名著《價值與資本》中，從國民經濟一般均衡分析的角度，探討了預期問題。他認為，一個均衡點是否穩定將取決於預期的變化，而這種變化則是導致體系偏離均衡突變的結果。這樣，一個關鍵性的問題就被提出來，即人們怎樣才能在預期的變化和均衡的偏離之間建立一種關係公式。為此希克斯採用了「預期彈性」的概念。所謂預期彈性，即一個變數的預期價值變化率與這一變數的實際價值變化率之間的關係。若以P^*代表未來預計價格，以P表示目前可觀察到的一定量X商品的價格，則我們可以把希克斯的預期彈性ε_p^*寫成：

$$\varepsilon_p^* = \frac{d_p^*}{P^*} \cdot \frac{p}{dp}$$

若$\varepsilon_p^* = 1$，則現實價格上升10％，將導致未來預期價格也上升10％；若$\varepsilon_p^* = 0$，則現實價格的變動對於未來預期價格沒有任何作用，亦即，人們認為將來價格還會恢復原樣；若$\varepsilon_p^* > 1$，則現實價格的上升將導致未來預期價格更大程度的上升，人們將普遍認為價格的上升將有一個正的趨勢。

希克斯由此認為，預期彈性概念可用以分析國民經濟的穩定和均衡問題。若預期彈性小於1，經濟的均衡將是穩定的；若預期彈性大於1，則經濟的均衡將是不穩定的；若預期彈性等於

1，則它是經濟穩定與不穩定的分界線。這樣，希克斯的預期彈
性概念也就有了一定的可操作性。不過，它僅限於對國民經濟
一般均衡問題的分析，而且，希克斯也沒有解釋預期是怎樣形
成的以及它是怎樣變化的。

（三）非理性預期形成機制

在對預期形成機制的探討方面，作出最重要貢獻的是卡內
基─梅隆大學的穆斯（J. F. Muth，現任印第安那工商學院教
授）。1961年，穆斯發表了一篇題爲〈理性預期與價格變動理論〉
的著名論文。在該文中，他首次將過去經濟學者在經濟分析中
所暗含的預期形成機制分爲靜態的預期形成、外插型預期形成
以及適應性預期形成三種類型，並將它們統稱爲非理性預期形
成理論；此外，他還在該文中最先提出了現在廣爲使用的理性
預期範疇。

就上述三種形式的非理性預期，穆斯分別對其形成機制作
出了比較系統和完備的表述，從而賦予了它們在經濟分析中的
可操作性。現以價格預期形成爲例，分別說明這三種非理性預
期的形成機制。設P_t爲第t期的實際價格，P_t^*爲在（t－1）期所
預期的第t期的價格，則有：

1.靜態的預期形成：

$$P_t^* = P_{t-1}$$

2.外插型預期形成：

$$P_t^* = P_{t-1} + \alpha\,(P_{t-1} - P_{t-2})$$

3.適應性預期形成：

$$P_t^* = P_{t-1}^* + \beta\,(P_{t-1} - P_{t-1}^*) \quad \text{或} P^* = \beta\,P_{t-1} + (1 - \beta\,)P_{t-1}^*$$

式中，P_{t-1}^*＝在第 t－2 期所預期的第 t－1 期的價格

　　　　α、β＝常數

　　由上述三種等式來看，靜態的預期形成最為簡單，它僅僅是把前期的實際價格視為現期的預期價格，以往人們對蛛網模型的分析即是基於這種預期範疇而進行的。

　　與靜態的預期形成相比，外插型價格預期有所前進。對於這種預期形成機制，可用**圖**1-4來說明。在圖中，我們假定實際價格從 t－2 期的 P_{t-2} 上漲到 t－1 期的 P_{t-1}。在這種情況下，預期形成機制的結果是，樂觀的人們預期此上漲趨勢將繼續下去，從而令 $\alpha = 1$；而悲觀的人們則認為這種上漲只是暫時的，下期的結果可能是回復到 t－2 的水準，從而令 $\alpha = \text{-}1$；如此等等。由於人們情緒中的樂觀與悲觀的程度不同，從而會得到極不相同的預期價格值。不過，它們有一共同點，亦即它們都考

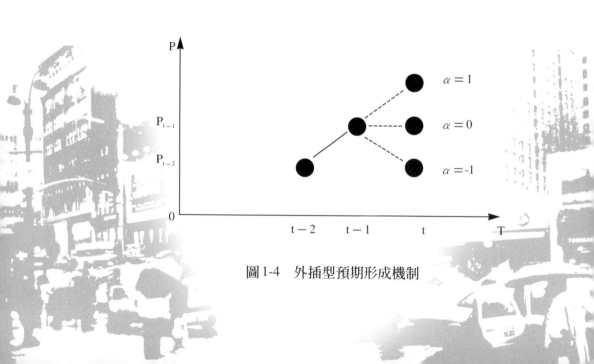

圖1-4　外插型預期形成機制

慮了過去的價格變化方向。正是由於這一點，外插型預期形成機制與靜態的預期形成機制相比有其現實性。

適應性預期是基於其前期的預期誤差（$P_{t-1}^* - P_{t-1}$）而對前期（$t-1$）預期的修正來形成現期（t期）預期的。這是一種回饋型預期形成機制。對此，可用**圖**1-5來說明。從圖中可以看出，如果$t-1$期的價格預期高於實際價格，則t的價格預期便基於對$t-1$期預期價格的削減來進行；而若$t-1$期的預期價格低於該期的實際價格，則t期的預期價格便基於對$t-1$期預期價格的提升來進行，如此等等。需要注意的是，在這種預期形成中也有樂觀與悲觀之分；而樂觀的人是不修改預期價格的，他們視$\beta = 1$。顯然，相對於前兩種預期形成機制來說，適應性預期更爲現實些。

然而，適應性預期的形成，出於受到過去預期誤差的嚴格限制，使得預期價格總難於接近實際價格（如**圖**1-6所示）。適應性預期的形成機制，實際上是透過對前期（$t-1$）的預期價

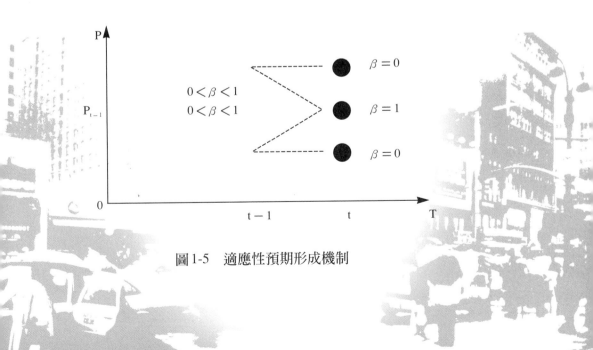

圖1-5　適應性預期形成機制

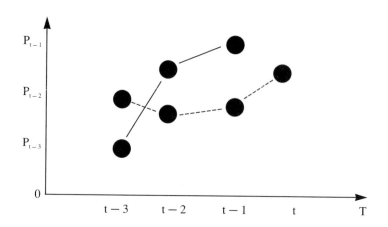

圖1-6　適應性預期形成中實際價格與預期價格的偏差

格P_{t-1}^*與其實際價格P_{t-1}的加權平均來形成本期的預期價格P_t^*的；因而，現期的預期價格總是處於前期的預期價格與前期的實際價格之間。這樣一來，預期價格也就無法接近實際價格了，應當說，這是適應性預期範疇的致命缺陷。

（四）蛛網模型與靜態的預期形成機制

讀者可能對蛛網模型並不陌生，它是微觀經濟學中動態市場均衡問題的範例。蛛網模型的最顯著特徵在於商品供給者的生產計畫的形成與實際進行間發生的延遲，它往往被用於描述農產品市場的供給情況。在農產品市場中，農場主一般提前一個週期計畫下一週期的產量（計畫種植量），而到收穫期，收穫量（對市場的產品供給量）與當時的流行價格相結合使農場主得以收回其預付。問題在於，農場主如何決定其種植計畫？爲作出這一決策，他必須對農產品投放市場時（下一期）的市場價格進行預期。對此，蛛網模型通常假定，農場主以其種植時

的市場價格作爲他對下一期的價格預期。由於所有的農場主都按這同一規則作出其預期，因而模型預測：當某年農產品市場供過於求時，次年必定供不應求，而第三年又供過於求……以此類推。當所對應的供給與需求曲線的彈性滿足特定條件時，這種擺動將最終趨於穩定，否則將不穩定。

對於上述蛛網模型，我們可用函數來描述，t時期的需求決定於t時期的市場價格，若用Q_t^d和P_t分別表示t時期的需求量和市場價格水準，則需求函數可寫成：

$$Q_t^d = \alpha - \beta \cdot P_t$$

式中，α、β＝常數

以P_t^*和Q_t^s分別表示農場主對t時期的價格預期和t時期的供給量，又有供給函數：

$$Q_t^s = \gamma + \delta \cdot P_t^*$$

式中，γ、δ＝常數

由於市場的流行價格取決於「市場結清」，亦即需求量與供給量相等，故又有市場均衡方程式：

$$Q_t^d = Q_t^s = Q_t$$

求解上述三個方程式，得到：

$$P_t = \frac{\alpha - \gamma}{\beta - (\frac{\delta}{\beta})P_t^*}$$

該式表明，市場的實際價格爲農場主的預期價格的函數，但由於我們不能直接觀察到P_t^*，故此模型還是不可操作的；換

言之，還含有未知變數，不封閉。為使其可操作，常需把P_t^*表示成已知變數的函數。如上所述，假定農場主的預期價格為上期的實際價格，即有：

$$P_t^* = P_{t-1}$$

這就是穆斯所指的靜態預期形成。將它代入上式，便得到傳統理論所描述的遞推方程式：

$$P_t = \frac{\alpha - \gamma}{\beta - (\frac{\delta}{\beta})P_{t-1}}$$

許多學者指出，這種蛛網模型之所以未能得到經驗證實，是因為它假定農場主採用最為「天真的」方式進行推斷。首先，模型忽視了農場主可能意識到所有農場主行為一致而產生的影響。如，若某年的市場狀況是供給短缺和價格偏高，則按照模型，次年市場狀況是供給量大增和價格暴跌。但實際上，農場主們可能都在不同程度上預見到了所有農場主行為一致將導致這種局面的產生。其次，即便農場主們不能比較充分地意識到這一影響，但他們也會從其歷次預期的經驗中得到知識並用於種植計畫的決策。上述蛛網模型排斥了農場主的任何學習可能性，因此，作為一種預期模型，蛛網模型忽視了經濟主體的心理因素的影響。不過，它還是強調了預期的重要性，從而使人們有可能尋求到更好的預期模型。

（五）外插型預期形成機制

為消除蛛網模型中預期過於「天真」以致脫離心理規律的不足，1941年邁茨勒（L. Metzler）引入了「外插型預期」概

念。他認爲,對未來的預期並不僅基於經濟變數的過去水準,也應與其變化方向相關。換言之,若用P_j表示第j期的價格水準($j = t, t - 1,...$),則第t期的外插型預期可定義爲:

$$P_t^* = P_{t-1} + \varepsilon (P_{t-1} - P_{t-2})$$

式中,ε = 預期係數

該式說明,任一時期的外插預期等於前期價格水準加上(或減去)前兩期的價格之差。若$\varepsilon > 0$,則過去的變化趨勢預期將繼續保持;若$\varepsilon < 0$,則反之;若$\varepsilon = 0$,則依此外插預期而構造的蛛網模型成爲「天眞的」蛛網模型。

外插預期模型的行爲受制於預期係數ε。如前所述,ε值的大小取決於人們的情緒。若$\varepsilon = 1$,則意味著人們極度樂觀;若$\varepsilon = -1$,則意味著人們極度悲觀。而ε值的具體大小的選擇決定於人們對於模型經濟結構的理解狀況。因此,我們不難看出,凱因斯的不確定預期理論實際上就屬於外插型預期理論。若我們將這裡具有可操作性的外插型預期模型,運用到凱因斯的國民收入決定理論中,勢必得出與凱因斯見解基本一致的宏觀經濟波動(商業循環)模型。

爲簡化起見,這裡我們仍然就蛛網模型展開討論。把外插型預期理論置於蛛網模型中時,可能ε取負值更爲合適。此時,蛛網模型說明:更高的價格刺激種植量上升,從而使下一期的供給量增加,價格再一次下降,亦即,此模型中的價格是逐期翻轉(上下波動)的,而不是按同一趨勢變化。這一原理說明,合適的預期機理取決於模型結構,而對合適的預期機理的選擇,則取決於人們對模型經濟結構的理解情況——合乎理性的情況。與靜態的預期形成理論相比,這種外插型預期形成

理論有所前進，稍接近客觀現實。不過，它還是過於單純而不太符合心理規律。於是，人們又在它的基礎上提出了適應性預期形成理論。

（六）適應性預期形成機制

「適應性預期」的概念係由卡甘（P. Cagan）於1956年所提出的。它一經提出，便被廣泛地運用，尤其是被貨幣主義者所採用。

「適應性預期理論」認為，經濟主體根據其前期預期的誤差（$P_{t-1} - P_{t-1}^*$）來校正其當期預期值，是一種回饋型預期形成機制：當前期的預期價格高於實際價格時，現期的預期價格則加以削減，否則加以提高。當然，由於預期受心理因素影響，它有樂觀與悲觀之分。

若用公式表示，則t期的適應性預期定義為：

$$P_t^* = P_{t-1}^* + \eta \, (P_{t-1} - P_{t-1}^*)$$

式中，η＝適應係數，它決定了預期校正其過去誤差的速度。由於下文即將提到的收斂性原因，η 為0到1之間的一個常數

此式說明，根據適應性預期，下期預期值等於當期預期值加上（或減去）當期預期誤差的若干倍。顯然，當 $\eta = 1$ 時，適應性預期變為靜態預期。

而對於適應性預期與外插預期之間的關係，透過改寫上式並進行適當的技術處理後即能明顯看出，改寫上式得：

$$P_t^* = \eta \, P_{t-1} + (1 - \eta) P_{t-1}^*$$

類似地展開 PP^*_{t-1} 並代入該式，有：

$$P^*_t = \eta\, P_{t-1} + \eta\,(1-\eta)P_{t-2} + \eta\,(1-\eta)^2 P^*_{t-2}$$

以此類推，則有：

$$P^*_t = \eta\, P_{t-1} + \eta\,(1-\eta)P_{t-2} + \eta\,(1-\eta)^2 P_{t-3} + \cdots +$$
$$\eta\,(1-\eta)^{n-1} P_{t-n} + \eta\,(1-\eta)^n P^*_{t-n}$$

由於 n 趨於無窮，由此可改寫成：

$$P^*_t = \eta\sum_{i=1}^{\infty}(1-\eta)^i P_{t-i}$$

該式說明，t 期的適應性預期為其過去價格的加權加總。相應地，該式被稱為「分布延遲」。其中，這一系列的權數可以稱之為「記憶」，它表示 η 若接近於 0，則權數緩減，經濟主體將有一個「長的」記憶；若 η 接近於 1，則權數速減，經濟主體將只有一個「短的」記憶。由於此級數的權數由一幾何衰退級數構成，即：

$$\sum_{i=1}^{\infty}(1-\eta)^{i-1} = \frac{1}{1-(1-\eta)} = \frac{1}{\eta}$$

故它可被寫成：

$$P^*_t = \eta\sum_{i=1}^{\infty} W_{i-1}\cdot P_{t-1} = \sum_{i=1}^{\infty} W_i P_{t-i}$$

式中，W_{i-1} ＝任意的能保證序列 $\{W_{i-1}\}$ 收斂的權數
權數總計：

$$\sum_{i=1}^{\infty} W_i = 1$$

　　表1-1列出了兩種不同的權數系列：長記憶（$\eta = 0.1$）和短記憶（$\eta = 0.9$）。這些權數體現了過去價格對現期預期價格形成的影響。從表中我們可以看到，在「長記憶」情況下，過去的影響是逐步緩慢減弱的；換言之，相當長時間以前可觀察到的價格明顯地影響著預期價格的形成。相反，在「短記憶」情況下，僅僅前期的資訊才有效，而相當久以前的資訊影響是微不足道的。

　　在理性預期概念提出之前，適應性預期分析之所以能在經濟學界廣為使用，主要在於它比前兩種非理性預期形式更為優越。從適應性預期的形成機制來看，它的優點包括：

1. 更加符合心理規律，經濟行為人能夠根據過去的經驗修正和調整其行為。這實際上是一種「學習」的過程。為此，有學者將上述適應性預期模型稱之為「學習心理學模型」。

2. 同前兩種非理性預期的形成相比，適應性預期包含了對全部歷史資訊的考慮，而非過去一、兩期的實際值的資訊。

3. 它在理論上具有簡潔性，對於預期係數η的統計性估計亦

表1-1　按「長」、「短」期記憶所計算的過去價格權數

時期t	長記憶（$\eta = 0.1$）	短記憶（$\eta = 0.9$）
1	0.1	0.9
2	0.09	0.09
3	0.081	0.009
4	0.0729	0.0009
5	0.0656	0.00009
6	0.0590	0.000009

容易進行。

然而，隨著經濟分析的深入，人們逐步發現適應性預期形成理論並非十分完美，而是存在著一系列不可克服的缺陷乃至錯誤。

其一，它僅僅是合併了預測變數的過去值，似乎認爲只要考慮變數的過去值即可使決策者作出較好的預測，這僅僅在相當嚴格的決策環境條件下才正確。

其二，它忽視了現期資訊的重要性，尤其是與現期預測變數相關的一些重要資訊根本無法考慮（如某一政黨競選成功）。

其三，如前所述，它使預期價格與實際價格總難於接近。

此外，其形式上分布延遲的權重選擇（幾何下降級數）是否合理，也缺乏可行的實際判斷標準。總之，同靜態的和外插的預期一樣，適應性預期也是非理性的──「不合理的」。

（七）適應性預期分析與貨幣學派宏觀經濟理論

這裡，我們介紹一下以弗里德曼爲首的現代貨幣學派基於適應性預期範疇而提出的宏觀經濟思想。貨幣學派所採用的適應性預期分析是以「自然率」假說爲前提的。弗里德曼從維克塞爾的「自然利息率」的啓示中提出「自然失業率」的假說。所謂自然失業率（就業率），即指國民經濟實現一般均衡時的失業（就業）水準。弗里德曼、費爾普斯（Phelps）等人認爲，實際就業率是否偏離自然率水準，要視實際通貨膨脹率與預期通貨膨脹率之間是否存在差距而定（對本期預期值要考慮前期的預期誤差或差距，正是適應性預期形成的特點）。若實際通貨膨脹率大於預期通貨膨脹率，實際就業率就大於自然就業率。因

　　爲在短期內，當物價上漲超出預期的程度時，由於「貨幣幻覺」的作用，工人並不要求提高工資，借貸資本家也不要求提高市場利率，於是實際工資下降，實際市場利率也降到「自然利率」以下，從而企業家的利潤率上升。這就會刺激企業家擴大生產，增雇工人，從而使實際就業率高於自然就業率，在技術不變的條件下，這也就意味著實際產量大於自然率的產量。相反，若實際通貨膨脹率小於預期通貨膨脹率，由於相反的原因，實際就業率則會低於自然就業率，這意味著失業率上升和產量下降。若實際通貨膨脹率與預期通貨膨脹率相等，則實際就業率與自然就業率相一致，經濟處於穩定狀態。

　　不過，貨幣學派上述運用適應性預期分析所得到的結果是以短期爲限的。從長期來看，若實際通貨膨脹率大於預期通貨膨脹率，由於「貨幣幻覺」消失，工人和借貸資本家即要求相應提高貨幣工資和市場利率，企業家因感到無利可圖則縮小生產、解雇工人，就業與產量重新恢復到原先自然率水準。結果，陡然使通貨膨脹率不斷上升，而就業和產量保持不變，即形成一條垂直的菲利普斯曲線（如圖1-7所示）。換言之，在貨幣學派看來，由於人們運用適應性預期的方法，不斷根據過去經驗調整自己的預期以適應物價變動的形勢，其結果是，通貨膨脹在短期內雖對就業和產量有一定影響，但在長期內卻是無效的。因此，政府試圖以通貨膨脹政策來減少失業或增加產量是不可行的。

　　由此可見，正是基於適應性預期分析，貨幣學派才向凱因斯主義宏觀經濟理論提出了挑戰。然而，這一挑戰並不十分徹底。因爲從其結論來看，貨幣主義者仍然相信相機抉擇的宏觀經濟政策在短期內是有效的；而從微觀機制來看，雖然適應性

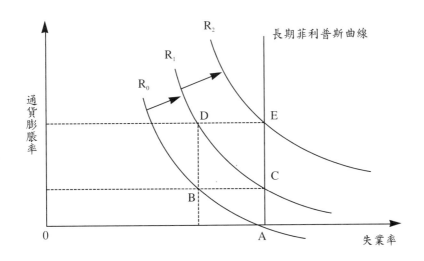

圖1-7　長期菲利普斯曲線呈一垂線

預期比不確定性預期更符合微觀經濟學的「理性人」假設，但它仍然是「不合理」的。因此，如何尋求一種預期形成機制，使宏觀經濟分析真正立足於經濟學的理性行為假定，進而實現宏觀經濟理論的新古典化，促成經濟學理論大廈在宏觀分析與微觀分析上的高度統一，是擺在經濟學者面前的重要課題。

　　穆斯於1961年在那篇〈理性預期與價格變動理論〉的著名論文中最早提出了這一概念，該文不久即成為研究理性預期問題的經典性文獻。他寫道，「預期由於是對未來事件有根據的預測，因而它們與有關經濟理論的預測本質上是一致的，我們將這種預期稱為『理性』預期。」對此，他進一步解釋道：「上述假說用更準確的語言來表達，就是：在具備相同的資訊條件下，廠商的期望分布（或在更一般的意義上，主觀後果的機率分布），趨向於接近理論的預測（或客觀的後果的機率分布）。」針對人們對之可能發生的疑問，即認為這種純粹是描述

性的假設實際上是與那種關於廠商應該做什麼的見解相混同的。穆斯強調說，人們有時爭論，認為經濟學有關合理性的假設使經濟理論與觀察到的現象不相一致，或不能充分解釋觀察到的現象，特別是對由於時間的不同而發生的變動更是如此（比如西蒙的「有界理性」說即持該種觀點）；而理性預期假說恰恰與這種觀點相反——動態經濟模型對合理性的假定做得還不夠充分。穆斯又將理性預期觀點具體化為三點：(1)資訊是稀缺的，且經濟系統一般不會浪費它；(2)預期的形成方式特別依賴於與可描述系統相關的經濟系統的結構；(3)公共預測以及「欺騙性」的政府政策將對經濟系統的運行沒有實質性的影響（除非這種預測使用了外在的資訊）。

實際上，穆斯此文所基於的前提與一般經濟分析所基於的前提一樣，亦即認為經濟主體「盡其所能做得最好」；他的著眼點正是經濟分析中所著眼的「合乎理性的人」——利用一切機會（包括一切資訊）來尋求最大利益的人，亦即預期與現實行為的結果是一致的。穆斯認為，資訊應視為經濟主體用於最優配置的一項重要資源，效用（行為）最大化的經濟主體自然會使用其可獲得的一切資訊來形成其預期。由於與任何經濟系統行為相關的資訊實際上構成了該系統的基礎結構，故理性的經濟當事人一般是利用其關於經濟結構的所有知識去形成其預期。

（八）理性預期形成機制

關於理性預期的形成機制，仍可用前面所探討的蛛網模型來說明。這裡，僅需在蛛網模型的供給函數中再添加一個隨機項$\{u_t\}$：

$$Q_t^d = \alpha + \beta P_t$$

$$Q_t^s = \gamma + \delta P_t^* + u_t$$

$$Q_t^d = Q_t^s = Q_t$$

式中，隨機變數 u_t 表示諸如因氣候變化等因素所造成的產量的變化。因而，此時供給量依賴於兩個因素，一是取決於預期價格的種植量，二是已知種植條件下的實際產量（用隨機變量 u_t 表示）。

聯立求解這三個方程式，得：

$$P_t = \frac{\alpha - \gamma}{\beta - (\frac{\delta}{\beta})P_t^*} - \frac{U_t}{\beta}$$

此式說明，任一時期的實際價格決定於該期的預期價格與產量。若不考慮隨機項 u_t，則此方程式與靜態預期下蛛網模型中價格決定方程式相同，在那裡需給出關於 P_t^* 的運算式。在穆斯看來，這裡的 P_t^* 應為模型的內在變數，它由模型本身產生；市場上的經濟主體被假定為了解這裡的模型結構並且使用這些資訊來形成其預期。因而，為公式化的方便，我們可假定，在任一時期的預期價格等於已知前期可能有的資訊 Ω_{t-1} 條件下的條件數學期望值：

$$P_t^* = E(\frac{P_t}{\Omega_{t-1}}) \Delta E_{t-1}(P_t)$$

這裡所指的資訊即模型的精確結構。將上式代入該式，並令：$P = \frac{\alpha - \gamma}{\beta + \delta}$，

得到：

$$P_t^* = P - \frac{E_{t-1}[U_t]}{\beta + \delta}$$

由此可見，P 等於市場上的均衡價格。所以，在任一時期
的預期價格等於均衡價格加上供給方面的數學期望值的常數
倍。該式中的期望值為已知 t－1 期資訊 Ω_{t-1} 條件下的條件數學
期望值，其大小取決於隨機變數 u_t 的機率分布。

在這裡，$\{u_t\}$ 構成了一個隨機過程，對這一過程我們進行兩
種情形的討論：

第一，$\{u_t\}$ 不相關。此時，每一隨機變數是完全不可預測
的，且對於每一時期其條件期望值 $E_{t-1}[u_t]$ 為零。換言之，u_t 的
過去值中不含有任何可用於預測未來值的資訊。於是，上一方
程式變為：

$$P_t^* = P$$

即每一時期價格的理性預期值為均衡價格。由於假定市場
中的每一經濟主體均了解模型所表示的市場結構，故他們可計
算出均衡價格。

第二，$\{u_t\}$ 序列相關。無疑，這更符合於實際，因為它表示
的是氣候等因素對作物產量的影響。此時，由有關的數學知識
可知，序列的過去歷史數值中包含有與預測其未來值相關的訊
息，這種資訊決策者在 t－1 期可得到。於是，根據理性預期假
設，這種資訊將被經濟主體用於形成其預期。若假設它是線性
隨機變數，則過程 $\{u_t\}$ 可用均值為零之獨立隨機變數的級數和來
表示：

$$U_t = \sum_{i=0}^{\infty} W_i \, \varepsilon_{t-i}$$

由於 $E[\varepsilon_t] = 0$，且 $E[\varepsilon_{t-i}] = \varepsilon_{t-i}$ $(i > 0)$，所以：

$$E[u_t] = \sum_{i=1}^{\infty} W_i \, \varepsilon_{t-i}$$

1.2.3　理性預期理論

（一）理性預期的概念

　　前面我們討論了三種不同的預期形成機制：靜態的、外插的以及適應性的。雖然它們各有特點，但它們卻有一個共同的缺點：它們基本上只是憑藉過去的經驗對未來作出判斷，從而把當前的一切可供利用的資訊以及他們對政府政策效應的知識統統排斥在預期形成機制之外，以至於連續地犯系統性的錯誤而使自己蒙受經濟上的損失。而作爲經濟學考察的基本對象應當是「合乎理性的人」的經濟行爲；相反，如果是不合乎理性的行爲，則應排除在經濟分析的範圍之外。因此，就經濟學（不論是宏觀經濟學還是微觀經濟學）所應討論的預期形成機制來說，它應當符合經濟的基本原理，應當統一於經濟學的基本分析方法，亦即，經濟當事人爲了避免損失或謀取最大利益，他們總是要設法利用一切可以獲得的資訊（包括過去的和現在的）來對所關心的經濟變數（如通貨膨脹率、實際收入水準）在未來的變動狀況作出盡可能準確的預計——只有這種預期才是合乎理性的，經濟學應當探討的正是這種預期。正是基於這樣的考慮，導致了「理性預期」概念的提出。

　　「理性預期」概念的提出者即前面我們所述及的穆斯。這說

明，此處所有的預期均在 $t-1$ 期得出。

再將該式代入方程 $P_t^* = \bar{P} - \dfrac{E_{t-1}[U_t]}{\beta + \delta}$ ，得：

$$P_t^* = \bar{P} - \frac{1}{\beta} + \delta \sum_{i=1}^{\infty} W_i \, \varepsilon_{t-i}$$

將此式代入方程 $P_t = \dfrac{\alpha - \gamma}{\beta} - (\dfrac{\delta}{\beta})P_t^* - \dfrac{U_t}{\beta}$ ，得：

$$P_t = \bar{P} + \sum_{i=1}^{\infty} V_i \, \varepsilon_{t-i}$$

式中，$V_i =$ 需求與供給函數中參數 α、β、γ、δ 的函數

若假定權重 V_i 滿足一定的數學條件，則該式可等價地寫作：

$$P_t = \bar{P} + \sum_{i=1}^{\infty} V_i'(P_{t-1} - \bar{P}) + V_0 \, \varepsilon_t$$

對此式取期望值，我們即可得到用 P 的過去值表示的 P：

$$P_t^* = \bar{P} + \sum_{i=1}^{\infty} V_i'(P_{t-1} - \bar{P})$$

式中，$V_i' =$ 需求與供給函數中參數的函數

這一方程式表面上來看很像適應性預期的分布延遲公式，而實際上兩者存在重要差別：在適應性預期分布延遲公式中由特定的幾何衰退級數決定的權重，在這裡卻由模型內的供給與需求函數的係數決定。這表明在理性預期模型中，預期的產生機理直接決定於模型的結構；也正是在這一意義上，理性預期模型中的預期是內生的。

無可否認，這裡穆斯給出的例子比較簡化和特殊。後來，又有學者對一般情形進行了探討，即在需求函數中同時加入隨機變數進行討論。結果表明，P_t 的理性預期不僅是由過去價格

的分布延遲決定，對它的決定還須同時考慮數量序列在歷史上
所包含的資訊。

　　從上述理性預期形成模型及其統計性質來看，理性預期形
成機制實際上描述的是經濟當事人對經濟前景的主觀估計與客
觀的經濟變動間存在的聯繫，並且說明實現這一聯繫的機制就
是形成預期所依據的資訊。對此，我們可得到三點推論：第
一，理性形成的經濟變數的預期值個別地看會有誤差，但它們
的均值一般說來必將趨近於或等於客觀的實際值。因此，平均
說來，理性預期是長期中最準確的預期。第二，理性預期的形
成，並不要求經濟當事人具有完全的資訊，但需要他們充分地
利用可以得到的資訊。因此，理性預期是資訊有效利用的預
期。第三，可以利用的資訊包括有關的經濟理論與模型。這意
味著，理性形成的預期值應該等於使用相應理論和模型計算所
得的同一變數的數值。因此，理性預期是與相應的經濟理論和
模型相一致的預期。

（二）關於理性預期形成機制的爭議

　　由於理性預期形成理論對傳統經濟理論與政策見解的許多
方面的合理性提出了質疑並形成了挑戰，因而它一經提出，即
在經濟學界引起軒然大波，批評者有之，擁護者有之，持謹慎
態度者亦有之。對於理性預期形成機制問題，人們的爭議主要
集中在四個方面：

　　首先，理性預期命題關於「經濟主體在形成預期時使用了
一切有關的、可以獲得的資訊，並且對這些資訊進行了理智的
整理」的假設是不現實的。因為，一方面人們在現實中並不能
按這種設想理智地處理資訊；另一方面，經濟主體在形成預期

時也不可能使用一切有關訊息。

其次，理性預期假設所內含的資訊假定過於極端，它實際上完全忽略了專門資訊的存在，以及這種專門資訊對於經濟系統運行特點的重要意義。譬如，它未對商界中的「新手」與「老手」進行區別，而正是這種區別決定了他們各自處理資訊的水準。事實上，老手之所以是老手，就是因為他們經歷過了各種環境，積累了淵博的知識，並且能隨時地幾乎直接地加以利用。由此，批評者得出兩點結論：

其一，每個人實際上不可能具有同樣的資訊，理性預期實際上只說明了個人為什麼應該，而沒有說明個人如何去了解資訊。

其二，由於理性預期分析所立基的近乎完備的資訊假設要求和通常經濟事件中資訊的零散，不充分不相一致，故而該理論實際上只適用於資產市場與外匯市場的行為分析，因為，只有在這些市場上，各參與者才可能都是專家，他們的資訊差異也可能最小。

其三，理性預期範疇實際上是基於主觀機率分布的期望值與客觀機率分布的期望值一致來定義的。然而現實中經濟主體卻經常性地一錯再錯，故理性預期假設是否具備現實意義是值得懷疑的。

其四，人們並不是有理性的，他們往往按照自己獨特的癖性行事，而且往往追求經濟以外的目的，所以，理性預期假設無多大的實際應用價值。

對於上述四個方面的懷疑和否定意見，理性預期論的擁護者——理性預期學派從多種角度進行了反駁。

首先，對於第一種批評意見，理性預期學派的反對觀點

有：麥克拉姆（B. T. McCallum）認為該種意見的第二點理由並不構成對理性預期假說的批駁，而只是反對在運用這一假說時，為簡單起見而把資訊成本問題撇開。實際上這同理性預期假說的內在思想是完全一致的，即在預期活動的邊際成本與邊際收益相等時所形成的預期是最優的，第一點理由的確構成了批駁，但這一批駁的論據並不充分。因為就對現實作出一種極其簡單的描述而言，所有的理論或模型都是「不現實」的；問題僅僅在於，為了理論研究的目的，簡化是必要的。坎特（V. C. Canto）則為穆斯詮釋道，穆斯的文章並不是說經濟當事人或經濟學家是無所不知的，其見解只是：資訊是成本高昂的，而且是可被有效利用的；在一個競爭的世界裡，有利可圖的現有資訊的利用機會是不會被錯過的；理性預期是使利潤最大化的預期。如果過去的經驗被證實為對指導將來是非常不完善的，則理論和實際都是不準確的。盧卡斯（Jr. R. Lucas，因其在理性預期理論上的傑出貢獻而於1995年榮獲諾貝爾經濟學獎）則強調，雖然並不是每個人都有效地利用了自己掌握的情況，但通常是能夠做到的；理性預期提供的是一種近似值……我們的思想在理論上並不是很漂亮的，不過，一種能夠加以精練的粗糙理論，比看起來漂亮但不符合客觀實際的模型更能接近真理。

　　其次，對於上述第二種批評意見，理性預期學派實際上是承認的。不過，在他們看來，作為一種新生的理論，有許多方面尚待深入研究是不足為怪的，並且也正是這些值得研究的方面，決定了該理論是有前途的，此其一；其二，理性預期分析法至少可以對有關人們能夠知道些什麼和實際上知道些什麼以及他們如何運用自己的知識這類問題，提供了邏輯上一致的以

及可從經驗上加以驗證的答案，這恰是其他理論難以做到的。

對於上述第三種懷疑意見，理性預期論者則認為是完全不必要的。穆斯曾說，鳥兒並不懂空氣動力學，但牠們照樣飛得很好。雖然經濟主體會犯錯誤，且可能經常犯錯誤，但這只是局部觀察的結果。在總體上，成千上萬的預期錯誤的平均值，剛好保證了主觀機率分布期望值與客觀機率分布期望值的一致性，他還從另一角度論證道，如果企業總按錯誤的預期行事，就會在市場上不斷吃敗仗，最終必然被淘汰掉；留存下來的企業必定是能夠進行正確預期的企業。

對於最後一種看法，盧卡斯指出，不合理的行為是無法預測的。正因為不合理，才無法為其設計模型。然而，好模型卻不能不假設人們能合理地行事。比如對香煙進行增稅，合理的結果是人們抽煙少了；然而，卻又不能排斥有人可能因之抽得更多——我們只能說在一般情況下，人們抽煙少了。對此，薩金特（T. Sargant）補充說，經濟學家總是不得不希望神經質的或不合理的行為不要主宰市場，若這樣的行為主宰了市場，經濟學家只能無能為力；而我們需要牢記的是，在競爭性市場上，不理智的人是無法生存下去的。

（三）理性預期假說與新古典宏觀經濟學

雖然理性預期形成機制一經提出，即招致多方面的非議，然而這絲毫不影響它對人們的吸引力，更不影響它對經濟學尤其是宏觀經濟學的發展所提供的理論價值。如前所述，基於不確定預期和適應性預期的宏觀經濟理論，總難避免與微觀經濟理論相脫節的弊病，總難克服政府政策的「欺騙」性質與經濟行為人的「理性」性質之間的悖論，而理性預期分析法則為解

決這一問題提供了突破口。七○年代以來，以盧卡斯、薩金特、巴羅（R. Barro）等為首的一大批經濟學家，正是基於理性預期假說，對宏觀經濟學幾乎所有的領域都進行了重新思考和探索，進而掀起了重構宏觀經濟學說的研究熱潮——有學者將這一熱潮稱之為「理性預期革命」或經濟學說史上的「第六次革命」。

　　這場「革命」的直接結果是新古典宏觀經濟學的誕生——宏觀經濟理論實現了與微觀經濟理論的高度統一；而伴隨著新古典宏觀經濟學的誕生，凱因斯主義宏觀經濟理論及其政策主張受到了空前嚴峻的挑戰，甚至連貨幣主義的見解也受到了極強衝擊。

　　限於篇幅與本章目的，我們不可能在這裡對新古典宏觀經濟學內容作出系統表述，而僅僅結合盧卡斯等人的「政策無效說」（這是新古典宏觀經濟學的基本結論）來闡述理性預期分析所形成的影響。

　　如前所述，基於不確定預期的宏觀經濟分析（凱因斯主義）要求政府制定「逆經濟風向」的「相機抉擇」的經濟政策對經濟實施干預，而基於適應性預期的宏觀經濟分析（貨幣主義）則得出了政府政策在短期內有效而在長期內無效的政策見解，然而在這方面，理性預期分析的結論卻是，政府政策不僅在長期內無效，而且也在短期內無效。在理性預期學派看來，政府在經濟領域內是無能為力的，它在財政與金融上所採用的欺騙性政策，只有在完全出乎公眾意料之外的情況下才可能影響經濟。不過，當人們認識到真理時，即不會再犯同樣的錯誤；亦即當他們作出理性預期時，即會相應作出對策，這實際上就取消了政府政策所期望達到的效果。對之，理性預期論者曾引用

林肯的話說：「你在一段時期內欺騙所有的人，或在長時期內欺騙一部分人，但絕不可能在長時期內欺騙所有的人。」這句話實際上表達了理性預期假設的真正涵義：理性預期假設並不要求每一經濟主體都有完善的預見，它允許人們犯錯誤，但這只能是隨機性的預測錯誤，而不可能是重複發生的、有規律性的錯誤。

　　基於實例，盧卡斯等人指出，一方面，由於參與市場活動的人們在進入市場之前已經充分了解了以前市場上的變化情況，亦即他們在思想上是有所準備的；另一方面，雖然這些人對市場的了解只是部分的，但是一旦他們進入市場，其資訊也會逐漸完善，由此，過去資訊與當前資訊相結合，即會使他們不至於受到價格上漲的欺騙而作出調整產量的決策。綜合這兩個方面可看出，菲利普斯曲線所表達的通貨膨脹與失業的反向交替關係即便在短期內也不能存在。亦即，由於理性預期的結果，政府政策對人們經濟行為的影響將是微弱的，甚至是無效的。更具體說來，如果預期是理性的且能立即影響經濟決策，則即使在短期內，菲利普斯曲線也是垂直的，從而政府的需求管理政策的結果只能是通貨膨脹的上升，而不可能是失業率的下降。換言之，在市場中，理性預期把調節從長期縮短為一瞬，從而使依賴延時才有效應的政策失效。

　　總而言之，把預期這一心理因素引入經濟分析尤其是宏觀經濟分析，無疑促進了經濟學的發展，而對預期形成機制的揭示，則賦予心理學概念在經濟分析中的可操作性，進而實現兩者的有機統一。至於不同的預期假設或不同的預期形成理論，導致了不同經濟學理論及政策見解的產生與衝突，我們認為，經濟理論正是在差異與衝突中才有可能獲得發展和走向成熟。

1.3　不確定性與風險理論及其應用

1.3.1　不確定性與風險的普遍性與重要性

（一）研究不確定性與風險的意義

在現實經濟生活中，不確定性（uncertainty）是一基本事實。對於消費者來說，在其各類經濟行為發生之初和發生之後，在其作出儲蓄決策或就業選擇以及通常的消費選擇與購買決策時，幾乎無時無刻不受到不確定性問題的影響。譬如，當消費者的就業前景不能確定時，其收入水準能否獲取或提高就不能確定，至於如何將收入在現期與遠期間進行跨時配置也就更加不能確定了。當消費者在一定的收入水準下進行儲蓄決策時，又通常會遇到各種儲蓄形式的報酬率以及未來的通貨膨脹率等具有不確定性的問題。即使消費者在各種不同的商品或勞務中進行支出決策這類簡單問題中，也會遇到不確定性問題，如：這些商品或勞務能否順利買到，亦即消費者能否尋找到合適的賣者？即便消費者能夠購買這些商品或勞務，但在其實際購買行為發生之前，商品或勞務的價格是否已發生變化？即便價格不發生變化，但消費者所購得的商品或勞務的品質如何卻又未必總能得到確定。生活中的其他方面，如疾病、火災、地震等等，擺在消費者面前，都是不確定性問題。對於生產廠商來說，同樣也面臨著不確定性問題。如無論是在現在還是在將

來，消費者對廠商的需求、廠商所面臨的要素市場、廠商在目前所賴以生存的技術壟斷優勢能否在將來得到維持等等，無不帶有不確定性。因此，生產者的決策，亦受不確定性問題的影響。

由於不確定性的普遍性和極度重要性，它愈益受到經濟學家們的重視，日漸成為現代經濟學尤其是現代微觀經濟學領域中的一個研究焦點。同時，不確定性問題也已受到經濟心理學家們的高度重視，不少學者在對不確定情形下微觀主體的選擇決策心理研究方面作出了可貴的嘗試。就目前來說經濟心理學這門新生學科尚處在建設階段，其理論架構尚未最終完成，但無論如何，「不確定性與風險理論」研究已成為該學科理論體系中不可或缺的內容之一。

(二) 不確定性與風險的概念

「不確定性」通常是與「風險」以及「機率」聯繫在一起的。按照弗蘭克・奈特（F. H. Knight）的說法，所謂「風險」狀態，是指那些每種可能發生的結果均有一個可知的發生機率的事件：所謂「不確定」狀態，是指那些每個結果的發生機率尚為不知的事件。如「擲幣事件」是一風險狀態，而明年是否發生該事故則是不確定的。現代西方學者通常把「不確定性」定義為：指發生結果尚為不知的所有情形，它是由於人們缺乏資訊，或者（並且）缺乏處理資訊的能力而產生的。

1.3.2　聖·彼得堡悖論與賭博的風險偏好

（一）公平賭博的概念與數學期望值

　　最早對不確定性問題進行探討的是數學家，最早將不確定性問題引進經濟學的也是數學家。早在十八世紀，一些著名的數學家，如巴斯卡（B. Pascal）和費爾瑪（P. D. Fermat）就探討過不確定性問題。巴斯卡和費爾瑪假設，一場以 P_1 的機率提供報酬 X_1，以 P_2 的機率提供報酬 X_2，…，以 P_n 的機率提供報酬 X_n 的公平賭博的吸引力，是由這場賭博的期望值（expected value）$X = \sum_{i=1}^{n} P_i X_i$ 所決定的。所謂公平賭博即指賭博雙方或各方的輸贏金額和機會均等的賭博。例如，同是猜一枚硬幣正反面的賭博，若猜對得 2 元，猜錯則輸 2 元，當硬幣本身沒有問題時，即為一場公平的賭博，也即這場賭博的數學期望值為 0（$1/2 \times 2 + 1/2 \times (-2) = 0$）。如果在某場賭博中，某一局中人所贏錢的數學期望值大於 0，那麼此人應先交出等於 E 的錢來，才可使這場賭博變得公平。

（二）聖·彼得堡悖論的概念

　　但是，巴斯卡和費爾瑪的假設卻受到由另一位數學家尼古拉·伯努利（N. Bernoulli）於 1728 年所提出的一個問題，即著名的「聖·彼得堡悖論」（St. Petersburg paradox）的嚴峻挑戰。「聖·彼得堡悖論」涉及的也是一場猜硬幣直到出現正面的賭博。設將一枚硬幣均勻拋起，若某人第一次猜對出現正面，可得 2 元；第一次沒猜對，第二次猜對，可得 4 元；前兩次沒猜

對，第三次猜對，可得8元；……一般情形下，若前n－1次沒
猜對，第n次猜對，可得2n元。現在的問題是，爲使一個賭徒
有權參加這樣的賭博，他應先交出多少錢才能使這場賭博變得
公平？顯然，按照巴斯卡和費爾瑪的假設，賭徒應先交出等同
於這場賭博的數學期望的錢來。對於「聖‧彼得堡悖論」來
說，問題的關鍵是硬幣拋起後出現正面的機率。我們知道，若
硬幣是均勻的，參賭者第一次猜中的機率是1/2，第一次沒猜中
第二次猜中的機率是1/4……，一般前n－1次沒猜中，第n次猜
中的機率爲$1/2^n$。這樣，參賭者可能贏的錢的數學期望爲：

$$2 \times \frac{1}{2} + 4 \times \frac{1}{4} + \cdots 2^n \times \frac{1}{2^n} + \cdots = \infty$$

也即，參賭者不論交出多少錢，這場賭博對他都是有利
的。然而，沒有幾個人願放棄超過一定數目的錢，來參加這場
賭博。於是就產生了一個「悖論」，爲什麼一場理論上是「公平」
的賭博，實際上只有傻瓜才會願出任意高價來參加？直到1738
年，「聖‧彼得堡悖論」的答案才分別由加布利爾‧克拉姆
（G. Cramer）和尼古拉‧伯努利的堂弟丹尼爾‧伯努利（D.
Bernoulli）提出。丹尼爾‧伯努利認爲，人不是根據其可獲得的
錢的數學期望來行動的，而是根據其「道德期望」（moral
expectation）來行動的。換言之，人們並不認爲10000元的收益
在價值上必然是1000元收益的十倍，「道德期望」並不與得利
多少成正比，而與原來有多少錢有關。在此基礎上，丹尼爾‧
伯努利假設人們擁有一個財富的效用函數U(x)，當人們衡量參
與一場賭博或博彩的價值時，他們是以期望效用值U ＝ Σ
U(xᵢ)Pᵢ而不是以期望值X ＝ Σ XᵢPᵢ作爲基礎的（這裡Pᵢ是第i個
事件出現的機率）。如果效用函數以財富的對數形式即U(x) ＝ a

ln(x)出現，則原先變為無窮大的數學期望值將被替代為：

$$\frac{1}{2} a \ln 2 + \frac{1}{2^2} a \ln 2 + \cdots + \frac{1}{2^n} a \ln 2 + \cdots = a \ln 2 \sum_{i=1}^{\infty} \frac{1}{2^i} = 2a \ln 2 = 1.39a$$

這是一個有限值，丹尼爾‧伯努利認為它是人們對這場賭博願意支付的值，其中a可透過經驗方法來確定。

（三）聖‧彼得堡悖論的意義

表面上看來，上述問題似乎僅是一無聊的賭博問題。然而，隱藏在「聖‧彼得堡悖論」之後的經濟學的和心理學的涵義卻十分深刻。由於參加賭博實際上是面臨風險或不確定性，因而人們在「聖‧彼得堡悖論」中採取的行動就是人們在風險或不確定性情形下採取的行動，人們對它的態度也就是對風險的態度，對它的認識也就是對行為動機的認識。正因為如此，西方學者認為，對「聖‧彼得堡悖論」的解答，事實上構成了風險或不確定情形下現代決策理論的基石。

然而，長期以來，丹尼爾‧伯努利的「道德期望」卻未得到人們的理解。直到邊際效用學派的奠基人門格爾（K. Menger）的兒子、數學家小門格爾（C. Menger）把它和效用函數聯繫起來，特別是經過拉姆齊（F. Ramsey）1926年、馮‧諾依曼（Von Neuman）和摩根斯坦（O. Morgenstern）1944年，以及薩維奇（L. Savage）1954年對它進行嚴格的公理化論述後，才得到人們的普遍重視。當然，在此之前，古典經濟學並非沒有討論過不確定性問題。如馬歇爾在其《經濟學原理》中探討「價值與效用」時，就指出，「即使在完全公正和平等的條件下進行的賭博，也會有經濟上的損失……對風險的理論上是公平的

保險，常有經濟上的利益」。馬歇爾以後的不少經濟學家如費雪
（I. Fisher）、奈特、凱因斯、希克斯、卡萊茨基（M. Kalecki）
等都對不確定性問題有過專門的論述。其中特別值得一提的是
奈特，他在1921年發表過一部名聞遐邇的著作《風險、不確定
性與利潤》，系統地探討了風險與不確定性理論，並首次將該理
論用於分析廠商的經濟行為。還值得一提的是凱因斯，他首次
將不確定性條件下的心理預期用於分析國民收入決定問題，創
造性地提出了「三大心理規律」，並由此創立了宏觀經濟學的理
論體系，進而產生了劃時代的影響。

1.3.3 期望效用模型

如果消費者對於不同環境下的消費具有合理的偏好，那麼
我們就能運用效用函數來描述這些偏好。然而，在考慮不確定
性條件下的選擇時，則應對選擇問題添加一個特殊的結構。因
為，當人們在不確定的環境下進行選擇時，其選擇的目標並非
是能夠得到的最終結果（如不同的財富水準），而是這些結果的
機率分布。一般說來，消費者如何比較和評價不同狀態中的消
費，將取決於所述狀態實際發生的機率。換言之，某君願意用
雨天的消費替代晴天的消費的那個比率，在相當程度上同他所
認為的下雨的可能性大小有關。對不同自然狀態中的消費的偏
好，將取決於個人對於這些狀態出現的可能性的大小的看法。
因此，描述不確定情形下偏好的效用函數不僅取決於最終的選
擇結果，而且也取決於它們的機率，這一特殊的效用函數即現
代經濟學中的「期望效用」（expected utility，又稱「預期效用」）
函數。期望效用模型最早淵源於上節所述的丹尼爾·伯努利的

觀點，而最終形成則主要歸功於馮・諾依曼和摩根斯坦等人作出的公理化努力，因而期望效用函數有時也被稱之爲「馮・諾依曼—摩根斯坦效用函數」（Von Neuman-Morgenstern utility function）。期望效用模型的一般形式是：

$$\sum_{i=1}^{n} F(P_i) V(X_i)$$

　　式中，n＝可能出現的結果的個數

　　　　　　P_i＝一種結果出現的客觀機率（$\sum_{i=1}^{n} F(P_i)_i = 1$）

　　　　　　X_i＝一種可能出現的結果

　　　　　　函數 V(.)＝對一種可能結果的評估值，即效用函數

　　　　　　函數 F(.)＝對客觀機率的加權

　　下面我們僅討論期望效用函數的最簡單形式，即只有兩種可能結果的不確定性問題，因此n＝2。

　　這裡，有必要對風險與不確定性再作一次界定。風險是指機率已知或至少能夠知道的情況下的決策，而不確定性則是機率未知甚至不能獲知的情況下的決策。因此，期望效用模型中的主觀機率F(P₁)即指觀察風險或估計機率。

　　還是以「擲幣遊戲」爲例。設定擲一枚均勻硬幣，若出現正面，收益爲1元；若出現反面，損失爲1元。無疑，兩種結果的客觀機率都是0.5，遊戲者的期望值EV＝0。因此，對於遊戲者來說，參加遊戲並沒有什麼意義。即便加大籌碼，將收益和損失都設定爲10000，EV仍然是0。由此可看出，EV模型無法揭示人們對賭博的偏好。不過，EV模型卻隱含著一種情形，即一種結果的收益大於另一種結果的損失。當硬幣出現正面時，收益爲2元；而出現反面時，損失爲1元。此時，人們是否會樂於參與這項遊戲呢？在理論上，答案似乎是肯定的。然

而，1738年，丹尼爾‧伯努利在解決「聖‧彼得堡悖論」時，卻發現了一個邊際遞減的效用函數，即對最終結果進行估價的價值增量並不與客觀結果的價值增量成正比。看來，問題的解決遠非想像的那麼簡單。

期望效用模型假定，最終結果的效用水準是透過對各種可能出現的結果的加權估價後獲得的。假設兩種可能結果分別是 X 和 Y（X 代表收益，Y 代表損失），P 是 x 發生的機率，則價值函數就可表達爲 $PV(x)+(1-P)V(Y)$。但由於效用函數 V 通常被視爲凹函數（如圖 1-8 所示），因而 $V\{PV(x)+(1-P)V(Y)\}>(PV(x)+(1-P)V(Y))$ 這一不等式的經濟涵義是，人們並不以爲玩這種遊戲所得的收益能高於不玩這種遊戲的收益（收益爲 0）。所以，人們仍不偏好擲幣遊戲。相對於期望價值理論來說，期望效用理論更適合於不確定情境下的期望評估。這恰是

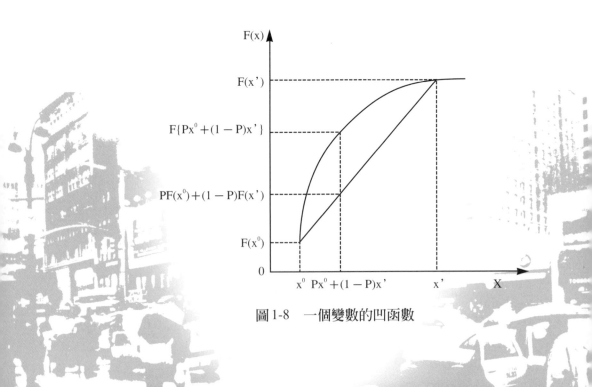

圖 1-8　一個變數的凹函數

期望效用函數所以產生的基本點。

　　效用函數的凹性（上凸性）表明：人們對確定性情境下
（預期）的效用評估大大高於對不確定情境下的效用評估。其凹
性即所謂的「風險厭惡」（risk aversion）。當然，也存在下凸的
效用函數，如圖1-9所示。這是一種例外，它表明，人們對確定
性情境下的效用評估低於不確定情境下的效用評估，其凸性
（上凹性）即所謂的「風險愛好」（risk loving）。顯然，效用函數
的凹性與凸性是與決策主體對風險的態度相聯繫的。還有一種
例外情況，即效用函數為一線性函數，既是凸的又是凹的，但
又不是嚴格凸的或嚴格凹的。此時，決策主體對風險持中立態
度，即所謂的「風險中立」（risk neutrality）。對於這種情況，請
讀者自己作圖理解。

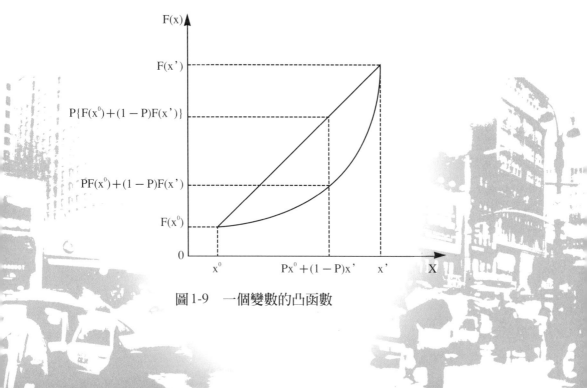

圖1-9　一個變數的凸函數

一般地，設 w_1、w_2 為兩種可能的收入，決策者得到 w_1 的機率為 P，而得到 w_2 的機率為 $(1-P)$，則這一決策的期望效用為 $PV(w_1)+(1-P)V(w_2)$，而期望值的效用為 $V\{Pw_1+(1-P)w_2\}$。若期望效用小於期望值的效用，即 $PV(w_1)+(1-P)V(w_2)<V\{Pw_1+(1-P)w_2\}$，則該決策者為「風險厭惡者」，其效用函數為凹函數，即 $d^2v/dw^2<0$；若期望效用大於期望值的效用，即 $PV(w_1)+(1-P)V(w_2)>V\{Pw_1+(1-P)w_2\}$，決策者為「風險愛好者」，其效用函數為凸函數，即 $d^2v/dw^2>0$；若期望效用等於期望值的效用，即 $Pv(w_1)+(1-P)V(w_2)=V\{Pw_1+(1-P)w_2\}$，則決策者為「風險中立者」，其效用函數為線性函數，即 $d^2v/dw^2=0$。

正由於期望效用模型能夠用來說明人們對於不確定性的態度，能夠說明為什麼有的人「膽大包天」，而有的人卻「膽小如鼠」；也由於它能夠用來解釋個人在不確定性環境中的行為動機，如為什麼有的人在購買保險的同時卻又參與「博彩」活動等等。它得到了眾多經濟學者的推崇，幾乎被普遍視為「不確定經濟學」的理論基石。

然而，儘管期望效用模型在解釋不確定情形下的決策問題方面獲得了極大的成功，但它本身卻存在嚴重的缺陷。因為該模型假設在不確定性下的選擇中，各種結果之間存在著一種「不相關性」。換言之，對各種結果的選擇必定是分別進行的——人們在一種自然狀態中計畫作出的選擇，將獨立於他們在另一種自然狀態中所作出的選擇。這就是期望效用模型的所謂「獨立性假定」（independence assumption）。該假定實際上是表明，意外消費的效用函數所取的是非常特殊的結構，即不同的意外消費必須是全部可加的。因此，若稱某一消費者的偏好可

以用期望效用函數來表示，或稱該消費者的偏好具有期望效用
函數性質，則是指可以選擇一個具有可加性的效用函數描述這
一偏好。例如：C_1、C_2和C_3是不同自然狀態下的消費，P_1、P_2
和P_3是這三種自然狀態實現的機率，如果要滿足獨立性假定，
則效用函數必須採取的形式是：$V(C_1, C_2, C_3) = P_1V(C_1) + P_2V(C_2)$
$+ P_3V(C_3)$。該形式的函數即期望效用函數。注意，期望效用函
數的確要滿足這樣一個性質：兩種商品之間的邊際替代率
（MRS）與第三種商品的數量無關。

1.3.4　阿萊悖論與不確定性選擇

　　法國著名經濟學家、1988年諾貝爾經濟學獎獲得者阿萊
（M. Allais），曾於1952年對期望效用模型的獨立性假定提出非
議。他構造出一個例子，並用該例對獨立性假定進行經驗驗
證。該例是，假設有兩組可供決策者選擇的結果，第一組記爲
L_1，第二組記爲L_2，它們分別爲：

　　　　L_1：A1＝肯定得到100萬法郎
　　　　　　　A1＝以10％的機率得到500萬法郎
　　　　　　　A2＝以89％的機率得到100萬法郎
　　　　　　　A2＝以1％的機率不得利

　　　　L2：A3＝以10％的機率得到500萬法郎
　　　　　　　A3＝以90％的機率不得利
　　　　　　　A4＝以11％的機率得到100萬法郎
　　　　　　　A4＝以89％的機率不得利

對於一般人來說，在A1和A2之間總會選擇A1，而在A3

和A4之間總會選擇A3。在阿萊對上百個了解機率的人所作的調查中，絕大多數的人包括我們前面提到過的以研究主觀機率論著稱、對期望效用模型的建立作出過貢獻的薩維奇，都作出了這樣的選擇。然而，這樣的選擇恰恰是與期望效用的獨立性假設和期望效用最大化假設相違背的。因為在第一組中，若決策者認為A1比A2的期望效用大，即：

$$V(100) > 0.1V(500) + 0.89V(100) + 0.1V(0)$$

該不等式經過變換成為：

$$0.11V(100) + 0.89V(0) > 0.1V(500) + 0.9V(0)$$

從中，我們立即可以發現，不等式左邊正是A4的期望效用，而不等式右邊則是A3的期望效用。按照獨立性假設，A1＞A2，意味著A4＞A3，決策者在第二種情形下，應選擇A4而不是A3。但實際情形恰好相反，即人們選擇了A3，而未選擇A4。這就是著名的「阿萊悖論」（Allais paradox）。

顯然，期望效用理論受到了「阿萊悖論」的嚴峻挑戰，「阿萊悖論」實質上是要揭示，許多建立在獨立性假設上的期望效用，尤其是建立在追求期望效用最大化基礎上的模型，都忽略了人的心理因素對機率分布的影響，因而不切合實際，因此，在「阿萊悖論」提出後，許多學者包括經濟學家和心理學家均嘗試著對不確定性下的選擇行為進行進一步探索，力圖揭示其中的心理因素與心理機制。

在這方面，較為著名的是心理學家卡涅曼和特維斯基展開的研究。他們於1979年提出了「展望理論」（prospect theory），試圖以之解釋期望效用模型所不能解釋的幾種效應。其主要內

容有,如何確定與賭博有關的主觀機率(確定性效應)、人們如何對待有可能帶來損失的風險(反射效應),以及選擇不同參照點如何影響人們對結果的選擇(參照效應)等等。這些問題將涉及人們的態度、偏好等心理因素對不確定情形下決策的影響。

1.3.5 風險展望理論

在一系列利用摸彩、抽獎進行偏好選擇的實驗中,卡涅曼和特維斯基於1979年對經濟學中的期望效用理論的實用性提出了質疑。以下是他們開展的研究:

(一)確定性效應

「確定性效應」(certainty effect)是指加重被認為是確定性結果的傾向或趨勢(這裡的確定性結果僅僅是相對於不確定性或可能性結果而言的),設(x, p)表示結果x以機率p發生的預期,預期則定義為對一個確定的結果x發生的前景。

向許多被試提出以下問題,要求他們描述對預期A和B的偏好情況。

◆問題1

	x p	回答
A	(4000, 0.80)	20%
B	(3000, 1.0)	80%

雖然展望A的期望值超過了B,但大部分被試還是偏好B(確定展望)。這可能是因為受到「風險厭惡」的影響。為進一步突出和改變一下前景發生的機率,再考察問題2。

◆問題 2

	x p	回答
C	（4000, 0.20）	65％
D	（3000, 0.25）	35％

　　C 與 D 皆為不確定前景，都隱含一定的風險。根據期望效用理論，對問題 1 的回答符合不等式 $\dfrac{V(3000)}{V(4000)} > 0.80$，因為 V(3000) $\times$ 1 ＞ V(4000) $\times$ 0.80。但對問題 2 的回答則恰好相反，亦即 V(3000) $\times$ 0.25 ＜ V(4000) $\times$ 0.20。問題 1 和問題 2 的區別僅在於機率發生了變化，而結果值並未發生變化。B 和 D 的機率變化是由 1.0 到 0.25，A 和 C 的機率變化是由 0.80 到 0.20；雖然同樣是減少了獲勝的可能性，但前者所受的影響更大。卡涅曼和特維斯基認為這是由於「確定性效應」而導致的。

　　為進一步解釋這一與期望效用模型明顯不一致的情況，他們在 1982 年從一系列博彩問題中歸納出一種機率評價函數，對於上述問題，用機率評價函數可作這樣的解釋： $\dfrac{F(0.20)}{F(0.25)} > \dfrac{F(0.80)}{F(0.20)}$；假定 F(0.0)＝0，F(1.0)＝1，則從機率評價函數圖示中可看出，在兩個極點（末點）處，函數的變化十分顯著，這些變化歸因於確定性效應，如圖 1-10 所示。

　　那麼，在沒有確定結果時，機率評價函數是否還能適用？再來考察問題 3 與問題 4。

◆問題 3

	x p	回答
A	（6000, 0.45）	14％
B	（3000, 0.90）	86％

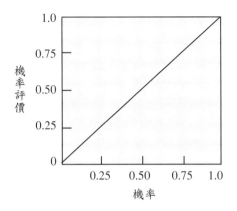

圖1-10　一個機率的主觀評價函數

◆問題4

	x	p	回答
C	(6000, 0.001)		73％
D	(3000, 0.002)		27％

　　問題3表明，雖然B不是一個確定結果，但仍為大多數人所偏好，從問題3到問題4，雖然兩個前景的機率比不變，但偏好卻發生了變化。因為在問題4中，D獲勝的可能性在被試看來並不顯著地超出C（兩者的發生機率都很小）。換言之，因為C的發生同樣是可能的而非不可能的，大多數人必定要選擇收益更大的結果。由此可見，即使在沒有確定結果時，確定性效應仍然存在，機率評價函數仍能適用。

　　卡涅曼和特維斯基的上述觀點在1984年得到凡‧斯戴德（V. de Stadt）等人的驗證。他們設計了一項調查，向四百名承擔家庭主要經濟責任的荷蘭人提出如下問題（平均報告收益列示在「答案」一欄）：「有人建議你參加一種賭博，獲勝和失

敗的機會均等，如果你輸了，家庭純收入將減少5％，如果你贏
了，你的家庭純收入將增加。如果你願意參加這種賭博，你認
為你的收入增加量應當是多少？」把類似情況列示在一起，
有：

問題	答案
5％的損失	13％的收益
10％的損失	23％的收益
20％的損失	37％的收益
30％的損失	53％的收益

　　利用收入福利函數，可得出這幾種狀態下的收入效用（這
些都是期望效用模型中的「最終狀態」）。從調查可以看出，人
們並不關心當前的確定收入Y，以及賭博形式$\{(1-q)Y, 0.5：(1+r)Y, 0.5\}$，（q、r分別是「問題」和「答案」中的百分數）。
每個展望的效用可由期望效用模型的一般形式給出。在賭博和
確定展望間是無差別的：

$$F(0.5)V\{(1-q\,j)Y\} + F(0.5)V\{(1+r\,j)Y\} = V(Y)$$

　　式中，j＝問題

　　由四個問題的無差別性，可得到每個人的F(0.5)一機率評估
值：面對收入效用函數的對數正態化，可得平均估計值為0.472
（標準差為0.001）和0.477（標準差為0.002）（這裡假定對數線
性效用函數形成成立）。由此可得出的結論是，對應於機率為
0.5的機率評價函數值顯著小於該值。這無疑與圖1-10中的機率
評價函數的斜率相吻合。

　　總而言之，確定效應可透過機率評價函數進行解釋。一般
情況下，對小機率的評價值高於它們的目標值，對中等機率的

評價值低於它們的目標值，利用收入估計的經驗福利函數可對
該理論進行驗證。

（二）展望反射效應

上文討論的都是沒有損失的展望，即正展望。在問題1、
2、3、4中，結果都是收益。若改變結果形式，如展望變爲（-
x, p），即以損失作爲結果，則偏好情況如何呢？表1-2給出了正
展望與負展望間偏好的對比情況，從表中可以看出，對於每一
個問題來說，負展望的偏好順序恰好同正展望相反，就如同正
展望偏好情況的鏡面圖像。因此，卡涅曼和特維斯基將這種現
象稱爲「反射效應」（reflection effect）。

在表1-2所列示的各個問題中，反射效應將原來正展望中的
「風險厭惡」改變爲負展望中的「風險探求」（risk seeking）。在
賭博活動中，相對於確定的損失而言，人們一般偏好於不確定
的損失，即便其期望值超過前者。拿問題1來說，正展望的確定
效應是明顯的，負展望的確定效應也是明顯的。在負展望中，

表1-2　正展望與負展望間的偏好對比

正前景		負前景	
問題	回答	問題	回答
1.（4000，0.80）	20％	（-4000，0.80）	92％
（3000）	80％	（-3000）	8％
2.（4000，0.20）	65％	（-4000，0.20）	42％
（3000，0.25）	35％	（-3000，0.25）	58％
3.（3000，0.90）	86％	（-3000，0.90）	8％
（6000，0.45）	14％	（-6000，0.45）	92％
4.（3000，0.002）	27％	（-3000，0.002）	70％
（6000，0.001）	73％	（-6000，0.001）	30％

確定效應導致了人們對損失的「風險探求」偏好，該偏好使得損失小於確定的損失。因此可以說，收益範圍中的「風險厭惡」和損失範圍中的「風險探求」，實際上是遵循同一心理規律的。

用數學語言來描述，在卡涅曼和特維斯基的反射效應中，決策者的損失價值函數具有凸性，該凸性決定了決策者在負展望範圍內的「風險探求」態度。還是以期望效用模型中的擲幣遊戲爲例。在擲幣遊戲中，我們可以看到，隨著賭資的增加，人們對這種遊戲的厭惡感也在增加。若 $x > Y > 0$，則（Y, 0.50 -Y, 0.50）好於（x, 0.50 -x, 0.50）。設 V(.) 表示一個特殊結果的函數值，它滿足：

$$V(Y) + V(-Y) > V(x) + V(-x) \quad 或$$

$$V(-Y) - V(-x) > V(x) - V(Y)$$

令 $Y = 0$，則 $V(x) < -V(-x)$。因而收益值即小於在同等條件下的損失值。讓 $Y \to x$，則上述不等式又可寫成：$V'(x) < V'(-x)$。式中，V' 是 V 的一階偏導。這表明，損失的價值函數呈凸性，且其斜率比收益價值函數斜率更大。

總之，卡涅曼和特維斯基的反射效應可借助於價值函數進行解釋。收益價值函數具有凹性，而損失價值函數具有凸性。因而，「風險厭惡」適用於收益範圍，而「風險探求」適用於損失範圍。此外，對於確定前景而言，損失價值函數的斜率大於收益價值函數的斜率。

（三）展望組織效應

前面的討論是相對於人們當前的財富狀況即收益和損失問題進行的。然而在現實生活中，對結果的解釋並非總是那麼簡單。在很大程度上，它有賴於我們對參照點的選擇。譬如，在

每半年支付一次家用電話費時，一些意想不到的收費（如意外的稅款）是當作損失來考慮，還是當作減少的收益來對待，即為參照點的選擇。選擇一定的參照點，對於我們確定是收益還是損失十分重要。卡涅曼和特維斯基認為，當同樣的選擇在不同的參照點上進行評價時，便會產生「組織效應」（framing effect）。所謂組織效應，即指透過改變對結果的描述來改變參照點，繼而影響人們的偏好選擇的情形，而所謂參照點，實質上是評價一種前景的主觀標準。

關於組織效應的著名例子是所謂的「亞洲病」問題。1984年，卡涅曼和特維斯基曾分別向兩組被試提出下述問題：

◆問題 5

「想像美國正在發生一場罕見的『亞洲病』，將有六百人死去，對付這種疾病有兩種選擇方案，假使對每種方案的實施結果我們都能作出準確的和科學的估計，則有：如果採取方案 A，將救活二百人；如果採取方案 B，1/3 的機率是六百人都得救，2/3 的機率是六百人都不能得救，那麼，你選擇哪一種方案？」

對之，有 72％的被試選擇方案 A，這種結果，可由「風險厭惡」得到說明。接著，卡涅曼和特維斯基又就同一問題向第二組被試進行提問，但改變了問題的表述形式。

◆問題 6

「如果選擇方案 C，四百人死亡；如果選擇方案 D，1/3 的機率是沒人死亡，2/3 的機率是六百人全部死亡，那麼，你選擇哪一種方案？」

對之，第二組中 72％的被試選擇方案 D。這種結果，可由「風險探求」得到說明。比較一下問題 5 和問題 6，雖然表達方

式不同,但描述的是同一結果。在問題5中,六百人的死亡是正常參照點,因而以收益(救活)來評價;而在問題6中,沒有人死亡是正常參照點,因而以損失(死去)來評價(如**圖**1-11所示)。因此,兩種不同的組織形式導致了兩種不同的偏好。

對於組織效應的理論爭議,主要針對是否具備有效性和穩定性。事實上,一種效應能否成立,在很大程度上即取決於這兩點。組織效應的有效性也稱一般性,即它能否在較為廣泛的範圍內存在。若以其他事例來替代「亞洲病」問題,組織效應還會發生嗎?1990年,曾有學者以大量現實生活中的問題來檢驗之,如在核洩漏或化學廢物排洩事故中的死亡人數、在枯燥乏味的會議中或交通堵塞中的時間損失,甚至包括每天乳牛和海豹的損失等等。總的說來,結果顯示了結構效應的存在。不

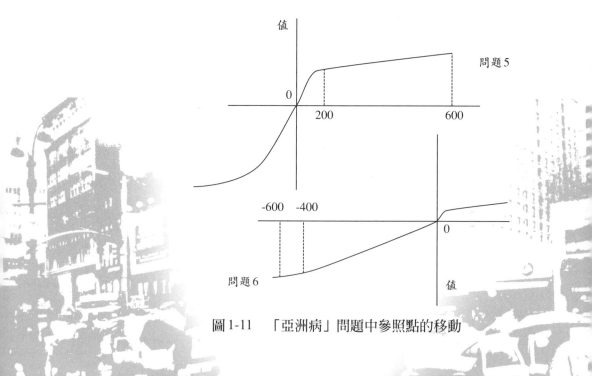

圖 1-11　　「亞洲病」問題中參照點的移動

過，在有關日常生活的事例（如時間浪費）中，未能證實負範圍內的「風險探求」傾向。

這裡，對問題的感覺——它是否重要，事實上影響著人們對於風險的態度。例如，在選取牧場牧民作爲兩組樣本的一項調查中，一組是有保險金的（即乳牛死後牧民可獲得保險公司的賠償金），而另一組沒有保險金。結果發現，在有保險金的情況下，牧民們對確定損失的選擇占53％，而沒有保險金的一組的選擇僅爲38％。可見，是否有保險金影響了問題的重要性，進而影響了選擇過程中牧民對風險的態度。又如，在以大學生作爲兩組樣本的一項調查中，要求一組回答核反應事故中的死亡人數問題，另一組回答傳染病蔓延時海豹的損失問題，結果是分別有22％和47％的選擇偏好於確定損失（51％和7％的選擇偏好於確定收益）。很顯然，對人生命的重要性的感覺要超過對海豹生命重要性的感覺。

因此，不論問題是如何構成的，若問題涉及的內容不太重要，人們一般傾向於「風險探求」；而當問題涉及的內容比較重要時，回答則傾向於「風險厭惡」。這表明，不同的值域有不同的函數值。

從不同樣本的實驗研究中，我們看到了組織效應的存在。但若針對同一樣本，組織效應還會存在嗎？這就是組織效應的穩定性問題。1987年，勒溫等人爲此進行了一項研究。他們將同一樣本作爲被試，要求六十名學生描述他們對於「投資20美元，以15％的機會贏得150美元」這一前景的偏好情況（是／否）。表1-3列示了該問題的三種組織形式。

勒溫等人透過改變投資數目（10$和20$）、獲勝機率（5％、10％和15％）以及獲勝收益（100$、150$和200$），總共

表1-3　同一賭博的三種不同組織形式

正	負	混合
15％的機會贏150美元，投資20美元	贏150美元的可能性等於85％的機會失去20美元的投資	15％的機會贏150美元，85％的機會失去20美元的投資

模擬了十八種情況的賭博，分別以正組織形式首先向1/3的被試提問，以負組織形式首先向另外1/3的被試提問，以混合組織形式首先向其餘1/3的被試提問；之後，又分別運用其餘兩種組織形式讓二組被試接著回答（每輪回答均包括十八次賭博模擬）。

結果發現，從二組被試的首輪回答情況的比較中，可明顯看出組織效應的存在；而從同一組被試的三輪回答情況的比較中，可看出對正前景的平均偏好明顯接近於對負前景的平均偏好。後一種發現表明了組織效應的堅固性和持續性，即一旦以特殊的組織形式提供了資訊，將很難透過改變提問方式來轉變人們對於同一問題的偏好選擇。

1.3.6　風險選擇中的簡化方式

雖然參照點等心理因素對偏好具有強有力的影響，但這種影響並不總是成立的。因為，人們在某些時候，可能會對不確定性問題的選擇進行簡化。下面討論幾種常見的簡化方式。

（一）孤離效應

1979年，卡涅曼和特維斯基在研究中發現，人們對特殊賭博形式的認知簡化，將改變對結果的偏好和選擇。考察問題7：

◆問題7

　　第一步：75％的可能性是在賭博結束時沒有任何收益，25
　　　　　　％的可能性是開始第二步。

　　第二步：

x　p	回答
（4000, 0.80）	22％
（3000）　`	78％

　　從對問題7的回答中可看出，對最終結果的選擇相當類似於
僅有第二步賭博的問題1。表面上看來，似乎人們忽略了問題的
第一步。而事實上，正是賭博的第一步將第二步的期望結果降
到了25％，故最終結果應爲（3000, 0.25）和（4000, 0.20）。這
恰好等同於問題2。因此可以認爲，人們在真實的選擇過程中，
是把第一步從第二步中分離出來的，事件「不贏3000」的效應
包含在事件「不贏4000」之中，這就是所謂的「孤離效應」
（isolation effect）。

　　對於參加這種賭博的人來說，第一步是風險投資，如果冒
險失敗，那麼投資也將失去；如果冒險成功，一個人就能在確
定收益和不確定收益間進行選擇（第二步賭博）。孤離效應預示
著確定收益的選擇率較高。

　　說明孤離效應的另一例子由問題8與問題9構成：

◆問題8

　　除了你已擁有的財富外，再給你1000元，你現在要在A和
B之間進行選擇：

	x　p	回答
A	（1000, 0.5）	16％
B	（500）	84％

◆問題9

除了你已擁有的財富外，再給你 2000 元，你現在要在 C 和 D 之間進行選擇：

	x　　p	回答
C	(-1000, 0.5)	69％
D	(-500)	31％

由此可見，對 A 和 B、C 和 D 的選擇似乎獨立於賭博開始前附加的獎金，人們對帶有獎金的前景問題的評價等同於最終期望結果：A＝C＝（1000, 0.5），B＝D（500）。但斯戴特曼（Statman）和卡德韋爾（Caldwell）在 1987 年提出，在附帶損失問題的前景中，可能不發生孤離效應。

如在問題 8 中，將前景前提改變為 1000 元的損失，則被試很可能偏好 A，因為 A 提供了避免損失的機會。斯戴特曼和卡德韋爾認為，這種情形在許多公司的計畫項目損失中是明顯存在的，當這些項目最終完成後，公司的利潤水準常常顯示出大幅上升。至於股票投資者常常長時間保存其帳面損失的股票，也與這種情況類似。

（二）渴望水準

在某種意義上，參照點的選擇又是與渴望水準（aspiration level）密不可分的。如在投資行為的風險決策中，渴望水準可能是期望目標利潤水準，在這種情況下，沒有達到這一目標利潤水準就是損失；同樣，利潤的實現也聯繫著一定的機率和可能結果，如果目標機率結果發生，則利潤就是收益。

（三）訊息加工模式

　　訊息加工（information processing）過程中所使用的一些具體模式也影響著人們對於不確定結果的偏好和選擇，並且常常導致問題的簡化。

　　如我們在介紹態度模式時，曾探討過費希賓（1966）的態度模式。該模式包涵著關於一個客體的所有特徵的可能認知信念，其中對特徵的重要性評價類似於不確定性下事件發生的機率，因而它實際是一種假定了所有特徵的期望效用模型。對於客體特徵的認識，不同的態度模式具有不同的結構。費希勃恩模式認為選擇建立在所有特徵相互替代的基礎上，而其他一些非替代性的模式則分別強調了不同機率特徵對選擇的影響。如分離模式強調任何一個負前景的機率不得超出某一臨界水準，否則即被拒絕接受；編輯模式則強調對各個前景的機率比較，透過篩選來選擇最終結果等等。

　　因此，我們所習慣使用的訊息加工方式可以被視為人們在進行不確定性選擇時對機率的依賴，它常常直接決定了選擇結果。換言之，不確定性下的選擇問題可透過只考慮不同展望的機率而忽略其結果得到簡化。

1.4 對策論及其應用

1.4.1 對策論的一般概念

「對策論」（game theory），又譯「博弈論」或「遊戲論」，顧名思義，它是一種關於遊戲中參加者各自所選策略的理論；精確地說，它是一門研究機智和理性的決策主體之間衝突及合作的現代學科。對策論的最初思想，由美國數學家馮·諾依曼和摩根斯坦在其1944年出版的《經濟行為與對策論》一書中提出。在1950年至1954年間美國數學家和經濟學家納什接連發表多篇關於對策論的經典文章，奠定了現代對策論學科體系的基礎。他深入研究了非合作遊戲，並提出了著名的「納什均衡」（Nash equilibrium）問題。在此後的幾十年中，大批學者圍繞著對策論裡的遊戲結構、納什均衡問題及對策論實際應用的可能性問題等，進行了大量深入細致的研究工作，將這門學科的研究水準發展到相當高的層次，同時也將它提高到相當熱門的地位。從今天來看，對策論的研究與應用範圍日漸廣泛，涉足到經濟學、政治學、社會學、心理學乃至哲學等眾多社會科學領域，也涉足到生物學、工程控制論等自然科學領域。

無可置疑，對策論在當代經濟科學領域中的地位是令人矚目的，它對經濟學尤其是微觀經濟學的發展乃至重建，有著十分重要的意義，從瑞典皇家科學院把1994年度諾貝爾經濟學獎的桂冠授予納什等三位在對策論研究領域作出重要貢獻的經濟

學家的決斷來看，足可體會到這一點的。而從近年來對策論發展的一些最新動向來看，將心理學的研究方法與分析技術，尤其是將實驗手段引入對策論在經濟理論及應用方面的研究，取得了引人注目的成效。在利益衝突的決策主體的策略選擇過程中，心理變數及心理活動機制無疑具有關鍵性影響，並有待於我們去分析和探究。因此可以斷言，如果對策論將在二十一世紀經濟學教科書中占據極大篇幅的話，那麼有關對策心理的研究是必備的也是無可替代的。

1.4.2 對策論的標準型和展開型

對策論是研究利益衝突的決策主體策略選擇問題的一種現代數學方法。在經典經濟理論中最能說明決策主體間策略相互影響問題的例子當推市場結構理論中的寡頭壟斷模型。首先讓我們來考察一下寡頭壟斷中的選擇策略問題。

(一) 寡頭市場中的策略選擇

寡頭市場（oligopoly market）是介於壟斷競爭和完全壟斷之間的一種市場模型，它是由少數幾家大型廠商控制某種商品的絕大部分乃至於整個市場的一種市場結構。在現實經濟中，寡頭控制是一種較為普遍的現象。例如，美國的汽車市場基本上控制在通用、福特和克萊斯勒三大汽車公司手中。由於這種市場結構中的廠商為數不多，故每家廠商都意識到自己的行為將會影響到其他競爭者的行為，同時，也都意識到其他廠商的行為會對自身的行為選擇構成影響。這樣，在相互影響、相互制約的寡頭行為決策過程中，也就產生了選擇策略問題。

　　爲便於分析，我們假定一個「賣方雙寡」（dupoly）市場，即假定市場上僅有兩家廠商，這兩家廠商生產同樣的產品。由此，有四個重要變數存在：每家廠商索要的價格和每家廠商的產品數量。首先，當一家廠商對其選擇什麼價格和產量作出決策時，可能已經知道另一家在這兩方面所作出的選擇。如果一家廠商比另一家廠商先行決定其價格，則前者爲價格領導者，後者爲價格追隨者；同樣，如果一家廠商比另一家廠商先行決定其產量，則前者爲產量領導者，後者爲產量追隨者（熟悉微觀經濟學理論的讀者會知道該種情況爲「斯塔克爾伯克模型」[Stackelberg model]）。在這兩種情況下，策略的相互影響形成了所謂的「連續對策」（sequential）。另一方面，在一家廠商作出其選擇時，它也可能並不知道另一家廠商所作的選擇。在這種情況下，爲使自己能作出合理的決策，它必須猜測另一家廠商的選擇。這種情況下，也就產生了聯合定價和聯合定產的模式（即「古諾模型」[Cournot model]和「伯特蘭模型」[Bertrant model]）。在這兩種情況下，策略的相互影響即形成了所謂的「聯合對策」（joint game）。此外，還可能存在一種情形，即所謂的「卡特爾」（cartel）與廠商之間進行「串謀」（collusion），相互勾結，共同商定使它們利潤實現最大化的產量和價格。這種串謀即所謂的「合作對策」（cooperation game）（這裡，我們假定讀者熟知微觀經濟學，故對這幾種模式不作具體介紹，而僅僅揭示出各類策略選擇問題及其性質）。

　　上述各種類型的寡頭市場，描述的是廠商之間策略相互影響的經典經濟理論。然而傳統理論雖揭示出各種類型下策略選擇的具體影響，並形成了多種關於寡頭市場的理論模型，但對問題的分析並不深入，更未形成寡頭市場理論。而對策論的誕

生，則可謂獨闢蹊徑，為研究寡頭市場廠商行為模式提供了一種全新思路。正如對策論最有影響的倡導者之一馬丁‧蘇比克所認為的，發展一般寡頭理論的惟一希望只能寄託於對策論。

(二)「囚犯難題」──對策論的標準型

　　一個簡單的遊戲，至少需要三個部分：一是參加者，對策論假設所有參加者都是機智和理性的；二是行動空間，遊戲參加者必須知道他自己及別人的策略選擇範圍，以及各種策略間可能的因果關係，用對策論的術語即為行動空間或策略空間；三是有可評價的結果。在對策論中，可以用數值表示各人在各結果上各有獲益多少，該數值即為「支付」。這三部分組成了遊戲結構，或稱遊戲規則。

　　西方學者通常用一著名的遊戲來表達簡單的對策問題，該遊戲即為所謂的「囚犯難題」（prisoner's dilemma，又譯「囚犯兩難」）。其內容是，假想參與一樁犯罪活動的兩個囚犯被隔離在兩間屋子裡分別接受審訊。每一囚犯既都有坦白交代這一選擇（從而把另一囚犯牽連在內），也都有抗拒不交代這一選擇。如果只有一個囚犯坦白，那麼這個囚犯就可以得到免予刑事懲罰的寬大處理，但當局將把懲罰全部加於另一個囚犯身上，作出將他在獄中關押六個月的嚴厲判處。如果兩個囚犯都不交代，那麼根據法規他們將被關押一個月。如果兩個囚犯都交代，那麼他們都將受到關押三個月的處罰。這樣，兩個囚犯都面臨一定的策略選擇問題。

　　圖1-12是以支付矩陣即對策論的標準型表達這一遊戲。

　　假設遊戲參加者為兩人，即局中人A和局中人B。A面臨的抉擇，術語上稱為策略選擇，分別是上行──交代和下行不

局中人 B

		交代	不交代
局中人 A	交代	-3，-3	0，-6
	不交代	-6，0	-1，-1

圖 1-12　「囚犯難題」的標準型

──交代；B 的策略選擇分別是左列──交代和右列──不交
代。四個方格代表不同的策略組合，如圖 1-12 所示。

　　方格中左邊的數值代表 A 所獲得的支付，右邊的數值代表 B
所獲得的支付。爲簡便起見，我們取其監禁期長度的負值作爲
支付值。

　　現在逐一考察四種可能的策略組合：(1)A 不交代─B 不交
代（即右下方格），此時二人所獲支付值均爲-1。但這一策略組
合處於不穩定狀態，因爲若 A 選擇「不交代」，B 就有偷換策略
的誘惑。當 B 偷換策略至左列「交代」時，參加左下方格，他
所獲支付值即從原來的-1 上升至 0。(2)A 不交代─B 交代（即左
下方格），此時 B 所獲支付值爲 0，而 A 所獲支付值爲-6，這一
策略組合也是非穩定狀態，因爲若 A 想轉移策略至「交代」，他
所獲支付值即可由-6 改進到-3。(3)A 交代─B 不交代（即右上
方格），此時 A 所獲支付值爲 0，而 B 所獲支付值爲-6。同樣，
這一策略組合也屬不穩定狀態，因爲 B 亦有偷換策略的動機。
(4)A 交代─B 交代（即左上方格），此時二人所獲支付值均爲-3
。在這一策略組合下，無論 A 還是 B 都不會單方面轉移策略，
因爲這樣的話其所獲支付值必將從-3 降至-6。因此，這一「交
代─不交代」的策略組合是自我穩定的。在對策論裡這一狀態

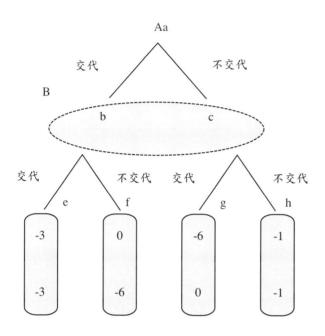

圖1-13 「囚犯難題」的展開型

稱之為「納什均衡」。其定義是假使其他參加者不變換策略，任
何單個參加者不能以單方面變換策略來提高其所獲支付。

(三)「囚犯難題」──對策論的展開型

這一遊戲也可用對策論的展開型來表示，如圖1-13所示。

A從a點出發，選擇「交代」到b點或選擇「不交代」到c
點。b點和c點用虛線連在一起。這一虛線形成的塊稱作B的
「資訊集」（information set）。b和c在一個資訊集裡，表示B主
觀上不知道A事實上選擇的是「交代」還是「不交代」，即B主
觀上不能區分A到達的是b點還是c點，即便B可以對此作出猜
測。然後輪到B選擇，即選擇「交代」還是「不交代」。最後他

們各自所獲支付決定於他們事實上選擇的策略組合。在這個遊戲結構中，我們看到雙方決策時，並不知道對方採取了什麼策略。這實際上等於雙方同時選擇策略。所以，這一展開型遊戲和前面的標準型遊戲雙方決策過程一致，運用前述道理，對於任何一方來說，最為安全的選擇是「交代」，而這裡的e點則是納什均衡點。

1.4.3　優勢策略與混合策略

從另一角度也可證實「囚犯難題」中雙方傾向於選擇「交代」。假使B的策略是「交代」，A的反應為「交代」比較有利；假使B的策略是「不交代」，A選取「交代」則更為有利。由此可見，不論B採取什麼策略，A的最佳策略是同一策略「交代」。在對策論上，稱「交代」為A的「優勢策略」（dominant strategy）。所謂優勢策略，即不論其他局中人怎樣選擇，某一局中人都能獲取最佳水準支付的一種策略。同樣可證明，「交代」也是B的優勢策略。這裡，由於雙方都傾向於優勢策略的選擇，必然導致「交代─交代」的納什均衡的出現。

然而，有的遊戲並不能照此而找到納什均衡點（如圖1-14所示）。在這一遊戲中，沒有納什均衡點。現在想像甲和乙無限重複玩這個遊戲。甲隨機採取「上」和「下」的策略，但3/4的次數採取「上」，1/4的次數採取「下」，乙也隨機使用「左」和「右」的策略，但1/3的次數選擇「左」，2/3的次數選擇「右」。

可以證明，這是一個納什均衡點。在甲3/4採取「上」，1/4採取「下」的情況下，若乙採取「左」的策略，乙的預期支付是3/4(1)＋1/4(0)＝3/4；若乙採取「右」的策略，乙的預期支付

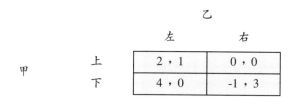

圖1-14　混合策略與納什均衡

是3/4(0)＋1/4(3)＝3/4。不論乙如何隨機採取策略，其預期支付總是3/4。故乙沒有動機去變換其1/3是「左」，2/3是「右」的策略。類似的推理也適用於甲。在對策論裡，這種按一定規律隨機變換於幾個單純策略之間的策略叫做「混合策略」（mixed strategy），它是相對於簡單的單純策略而言的；由混合策略形成的納什均衡點稱爲「混合策略納什均衡點」，以別於「囚犯難題」中的（單純策略）納什均衡點，數學上可以證明，在相當一般的條件下，混合策略納什均衡點必然存在。

1.4.4　「囚犯難題」與帕累托效率

「囚犯難題」中有一值得注意的現象。若雙方均選擇「不交代」的話，各人所獲支付均爲-1（前提是他倆都能確信另一方會拒不交代，且他倆都能應允自己也拒不交代），這種策略組合比其餘任何一種策略組合都要好。顯然，這一策略組合實現了「帕累托效率」（Pareto efficient）——沒有其他策略選擇能使這兩個局中人的境況會比在這一選擇下更好；而這一遊戲中的納什均衡，卻是帕累托無效的策略選擇，因爲此時局中人所獲支付僅爲-3，低於-1。

　　然而，問題在於這一理想狀態不易產生或維持，因為這兩個囚犯無法協調雙方的行動，相反他們都具有背叛（不合作）意識。因此，形成帕累托效率的策略組合有其內在的不穩性。所謂「囚犯的兩難」，正在於此。

　　這一原理在經濟和政治現象中皆有廣泛應用，例如，可以以此考察軍備控制問題。設想囚犯Ａ是國家Ａ，囚犯Ｂ是國家Ｂ；把「交代」策略解釋為「部署導彈系統」，把「不交代」策略解釋為「不部署導彈系統」；上述支付仍然適用。無疑，對雙方都有利（最好的選擇）的結果是雙方都「不部署導彈系統」。但問題在於這一狀態是不穩定的，雙方皆有不合作傾向，因此，在沒有辦法達成有約束力的協定的情況下，雙方都會「部署導彈系統」。

　　另一適用的經濟學例子是本節開頭所述及的「卡特爾」問題，現在設想囚犯是壟斷廠商，把「交代」解釋為「超過產量限額的生產」，把「不交代」解釋為「堅持最初達成的限額」。這裡，廠商之間原本是串謀，即合作對策。然而，此時如果其中一家廠商單方面私下增加其產量，即能獲取更高利潤水準。當廠商Ａ超過限額生產時，廠商Ｂ也會超過限額生產；當廠商Ａ堅持限額生產時，Ｂ也可能超過限額生產。由於雙方皆有不合作傾向，卡特爾的利潤水準難以維持。

1.4.5　「囚犯難題」與納什均衡狀態

　　「囚犯難題」的穩定狀態即納什均衡狀態，源於兩個參與者各自的優超策略。但是，這一均衡狀態並非帕累托有效狀態，因為對雙方而言還有一更好的狀態。這一更好的狀態即帕累托

有效狀態，取決於雙方的合作態度（共同抗拒）。因此，「囚犯難題」的基本特徵在於，對於單個參與者而言，不合作選擇、背叛選擇的所獲支付高於合作選擇，而均衡狀態（納什均衡）下的所獲支付要低於共同合作的選擇。

（一）「公地的悲劇」

若把「囚犯難題」進行擴展，同時將其一般化，則我們極易聯想到「公共的悲劇」或「公地的悲劇」（tragedy of the commons）問題。早在1740年，大衛‧休模（David Hummer）就發現過所謂的「公共的悲劇」問題。而在1968年，哈丁（R. Hardin）則對這一現象進行了十分詳細的考察。所謂「公地的悲劇」，即如果牧地為私人所有，則所選擇的乳牛放養頭數將取決於奶牛的邊際產量等於一頭乳牛的成本，這樣，牧地不會過度放牧；而如果牧地是公共物品（public goods），即每個個人的消費並不導致任何其他個人對該物品消費的減少的話，則放牧的乳牛頭數就會一直增至使利潤下降到零為止，因此，牧地就會過度放牧乃至被完全破壞。不難想像，「公地的悲劇」也是一種兩難情形，它同「囚犯難題」在本質上是一致的，區別僅在於，「公地的悲劇」在遊戲結構上，是一項N個「囚犯」參與的兩難情形。

（二）一項N個「囚犯」的遊戲

設想這樣一個例子：某公寓大樓的居民們準備在大樓的入口處添裝安全設備，他們決定共同出資。假設安全裝置所需資金為120元，大樓中共有二十戶居民，某戶居民詢問其餘居民是否準備投資（該居民也陷入了短暫的兩難情形，因為假如無人

起頭的話，就籌不到款，故起頭可被視爲合作行爲）。如果所有
居民都合作的話，每戶將出資6元。對每戶居民來說，從這套裝
置中的得益至少爲120元，故相當於淨得益114元。如果無人合
作的話，裝置無法安裝，亦即每戶居民都失卻了由合作帶來的
淨得益的機會。如果只有十戶出資，則這十戶的投資額都將翻
倍，此時各戶的淨得益產生了差別：每個合作戶的淨得益爲120
－12＝108元，而每個背叛（不合作）戶的淨得益是120元（因
爲其投資額爲0）。如果只有一戶願投資，則其淨得益爲0。表
1-4顯示了不同情形下投資者的成本和淨得益。表中的數字可繪
成曲線（如圖1-15所示），C(n)爲投資者得益，D(n)爲背叛者得
益。如果至少有一人投資，則背叛者的得益爲一常數。隨著投
資者總數的增加，投資者的得益也增加，但增幅遞減。在這種
情形下，投資公共利益是相對可能的，因爲隨著投資者數目的
增加，背叛者的得益與投資者得益的差距將減小。但根據對策
論，那些不投資公共利益者即「無票乘車者」（free rider）的背
叛選擇是優超的，因爲其得益高於投資者的得益。不過，出現
背叛選擇的機率將隨著投資者數目的增加而趨於下降。

表1-4　對一項固定公共利益進行投資的淨得益

投資者數目	每一個投資者的成本	每一個投資者的淨得益
20	6.00	114.00
19	6.32	113.68
15	8.00	112.00
10	12.00	108.00
5	24.00	96.00
1	120.00	0.00
0	0.00	0.00

隨著遊戲支付結構的變化，遊戲參加者的得益（所獲支付）曲線的形狀也會發生變化。在上述例子中，如果讓投資者的投資金額固定，比如10元，那麼不同的投資總額將購得不同價格的安全裝置，在10至200元的範圍內，每多出10元，就可購得更好的裝置，再將投資者的得益情況列示在表1-5中。每個人的得益將隨投資者的增加而增加（注意，這同樣運用於「無票乘車者」），如圖1-15所示：每戶居民的淨得益隨投資者數目的增加而線性遞增，背叛者的得益總比投資者高出固定的數額（i0）元。在這種情況下，背叛選擇的機率很可能不依賴於投資者的數目。不過，根據對策論，背叛選擇也是優超策略。

在現實生活中，關於N個「囚犯」遊戲的具體事例比比皆是，如納稅問題、軍備競賽問題、過度捕魚問題、廣告問題等等。

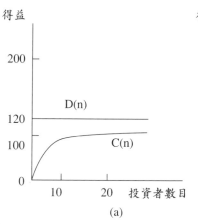
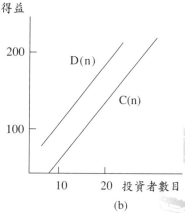

圖1-15　某一固定公共利益與可變公共利益的個體收益

表1-5　對一項可變公共利益進行投資的淨得益

投資者數目	每一個投資者的成本	每一個投資者的淨得益
20	10	190
19	10	180
15	10	140
10	10	90
5	10	40
1	10	0
0	0	0

(三)「拿一些」與「給一些」的遊戲

　　N個「囚犯」的遊戲常常被用於實驗研究。心理學家道斯（R. M. Dawes）於1980年分別就「拿一些」和「給一些」的遊戲結構進行了實驗研究。在「拿一些」的遊戲中，三個參加者同時舉起一根紅色或藍色的筷子（該遊戲極易推廣至更多的人參加），每一舉起紅色筷子的參加者可獲得3元，但所有參加者都得被罰款1元；每一舉起藍色筷子的參加者獲得1元，但無罰款。表1-6是這一遊戲的支付狀況。透過舉起紅色筷子，某一參加者的所獲支付是2元，恰等於其他兩個參加者罰款的和。在這一遊戲中個體可從其他人那裡「拿一些」。

　　該遊戲實際上是對「公地的悲劇」問題的模擬。

　　在「給一些」的遊戲中，五個參加者（當然，參加人數並不受限制）可從實驗者那裡得到8元或透過實驗者把3元給另外的每一參加者。若所有參加者都給的話，則每人可獲12元（4×3）；如果都不給，每人可獲8元。表1-7是這一遊戲的支付狀況，該遊戲實際上是對上述為某一公共利益捐款問題的模

表1-6　「拿一些」遊戲的支付情況

合作者數目	背叛者盈利	合作者盈利
3	—	1
2	2	0
1	1	-1
0	0	—

表1-7　「給一些」遊戲的支付狀況

合作者數目	D(n)背叛者盈利	C(n)合作者盈利
5	—	12
4	20	9
3	17	6
2	14	3
1	11	0
0	8	—

擬。「拿一些」和「給一些」的遊戲都可用曲線來表達其支付狀況。D(n)曲線處於C(n)曲線上方，都與之平行。

1.4.6　心理變數對策略選擇的影響

在有關「囚犯難題」的實驗研究中，許多心理學家觀測到了大量顯著偏離對策論上的優超策略的現象。並且，我們亦可從實際經驗中獲知，人們往往能夠自覺地為公共利益作出奉獻，往往能夠達成協定而避免「公地的悲劇」。這類現象又將作何種解釋呢？

　　可透過認為支付需由效用獲得評價來解釋這種「不合理」的行為，若效用函數僅僅是以支付來定義這一解釋即可運用於本節的對策理論中。這裡，僅僅需要把支付轉化為效用，對遊戲的分析依舊不變；甚至「囚犯難題」遊戲的結果也不會改變，因為一個單調遞增的效用函數的變形並不導致「囚犯難題」本質特徵的改變。

　　然而正如本書前面章節所探討的，一些變數會影響行為結果的效用。支付由效用替代將導致心理變數有可能進入效用函數，進而改變遊戲的本質特徵，這裡，我們來討論一下幾個重要的心理變數。透過對這些心理變數的分析和討論，我們將會發現，「囚犯難題」遊戲中的有關行為（策略選擇）可得到如下新的解釋：

（一）利他主義

　　在一般情況下，大多數人可能不能否認這樣一個事實：「我們寧願自己得到498元，而不願在朋友一無所得時自己得到500元。」這表明人們並非總是「貪得無饜」，而是常常作出「利他」的行為。利他行為的產生可能出於個體間有相互合作的傾向，也可能出於「機變」的原因。後者暗示了這樣的情況，即由於某人的行為選擇，其他人感到不得不採取合作行為。當然，在大多數較大規模的社會兩難情形（如「公地的悲劇」）中，社會交流一般受到限制，故機變的利他主義不能被視為行為的決定因素。

　　許多學者認為，利他主義有其「社會生物學」（social biology）理由：在自然基因（社會的）選擇過程中，由於自私的結果較少成功，故自私行為不大可能生存下來（所謂「物競

天擇，適者生存」）；而相應的，發生了指向利他和合作的道德標準的社會進化。因此，從這一思路看，利他行為可能被「遊戲者」有選擇地用於保持相互間良好關係的社會群體中，如親戚、朋友、俱樂部、民族等。而其結果則是影響了發生於群體內部或外部的兩難情形的策略選擇類型，當然，從貝克爾（G. S. Becker）的模型來看，利他主義可能出於「壞孩子定律」（the kid's law），亦即從屬於理性的「經濟人」（homo-economicus）的行為法則。但不論怎樣，利他主義本身的確可以作為一項重要的心理變數，並對遊戲中的策略選擇行為構成影響。

（二）良心和標準

良心和標準也通常會影響到支付的效用。如有關資源分配的標準不同，即對分配結果的具體效用產生影響，而不同學習類型的結果之一即是背叛選擇可能導致負罪感。

（三）交流

在「給一些」的遊戲中，若參加者之間允許交流，即可觀測到較高的合作率（高達94％）。道斯曾於1977年提出了一個有關交流與合作的進行步驟：首先，被試開始把其他人視作「人」（賦予「人性」）；其次，他們開始討論所面臨的兩難情境（討論）；第三，他們有機會對各自的行為作出承諾，並企圖從其他人那裡獲得同樣的承諾。這三個環節的內在關聯是，承諾必須由討論而來，而討論則由人性化而來。

道斯還比較了「拿一些」的遊戲的四種類型，即：一種根本沒有交流、一種允許進行十分鐘與遊戲無關的交流、再一種允許討論但無承諾，還有一種要求承諾。這四種情形的遊戲分

別產生了30％、32％、72％以及71％的合作率。道斯由此得出的結論是：人性化並不增加合作率；討論顯著增加了合作但並不擔保合作；強迫的承諾不增加合作（實際上每一被試均答應合作）。

（四）群體大小

一般說來，在兩難遊戲中，群體大小與合作率呈負相關。奧爾森（M. Olson）曾於1965年將群體大小效應歸因於覺察到的群體成員行為的有效性和顯著性。然而在有些實驗中，這一效應則被歸因為不同的支付結構。具體而言，背叛選擇所帶來的危害隨合作者數目的增加而減弱。如圖1-15(a)所描述的遊戲，隨著合作程度的上升，D(n)曲線與C(n)曲線逐漸靠近。而布納希克等（Bonacich et al., 1976）則比較了具有相同斜率的D(n)和C(n)的三人組、六人組和九人組的遊戲，結果發現合作是下降的。這一結果又表明群體大小效應的存在，而與支付結構無關。

（五）公開性

研究發現，公開透露身分的選擇相對於匿名選擇提高了合作率。如果其他參與者知道了哪一參與者作出了背叛選擇，他們便會採取群體制裁措施，如威脅或敵對行為，道斯曾於1977年列舉了諸如「如果你背叛了我們，你將一輩子打上恥辱的烙印」等對背叛者的種種評論。不過，布坎南（Buchanan, 1965）亦提出了公開性可能誘使合作者模仿背叛者行為的觀點。

（六）預期

遊戲的參加者對其他參加者是否會合作或背叛的預期會影響他自己的策略選擇。如果他預期其他參加者將合作，則背叛選擇對他的誘惑可能會增強；同樣地，如果他預期其他參加者將作出背叛選擇，則他可能也透過作出背叛選擇來避免吃虧。總的說來，人們發現在對群體合作性預期與某人自己的合作選擇之間存在著高度的正相關關係，並且，人們還發現背叛者在預測合作率時比合作者更為精確。不過，在一般情況下，被試很難具體預測出誰會合作或背叛。

（七）說教

在道斯1980年發表的一項研究報告中，實驗者在被試面前宣讀了一段長達九百三十八個字的有關群體利益、剝削以及倫理學等方面的訓誡。這一訓誡產生了較為有效的結果。該項實驗所產生的合作率，足可與上述他所作出的包含討論與承諾的實驗所產生的合作率媲美。

1.4.7 動態對策

有沒有辦法誘使「囚犯難題」中的兩個囚犯進行合作，使其選擇「不交代－不交代」的策略組合；相應地，在現實中，如何解釋某些卡特爾（如OPEC）的長期存在性？多年來，對策論學者皆試圖解決這一問題。從已有的研究成果來看，答案似乎取決於遊戲是一次性的對策還是無限重複性的對策。

（一）動態遊戲的行為特徵

前面我們探討的都是一次性對策，即當所有的參與者都完成一次策略選擇後，遊戲便結束了。現在，我們所要考察的是要進行多次的遊戲，即「動態對策」（dynamic games），或稱之為「重複對策」（repeated games）。由於動態對策可進行多次選擇，故它為遊戲者提供了學習的機會；同時，遊戲者可被假設為力爭使其長期支付最大值與此相應，動態情境下的選擇行為將與一般情境下的選擇行為有所差異。

首先考察有固定遊戲次數的動態對策。在這類遊戲中，遊戲的最後一輪將與一次性遊戲的情況極為相似，因為遊戲者只能進行一次策略選擇了，而且，即便遊戲者知道前面幾輪的資訊，也無法改變這一事實。因此，在最後一輪中，將出現優超策略選擇即背叛選擇。在倒數第二輪中，遊戲者可預測到在下一輪（最後一輪），背叛選擇將占優勢——對於每一遊戲者而言，這是公開的秘密。因此，倒數第二輪的選擇不能影響最後一輪的選擇。顯然倒數第二輪與最後一輪的特徵相同，遊戲者將選擇背叛。這一原理同樣適用於倒數第三輪、第四輪等等。因此，在固定次數的動態對策中，每一輪（包括第一輪）都被假設會出現相同類型的策略選擇。

如果輪數不是固定的，或不為遊戲者所知道，則上述結論不再適用。在這種情況下，冒被剝削的危險，作出合作選擇，將是合理的。此時，由合作選擇所產生的長期支付所占權重要大於透過剝削他人的一次性短期行為獲得支付的所占權重。在理論上，忽略遊戲次數或次數無限多的遊戲會產生合作選擇。具有大量次數的遊戲可被視為無限多次數的遊戲。在實驗條件

下的多重「囚犯難題」的遊戲中，拉普波特和卡瑪（Rapoport & Chammah, 1965）觀察到，隨著時間的延長，合作率是一「U」型函數。起初，合作率下降，但三十至五十次後，合作率又趨於回升。普魯特和開麥爾（Pruitt & Kimmel, 1977）將這一發現解釋爲是由遊戲者的思維方式由短期向長期轉變所致。他們認爲，該項遊戲可分爲兩個階段。在第一階段，防禦和剝削動機占主導地位。這兩個動機一般是聯繫在一起的，通常防禦動機（不被別人剝削）被解釋爲剝削動機。這可能引發不合作行爲，反過來，又可被解釋爲剝削行爲。體驗過共同的不合作之後，被試可能意識到這種均衡狀態是低效的，於是在第二階段嘗試著進行合作。

　　在不少實驗中，起初被試未能合作，後來才開始合作。這種所謂「浪子回頭」式的策略證明是非常有效的。因爲被試在體驗過不合作選擇的低效後，通常會變得非常合作。同樣，也能發現當被試觀察到另兩個人正在進行不合作選擇時，比觀察到另兩個人正在進行合作選擇時變得更合作。普魯特和開麥爾認爲，非合作經歷是合作行爲的觸發因素。

（二）多重策略模型——「tit for tat」

　　建立多重策略模型的方式可有多種。例如，根據非合作經歷對於遊戲者的策略影響效應，可作出這樣的總體策略：「經過二十次的叛變選擇後，採取合作選擇，並看一下有什麼情況發生；如果其他參與者在下一輪採取叛變選擇，則回到原來的叛變選擇」（這一例子太富防衛性，因爲它只給其餘參與者極少的機會進行合作選擇），顯然，這一多重策略的模型極易於由電腦語言表達出來。

　　在一多重對策中，由於參與者總是有辦法影響其對手，故最終結果必然是合作狀態。因為，如果對方這次拒絕合作，參與者即可在下次拒絕合作。因此，只要雙方都充分關心將來的支付，則來自不合作的威脅足可驅使他們採取合作選擇。由此，帕累托有效必然實現。

　　著名對策論學者，美國密西根大學的政治學家阿克塞爾羅德（Robert Axerod）曾在一項饒有興味的實驗中，用令人信服的方式證明了這一點。他邀請了幾十名對策論專家（包括經濟學家、數學家、心理學家、政治學家以及社會學家等）要求他們為「囚犯的難題」遊戲設計出他們認為最能夠取勝（即獲得最高支付）的多重策略模型，並用電腦語言表達出來，然後讓他們在電腦上進行模擬真景的相互「競賽」。每一策略模型都得與其他各個策略模型（包括隨機選擇策略模型）進行比較，由電腦記錄下全部支付。這項遊戲共有二百輪，其支付矩陣如圖1-16所示。為提高「競賽」的信度，共進行了五個輪次的比賽。

　　比賽的結果是，由拉普波特設計的「tit for tat」多重策略模型獲得了「冠軍」——其所獲總支付為最高值。該策略模型被稱為「針鋒相對」的策略模型，即：在第一輪中參與者採取合作（「不交代」）策略，然後在接下去的每一輪次中均採取其對

參與者Ⅱ

		合作	背叛
參與者Ⅰ	合作	3，3	0，5
	背叛	5，0	1，1

圖1-16　多重「囚犯難題」遊戲的電腦程序比賽的支付矩陣

手在上一輪次中的所選策略。換言之，所謂「針鋒相對」就
是，對手在上一輪次採取合作策略，他就在這一輪次採取合作
策略；對手在上一輪次採取背叛策略，他就在這一輪次採取背
叛策略。在所有參賽模型中，該模型是最為簡單的──僅有四
行fortran語言。因此，這一結果無論如何都是令人驚異的。

「tit for tat」的獲勝引發了學者們對於多重策略的決策規則
問題的研究。研究發現，該程序的優勢在於其同時具備良好性
和寬容性。所謂良好性，即某一決策規則若不導致參與者成為
第一個背叛者或至少在最後幾輪前不成為第一個背叛者，則是
好的。比賽中取得前八名的程序都是良好的，而其餘的都不是
良好的。所謂寬容性，即某一決策規則能使參與者在對手背叛
之後仍保持與之合作的傾向。「tit for tat」的寬容性很好，因為
它無法記憶一次以上的背叛行為。當對手背叛後，它僅懲罰他
一次，而當對手合作時，它立即報以回報的態度。一般情況
下，非良好的規則其寬容性也不佳。

但是，多重策略模型程序競賽的組織者阿克塞爾羅德卻否
認「tit for tat」是最佳決策規則。為進一步研究該問題，他又組
織了來自於六個國家的六十二個程序進行了第二次競賽。但結
果依然是「tit for tat」的平均支付值最高──它再度獲得「冠
軍」。不過，阿克塞爾羅德發現，「tit for tat」只是在與所有程
序比賽時才最優（其平均支付值最高），而未必在單獨比賽時能
勝過其他較優的程序。由此，他指出最好的決策規則取決於其
餘決策規則的數目（樣本數）。倘若在第二次比賽中僅有排名靠
前的一半程序參加，則「tit for tat」只能獲得第四名，落後於第
一次比賽中實際排名第八、第十六和第二十五名的程序。因
此，儘管「tit for tat」在對付大量程序時顯得很強，但在小樣本

情況下卻並非最優。

　　普魯特和開麥爾則指出，「tit for tat」（及其變形）在所有被研究的決策規則中，最能有效地引發人類的合作傾向，他們認為之所以會如此，是因為個體意識到「策略家不會容忍受剝削」，而這將導致尋求「次好」結果的企圖，即尋求合作。研究也發現，「tit for tat」所引發的合作次數要比始終如一的合作策略所引發的合作次數多。而且，它也可能使個體產生「策略家將要合作」的期望。科莫利塔（S. S. Komorita）和葉塞（J. K. Esser）1975年在一項關於談判的研究報告中亦指出，該程序比每輪談判都作出讓步的策略家引發了更多的讓步；而後者的策略反過來則又比從不作讓步的策略更為有效。

　　考察這樣一個實例：假如你要賣掉你的房子，一個買主願出比你報價低但較為公平的價錢，你會降低你的報價嗎？如果會，降低多少呢？「tit for tat」將適當降低賣價，於是引發了買主更大的讓步。在買主妥協價基礎上再略微提升一點後，賣主就不讓步了（表現出強硬姿態，不容忍被剝削），交易遂達成。

（三）分解的「囚犯難題」

　　在上文所討論的「囚犯難題」的遊戲中，支付是透過每輪遊戲的同時選擇來表示的，但如果支付是由自己的選擇加上他人的選擇而獲得，則可有無窮多的方法來分解同一個「囚犯難題」的遊戲。圖1-17列示了該項遊戲（Ⅰ）的三種分解形式（遊戲Ⅱ、Ⅲ、Ⅳ）。某一個體（這裡指「你」）的總支付是由你自己選擇所得支付與其他人選擇所得支付的和。如果在遊戲Ⅲ中，雙方都選擇了合作，你的支付則為0（自己所得）＋12（他人所得）＝12。這恰好等於遊戲Ⅰ的支付矩陣左上格中的左列

	合作	背叛	
合作	12，12	0，18	遊戲Ⅰ
背叛	18，0	6，6	

	你的支付	他人的支付	
合作	6	6	遊戲Ⅱ
背叛	12	-6	

	你的支付	他人的支付	
合作	0	12	遊戲Ⅲ
背叛	6	0	

	你的支付	他人的支付	
合作	-6	18	遊戲Ⅳ
背叛	0	6	

圖1-17　「囚犯難題」遊戲的分解

數字。

　　被分解的「囚犯難題」遊戲在生活中的一個例子是兩個具有一系列機會相互幫助的勞動者。這裡的情形是，可能是在參與者A行動發生後相當長的一段時間之後，才出現參與者B的行動。因此，分解形式的遊戲中的行為既區別於短期行為，也區別於長期行為，普魯特曾用與此相同的分解遊戲進行實驗，並詢問被試合作或背叛選擇的動機是什麼。

　　遊戲Ⅱ導致了最低的合作選擇。在該遊戲中，被試為了獲

得一份公平的份額而採取合作行為，而另外一些被試則為獲取一個共同背叛的結構而採取背叛行為。顯然，後者希望自己能得到一個公平的份額並且是較高的支付。

遊戲Ⅲ導致了最高的合作率。採取合作行為的被試回答其動機在於「使別人也合作」，而採取背叛行為的被試則稱其動機是「透過背叛獲利」。

遊戲Ⅳ開始時有著中等的合作率，此後逐步趨於上升。被試採取合作行動的動機是「使別人也合作」，而採取背叛行為的動機則是「避免由合作選擇所帶來的負盈利」。

在遊戲Ⅲ和Ⅳ中，被試報告採取合作行為的動機，暗示了上一節所提到的「機變」的利他主義。在遊戲Ⅱ中主要原因是為求得一個公平的份額，這暗示了是出於公平的考慮。而遊戲中的背叛選擇，似乎主要是由貪婪動因引發。

圖1-17所描述的分解了的遊戲，很容易讓我們聯想到在上一節中所探討的「組織效應」問題。遊戲的結果是相同的，但因表述方式不同而產生了不同的策略選擇，而且，有些分解的參照原則是，對自己來說是積極結果，而對他人來說則是消極結果。這是否也類同於上一節中所提出的價值函數的主觀評價問題呢？就目前來說，尚未有學者對此作過深入研究。

「商場如戰場」，上述「對策論」的理論、方法與操作技術應用於人類的經濟心理與行為，將是「克敵制勝」的方法之一。當然，在本章中以闡述原理為主，具體應用為輔，這有待於在經濟行為的實踐中總結出更多的「實例」分析的內容，也許透過實踐會使原理、方法有更多的發展。

1.5　福利理論及其應用

1.5.1　福利的概念

　　福利概念的內涵可作多種解釋。從廣義的福利來說，可與生活的各個方面都有聯繫，但這裡應限定在與經濟主題相關的經濟意義上的福利，如收入、就業、失業等。這就是客觀意義上的經濟福利。客觀經濟福利是可以計量的，如不同國家的人均產值GNP不同，因而個人的年平均收入也不同，爲此，不同國家的客觀經濟福利水準有很大差別。

　　狹義的福利是指個體福利，這是個體對生活中的經歷、活動、狀態和事件的評估結果，因而個體福利帶有主觀福利性質，在這種情況下福利是指對生活的一種普遍的幸福感。有時，福利與幸福、效用是同義詞。顯然主觀福利的概念是受人的價值觀、信仰及其他心理因素影響的。因爲不同價值觀、信仰的人對幸福、福利的理解與標準是不一樣的。

　　福利概念的外延，可區分爲國家水準的福利、家庭與個體水準的福利、客觀與主觀意義上的福利。不同水準上的福利是相互區別又是相互聯繫的，當然經濟學與經濟心理學研究福利問題的側重點是不同的。

1.5.2　福利理論的發展

（一）邊沁的功利主義福利觀

　　邊沁（J. Bentham）提出了功利主義的福利觀，即最大多數人的最大福利原則，進而將福利定義爲個人獲得的效用或滿足，把一個人的福利規定爲個人獲得的滿足的總和，而社會福利規定爲個人福利的總和。

　　個人福利與社會福利的相互關係表現爲，社會上較多的人獲得了較大程度的滿足時，社會福利才會增加，社會福利的最大化就是使社會上最大多數的人獲得最大的滿足。

　　邊沁將福利與效用概念結合在一起，又指出了社會福利與個人福利的相互關係，應該說是有一定進步意義的。

（二）庇古的經濟福利觀

　　庇古（A. C. Pigou, 1877-1959）的福利觀是以邊沁的功利主義福利觀爲基礎的。在此基礎上，庇古進一步提出了區分廣義與狹義福利兩類。

　　廣義福利是指社會福利，而狹義福利是指經濟福利。社會福利與經濟福利是相互聯繫的，經濟福利對社會福利具有決定性的影響。

　　經濟福利是由效用構成的，效用意味著滿足，人們追求最大限度的滿足，也就是追求最大限度的效用。由於效用可以用貨幣來計量，爲此，經濟福利就可以透過對效用的計量而被計算出來。

進一步，庇古就經濟福利提出了下面兩個觀點：

1. 一國的經濟福利可以用國民收入的多少來表示。國民收入是一國的經濟福利的同義語。一國的國民收入量越大，則其經濟福利越大。經濟福利的增加表現爲國民收入量的增加。
2. 一國的經濟福利是國民中每個人的經濟福利的總和，而每個人的經濟福利由他所得到的物品的效用構成。

據邊際效用遞減法則，貨幣對不同收入的人有不同的效用，如窮人手上的貨幣增量比富人的貨幣增量其效用來得大。如果把富人的一部分貨幣轉移給窮人，就會增加一國的經濟福利。因爲少數人的福利得到滿足，多數人無福利，則社會就不會安定。

（三）帕累托的福利理論

帕累托（D. Pareto, 1848-1923）爲義大利經濟與社會學家。他的福利理論仍以邊際效用價值理論爲基礎，但他認爲效用是不可測的，而主張以無差異曲線來分析，他在一篇論文中說道，「我曾爲快樂和痛苦必須加以測定而煩惱，因爲，實際上沒有人能夠測定快樂。誰能說這個快樂是另一個的兩倍？我嚐到了喝一杯酒的快樂，但我確信不能理解這個快樂是另一個的兩倍或一半。」

與此同時，帕累托提出應該使用「滿足欲望的能力」和「基本滿足欲望的能力」這兩個概念來取代效用和邊際效用。所謂「滿足欲望的能力」是指某人所占有的新增量物品對他所提供的享樂。所謂「基本滿足欲望的能力」是指微小增量物品所

提供的享樂。實際上，帕累托改變名詞，是為了更明確地強調效用或邊際效用概念的個人和主觀心理性質，和以往的效用理論並無本質的差異。

◆帕累托的福利圖

　　帕累托認為效用不能用基數一、二、三……來表示其大小，只能用序數第一、第二、第三……來表示效用的相對程度。從效用序數論出發，個人福利取決於個人的偏好，而個人偏好可以用消費者的無差異曲線來表示。無差異曲線是指：消費者在一定的嗜好、技術和資源條件下，按照一定的價格和收入，對商品的不同組合進行選擇，消費者選擇任何一組商品都能帶來相同程度的滿意，把這些組合在座標平面上的點連結成的曲線，稱作無差異曲線。同一座標平面上的不同曲線代表不同的滿足水準，亦即意味著福利的不同。

　　例如，現有麵包和布兩種商品。如果這兩種商品按下述A、B、C、D四種方式組合，每個方式都可給消費者帶來同等程度的滿足。

	A	B	C	D
布	4	3	2	1
麵包	1.5	2	3	6

根據以上四種組合方式，可以在座標圖中用曲線表示偏好。以縱座標Y代表麵包的數量，橫座標X代表布的數量，圖上的A、B、C、D四點表示麵包和布的組合情況。連接A、B、C、D點的曲線IC_2就是表示上述滿足程度的無差異曲線，與IC_2相比，無差異曲線IC_3高於IC_2，它意味著消費者得到了較高水準的滿足；IC_1低於IC_2，它意味著消費者只能得到較低水

準的滿足；因此無差異曲線又被稱爲偏好圖或福利圖（見圖1-18所示）。

　　無差異曲線所表明的並非效用的總和，而是效用序數上的偏好，即消費者爲了獲得更大的滿足而在商品組合之間進行的選擇。至於消費者的偏好究竟如何確定，或無差異曲線究竟處於何種水準，則取決於消費者的收入和商品的價格。在一定的收入和價格水準的條件下，消費者可能達到的最大滿足程度具體反映於他對商品組合的選擇上。

◆帕累托最優

　　帕累托最優（Pareto optimal）是指如果在給定的資源配置條件下，沒有替代方法來配置資源，使某些人比原有配置下得到更多的福利，而又不損害其他人的福利，則我們就稱這個原有的配置爲帕累托有效配置。

　　帕累托最優又指一種最優狀態與最優的行動方案。如果方

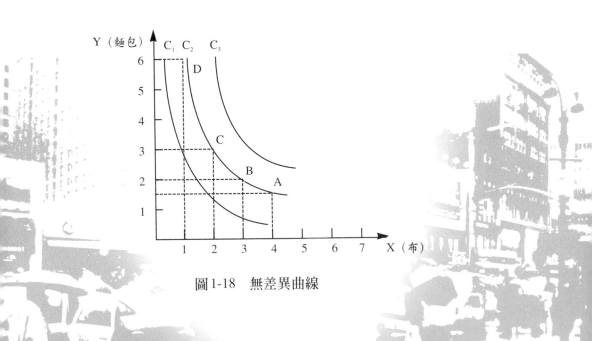

圖1-18　無差異曲線

案有任何變動，就會使一部分人受益，一部分人受損。爲此維持這種狀況就是帕累托最優狀態。例如，一個每月掙30000元的人，給三位貧困者每人每月1000元，共3000元。此人經濟上的所失與扶貧在感情上的所得兩者相抵，這種狀態稱爲帕累托最優。如果救濟大於3000元，則經濟上的損失大於感情上的所得，會使此人受損，爲此維持原方案爲帕累托最優方案。

保證市場經濟帕累托最優的三個條件爲：

1. 生產的有效性：一個生產方式的有效性是指不可能再找到另外一種生產方式，使得增加一些商品的產量而又不減少其他商品的產量。

2. 各種產品的生產比例的有效性：生產出來的產品要反映消費者的偏好。

3. 交換的有效性：社會生產出來的所有產品都是以有效的方式進行分配的，即當達到有效的分配後，進一步互利的交換不可能再發生。

（四）福利的補償原理與社會福利函數論

「補償原理」和社會福利函數論強調的是，任何經濟措施，即使不能實現帕累托最優條件，但能使社會總福利有所增進，則認爲是可取的。

從效用分析和邊際分析的角度來看，補償原理和社會福利函數論都否認效用基數論和個人間效用的比較。補償的前提是承認某項經濟措施給社會上不同階層和集團帶來了數量不同的後果，這裡所進行的正是福利的數量計算和比較，補償的結果是使社會總福利量有所增進。

社會福利函數論 $W = F(Z_1, Z_2,....)$確是以效用序數和無差異曲線爲基礎的，公式中的Z_1、Z_2代表影響社會福利的各種因素的所有可能的組合。

1.5.3　現代福利理論

現代福利理論歸納後可分爲六類（見**表1-8**）。

現就上述理論分述如下：

（一）客觀論

客觀論認爲，福利是由客觀環境（如收入）決定的，具體地說可用個體收入和GNP（國民生產總值）爲指標，以此來說明經濟福利的水準。

福利與收入水準之間存在著正相關，即收入水準高的人比收入水準低的更加幸福，福利水準亦高。

1946年至1970年經濟心理學家依斯托林（R. A. Easterlin）進行了一項研究，對英國、西德、泰國、菲律賓、馬來西亞、法國、義大利等國的調查結果發現，幸福的人收入高的比例要

表1-8　現代福利理論

客觀論	福利由客觀環境（如收入）決定
目的論	福利依賴於最終價值的實現
適應論	福利依賴於對生活狀態的心理適應
判斷標準論	福利依賴於以偏好爲標準（如以他人的福利狀況、自身過去的福利狀態以及抱負水準所作的生活狀態的比較）
自下而上論	福利來源於積極的經歷
自上而下論	在特定的生活領域福利導致積極的評價

資料來源：戴納（Diener, 1984）。

比收入低的高，而不幸福的人中收入低的比例比收入高的要
高。

　　同樣，堪垂（H. Cantril）在1960年前後對十三個國家進行
福利測量的結果，同樣表明較高的社會經濟階層擁有更高水準
的福利。

　　但是，在一國內存在的福利與收入之間的正相關，在國與
國之間的比較中就不明顯了。堪垂採用幸福評定等級量表測量
幸福值和GNP之間的相關得到以下的結果（如**圖1-19**所示）。

　　從圖1-19中可見，除美國、印度之外的許多國家（十國），
幸福和GNP值之間幾乎不存在相關，即使美國、印度之間人均
GNP與幸福之間也只存在較小的正相關。

　　此外，研究者還發現，幸福與GNP之間的相關也是邊際遞

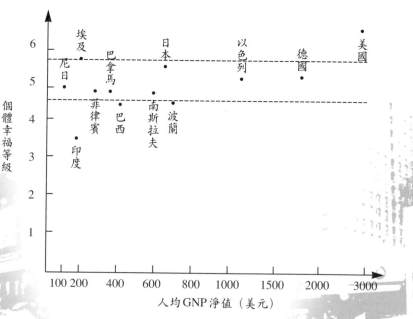

圖1-19　不同國家幸福值與GNP之間的相關

減的，例如，1964年到1970年間美國的生活水準得到大幅度的提高，而國民的幸福基本上沒有變化。

為什麼隨著時間的推移，國內收入增加而福利沒有同時顯著地增加，這可以用社會比較理論與判斷標準理論來解釋。因為，在一個國家之內，人們很容易將自己的狀況和其他人進行比較。如果別人比較富，你就會感到不幸。相反，如果你比別人收入高，你就會感到幸福。在評估福利時，周圍的人提供了一個判斷標準。

此外，隨著時間的推移，判斷標準也會改變，福利與抱負水準有關，舊的欲求滿足了，新的欲求又產生了，這也在一定程度上阻止了幸福的增長。

（二）目的論

福利的目的論認為，生活的滿意感來自於終極價值的獲得。這些價值包括幸福、愛、安全、自由、內部和諧、成就和歸屬。福利正是和這些目標的獲得聯繫在一起的。

目的理論受到了兩方面的影響。一是享樂主義，另一方面是禁欲主義。前者推崇需要的滿足至上，而且在需要滿足之後不可能獲得更大的幸福。但禁欲主義者強調為了最終的幸福需要抑制需求的滿足。

此外，幸福不僅來源於目標的達到，而且來源於追求目標的過程。

（三）判斷標準論

判斷標準論又稱為相對福利學說。該理論認為福利不是一個絕對值，它是與個體的判斷標準緊密相連的。人們會根據其

他人的福利水準或自己過去的福利水準來判斷眼前的福利。抱負水準也是一個重要的福利判斷標準。例如個體與福利水準較低的人進行比較或者相信還有許多人生活在貧困中便會明顯地提高自己的滿意感。實際上，個體對收入的滿意程度幾乎完全由社會上其他人的收入來決定。

福利的判斷標準論（即相對福利學說）的要點歸納起來有如下幾點：

第一，「福利」和「快樂」是同義詞，「快樂」的客觀標準是不存在的，它並不取決於個人收入的多少，它是個人的心理感受，是主觀的東西，沒有尺度可以衡量。只有個人才能感受到自己是否快樂。由此可以說，「福利」和「快樂」一樣，都是相對的，它只存在於與別人相比的感覺中。

第二，既然福利是相對的，因此隨著個人的收入增長，自己並不一定會感到比過去快樂，也可能感到更不快樂，關鍵在於別人的收入是否也增長。

第三，既然福利是相對的，福利與個人收入水準之間並無直接的關係，那麼由此而得出的政策涵義之一是，旨在普遍提高國民收入水準的政策措施並不能增加國民的福利。同時，縮小國民之間收入差距的政策措施也不能增加國民的福利，因為除非全體居民的生活水準完全一樣。

第四，即使個人收入增長，個人的欲望也會隨之增大。一個欲望剛被滿足，另一個新的欲望又出現了，任何已被滿足的欲望都創造著新的、未被滿足的欲望。後者將帶來新的煩惱。所以個人收入增長也不會給自己帶來快樂。

（四）適應理論

福利的適應理論認為積極的（或消極的）事件所帶來的幸福（或不幸）在事件剛發生時強度最大，隨著時間的推移，事件的影響將會逐漸減弱，這是因為個體對情景有了適應。例如一個幸運的中彩者過了一段時間並不特別快樂，而四肢癱瘓者並不見得比常人更痛苦，肢殘病人在剛剛發生意外時極為痛苦，但對此很快便適應，同時快樂也在增加。一些縱向的研究表明，無業者在失業之後不久便適應了新的社會角色，儘管在失業的頭幾週裡福利大為下降，而且這一較低水準會保持半年左右。

（五）自下而上福利理論

自下而上的福利理論認為，福利和情緒有很大的關係。積極的情緒和好的心境往往會使個體對自己的生活作積極的評價，而消極的情緒和心境、應激和焦慮對福利產生負面影響。

總之，快樂經驗會增加總體的福利水準，以及個體單獨的經濟福利水準。

（六）自上而下的福利理論

自上而下的福利論認為，在特定的生活領域，福利會導致積極的評價。當然，這種反應也因個體氣質、心境、人格的不同而不同。當然，對生活的整體福利感又會導致個體對生活某一部分作積極的評估。

1.5.4　福利的測量

經濟學家與經濟心理學家提出了許多福利的測量方法。

客觀福利的測量方法是以GNP或個體收入爲指標來表示經濟福利的水準。

除此之外，福利還可以透過所發生的事件（如按自己的願望找到一份工作等）、過去或現在的狀態（如社會—人口統計狀態、經濟情況、健康狀況等）、對生活的期待（如對死亡的預測、得到某工作的可能性）等來描述。

僅僅測量客觀福利（經濟福利）作爲整個福利的指標是不夠的，尚需找到一種可行的主觀福利的度量方法。

經濟心理學家提出了以下的主觀福利的測量方法，現介紹其中一些常用量表。

（一）單項量表

單項量表簡潔明瞭，容易操作。堪垂（1965）使用了一種叫做「自我奮鬥參照量表」的技術來研究福利的決定因素。這種技術要求被試首先提出生活的兩個參照點：他們的希望和願望作爲上限，構成了可能的最好生活；他的擔心和恐懼作爲下限，形成了可能的最差生活。接著在上限和下限之間（量表值從10到1）標出自己所處的位置。該技術不僅能夠測量個體福利水準，還同時查明了人們的願望和擔心。現將被試所報告的願望進行分類（如表1-9所示）。

我們發現提到最多的願望是有關經濟因素的（如「相當滿意的生活標準」、「住房」、「閒暇」、「生活的高級標準」、

表1-9　在福利測量中所報告的願望的分類

經濟	65％
健康	48％
家庭	47％
個人價值	20％
保持地位	11％
工作環境	10％
國際環境	10％
社會價值	5％
政治	2％

「現代化設施」）。而且，跨文化的研究表明，該結果具有相當高的一致性。

　　此外，還可舉出以下一些單項量表：

1.「總的說來你覺得你的生活怎麼樣？」
　　A.快樂　B.高興　C.基本滿意　D.一般（滿意和不滿意相等）　E.基本不滿意　F.不高興　G.可怕

2.「把所有的事加在一起，這些天你感覺怎麼樣？」
　　A.很快樂　B.較快樂　C.不太快樂

3.「總的說來，你通常覺得怎樣的幸福或不幸福？」

極度快樂　　　　　　　一般　　　　　　極度不快樂

4.「百分之多少的時間裡你覺得快樂？百分之多少的時間裡你覺得不快樂？百分之多少的時間裡你覺得是一般？請注意三個百分比加起來要等於百分之百。」

一般說來，單項量表雖簡潔明瞭、容易操作，但缺點是重

測信度不高（0.30-0.50）。第四種單項量表信度要高一些，這一方面是測量誤差引起的，另一方面也是被試心境變化造成的。

（二）多項量表

多項量表較好地克服了單項量表的缺點，所以接下來我們著重介紹多項量表。多項量表由多個項目組成，這些項目涉及到生活的不同領域，要求被試對於積極的和消極的事件使用不同的判斷標準。

◆布萊伯恩（Bradburn, 1969）量表

該量表將積極事件的積極影響和消極事件的消極影響分開測量，如：

「在過去的幾週裡你是否感到＿＿」

    A.特別的興奮或對某事特別感興趣？

    B.由於某人對你做的某事加以讚賞而自豪？

    C.完成了某件事而高興？

    D.在世界的頂端感？

    E.事情按你的願望而發展？

「在過去的幾週裡你是否感到＿＿」

    A.如此不安以至於無法安靜地坐在一張椅子上？

    B.很孤獨或遠離人群？

    C.厭煩？

    D.抑鬱或非常不高興？

    E.因為有人批評了你而感到懊喪？

兩類得分單獨相加，共同表示主觀福利的水準。布萊伯恩發現：積極反應的總分和消極反應的總分兩者儘管都和福利的

總水準顯著相關，但它們之間是相互獨立的。而且被試是透過比較這兩種反應的得分來判斷他們的福利水準的。

　　布萊伯恩量表的最大不足在於積極反應的得分和消極反應的得分之間缺少相關。根據情緒的基本特性，一個人感覺到的積極情緒越多，那麼他的消極情緒就會越少，兩者不可能同時存在。

　　解決該量表的不足的一個方法是以情緒的頻率和強度作爲綜合指標。因爲積極反應和消極反應的頻率呈負相關，而強度是正相關。不同情緒的頻率和強度是相互獨立的，所以綜合指標將能更正確地反映福利水準。

◆拉森（Larsen et al., 1985）量表

　　該量表的特點是將情緒的頻率和強度都考慮進去，它將人分爲以下幾類：

1. 高的積極反應、高的強度，主觀福利爲充滿活力的、熱情的、活潑的、精神愉快的幸福。
2. 高的積極反應、低的強度，主觀福利爲寧靜的、無憂的、平心靜氣的滿足感。
3. 低的積極反應、低的強度，主觀福利水準較低，表現爲強度較低的、長期不快的、輕微但持續的憂鬱。
4. 低的積極反應、高的強度，主觀福利水準較低，爲一種高強度的抑鬱並伴隨著一些強烈的消極情緒，如窘迫、罪惡、悲傷和羞恥。

　　總的說來，多項量表的重測信度和內部一致信度都較高。

◆三度量表

前面的布萊伯恩量表和拉森量表仍是將生活的滿意感作爲

一個整體來進行測量。安德路（Andrews et al., 1980）則對生活的不同領域進行單獨研究，如住房、人際關係、健康、經濟狀況等。調查的形式一般是這樣的：「您對您以下方面的條件滿意程度如何？」(1)住房；(2)您和您的家庭收入；(3)您的工作。

安德路試圖將生活的不同領域在三個向度上進行歸類。

第一向度是對於生活中關心的事件在心理距離上的遠近，該向度的一端是周圍人的工作、鄰居、人際關係等，另一端是社會、政府、新聞媒體等。第二個向度為「物質—非物質」向度。該向度的物質端是經濟和物理因素，包括住房、收入、生活水準和交通。非物質端包括人際關係、閒暇和可提供的時間數量。第三個向度比較難以解釋，其結構類似於關於描述生活的不同領域中的福利的「認知地圖」。從結果看西方九國在該向度上有著相同的結構。

實驗結果表明，多維模型是一種相當有效的測量手段，它透過對生活中的某些方面的測量能夠解釋福利方差的60％至70％，同時該結果在一定程度上支援了自下而上的福利論。

1.5.5　福利理論的應用

在市場經濟競爭劇烈的年代中，由於人的個體差異很大，這包括生理差異（體力、生理殘疾、疾病等）、心理差異、素質差異、能力差異等，因而收入、分配上也會出現差別。同時，我們老齡化社會已早日來到。在上述種種原因下，社會上在出現了一些「富人」的同時，也不容置疑地出現了一個相對貧困層，如果不及時建立與完善對社會貧困層職工與居民的社會保障體系，就會影響社會的安定。

上述的福利理論就是建立社會保障體系的理論依據。下面就討論貧窮與失業的問題：

（一）貧窮

一般認為貧窮是福利的對立面。因此人們便把低水準的福利作為貧窮來討論。但首先，我們要確定一個標準，那就是何種程度的貧困才為貧窮？不同的人有不同的貧窮標準：

1. 剛剛能夠維持基本生活需要（食物、住宿、衣服等）的水準為貧窮基線。這種定義的不足之處在於有時很難區分基本需要和其他需要，但這一概念為許多援助政策所接受。

2. 貧窮是一個相對概念，它是相對富裕而言，所以它應該是低於平均收入的某一個值，或是以收入分布的百分比為標準，低於這個百分比即為貧窮，該標準為許多的管理者或對貧窮的研究者所採納。

3. 官方的貧窮線。這是基於對收入的政治性的評價、判斷，它反映了一種民主的決定，並且隨價格和生活水準的變化而迅速修正。

戈德哈特（Goedhart et al., 1977）對貧窮線下了一個主觀的定義。他把個體參照他自己的環境，認為收入低到再低就不能生活下去的那個水準作為貧窮線，因為該貧窮線是主觀的，所以測量方法也採用了主觀量表。

「我們希望你能告訴我們，維持你家庭所需要的最低收入，也就是收入再低就不能維持家庭的那個水準是：

每週：＿＿＿＿＿英鎊

　　　　每月：＿＿＿＿英鎊（請填入適當的數位）

　　　　每年：＿＿＿＿英鎊」

　　　該調查在1976年於歐盟十個國家中進行，結果如表1-10所示。

　　　以四人家庭為例，在0至1的效用尺度中，與最低收入相連的效用，其範圍從荷蘭的0.41到義大利的0.64。若採用這樣的假設：在一個國家中，收入的平均福利函數與收入分配相似，這些數據就意味著在荷蘭的一個四人家庭，若其收入低於收入分布的41％水準即為貧窮。而在義大利，低於收入分布的64％水準才是貧窮。通常，家庭人數多，則被認為貧窮的收入分布百分數就大，這與維持大家庭比小家庭經濟福利少的觀點是一致的。

表1-10　一個人、二個人、四個人的家庭最低收入的平均福利
　　　　水準

效用（0-1）　　　類別 國家	家庭大小			被試人數
	1	2	4	
荷蘭	0.36	0.39	0.41	207
比利時	0.41	0.45	0.48	157
盧森堡	0.53	0.52	0.51	15
法國	0.40	0.44	0.48	264
義大利	0.53	0.59	0.64	115
德國	0.38	0.40	0.42	410
丹麥	0.37	0.41	0.46	323
英國	0.47	0.49	0.50	230
愛爾蘭	0.49	0.49	0.54	120
北愛爾蘭	0.56	0.56	0.56	18

（二）失業

顯然，失業導致收入水準的下降，從而導致經濟福利水準的下降。但是除此以外，失業還會使失業者在心理和行為上發生一系列的變化。

工作的重要性包括顯性和隱性兩個方面。顯性重要性主要是指經濟上的收入，而隱性重要性指規律的作息時間、家庭之外的社會接觸、團體目標、地位、認同和一定水準的活動，所以從某種意義上講，工作的隱性重要性的喪失對失業者的影響更大。

有人對此進行過專門的研究，他們調查了二百五十戶有失業成員的家庭，以便查明失業在隱性重要性方面的具體影響，作為對照組，他們同時調查了二百五十戶沒有失業成員的家庭。

調查結果表明在工作特徵的知覺方面（包括工作是否危險、髒、吵、生理上和心理的疲倦、管理過嚴）兩組被試沒有差異。因素分析的結果提示生理疲勞和心理疲勞是兩個不同的因素，管理過嚴是一個獨特因素。這些因素形成了與工作相連的福利的一個方面。

另一個方面的因素是職業道德，它包括兩個方面：職業滿意感（指工作是否滿意、是否容易受到挫折以及投入程度）和工作的社會責任感（指是否把工作看成是首要的、先於享受的和對社會的一個責任）。調查結果表明，在職業道德的得分上兩組也沒有顯著性差異。

但是，與社會地位緊密相關的個體認同感上，失業者和在業者之間存在著顯著性的差異。在對社會的貢獻、對他人的貢

獻、個人發展和個體能力的發揮等四項得分上，失業者顯著地低於在業者。另外，在與同事（或以前的同事）的社會性接觸的頻率和滿意感上失業者也不如在業者。

為了探明以上因素對失業和在職人員在勞務市場上的行為的不同影響，該調查還包括：要求兩組被試者說出他們願意接受一項工作的最低報酬。要求失業者說出其他條件和他一樣的在業者的公平收入。要求在業者說出失業者的公平收入。最後，還請失業者彙報他們在該調查前兩週的時間內找工作的情況。調查結果與預期的相反，影響找工作的行為主要是經濟方面的因素，而不是工作的隱性重要性方面。對於後者只存在個體認同和最低收入水準呈正相關。

1.5.6 建立中國特色的社會保障體系

福利理論是西方國家建立社會保障體系的理論依據。西方國家從自身的社會、經濟、文化、價值觀、信仰背景出發，主要選擇客觀經濟福利論作為制定社會保障體系的理論根據。

但是，透過實踐表明，這些國家也正在檢討由此而產生的社會弊端，他們自己也承認，這些國家的社會保障體系是「保護和養懶人」的制度。

我國有自己的世界觀、信仰與價值標準，對幸福、滿意感、福利的觀點同國外應有很大的區別，為此，我們既要借鑑國外理論，更要立足中國國情與文化背景制定具有中國特色的主客觀福利理論及其模式，以指導建立中國特色的社會保障體系。

例如，不同國家，其經濟基礎、文化社會背景不同，因而

確定貧困線的標準是不同的。爲此，要在我國的政治、經濟、文化背景下制定符合國情的貧困線標準。

綜上所述，我們要從實際出發，建立符合我們的城市貧困層貧困線的標準並深入研究可操作的社會保障體系的具體內容（諸如住房、醫療、退休保險、福利待遇、生活補貼、社會服務等），從經濟心理學的角度還將深入探索職工與居民對各項社會保障體系內容的心理預期，以及在執行過程中可能遇到的心理障礙及其對障礙的心理承受力。

本章摘要

◆效用概念是將心理分析引入經濟現象的結果。效用單位 util 為一心理物理量。邊際效用價值論符合心理物理定律。

◆預期是一種心理現象，預期理論研究內容包括理性預期與非理性預期兩大類，以及預期與凱因斯的三大心理規律 ── 有效需求、心理上的邊際消費傾向遞減規律、靈活偏好。

◆不確定性與風險理論中提出了著名的聖‧彼得堡悖論、阿萊悖論、風險展望與亞洲病問題等。

◆對策論中提出了囚犯難題、對策的標準型與展開型、優勢策略與混合策略，以及心理變數對策略選擇的影響等。

◆現代福利理論包括客觀論、目的論、適應論、判斷標準論、自下而上論與自上而下論。這一理論直接應用於貧窮與失業的社會保障體系的研究。

思考與探索

1.試述效用理論的內涵及其應用。

2.試述預期理論的概念及其應用。

3.舉例說明不確定性與風險理論的基本內容及其意義。

4.闡述對策論的涵義及其在經濟心理與行為研究中的應用。

5.試述福利理論的基本分類，並作出評價。

第2章

經濟心理學的研究方法與分析模式

2.1　人類經濟心理與行爲的研究方法

2.1.1　經濟心理學研究方法的分類

　　二十世紀以來，隨著以實驗方法研究經濟行爲的經濟心理學的問世和五〇年代實驗經濟學研究的興起，實驗方法才成爲經濟行爲研究中新穎的和最具活力的研究方法，並迅速取得了豐碩的成果（Hong & Plott, 1982）。它與觀察方法以及其他方法一起，極大地推進了對人類經濟心理與行爲的理解，深化了對於經濟現象和經濟規律的認識和把握。

　　這裡，我們首先介紹心理學研究中廣泛應用的實驗法和觀察法，當然這些方法在經濟心理學的研究中已有所突破，或者說更適合經濟行爲研究的需求。然後在這個基礎上介紹幾種經濟心理學家獨創的研究方法，如抽樣民意測驗、行情測驗、動力指標等。

　　通常的經濟心理學研究方法即自然觀察法和實驗法，在自然觀察中，實驗者記錄實驗條件和事件，並由個體報告進行補充。實驗條件的記錄一般用來進行統計分析，許多統計工作是經常性的，這樣便形成了一個觀察的時間序列，比如 GNP（國民生產總值）統計、價格指數等。

　　在另一些研究中，需要個體進行報告或用其他方法，比如購買行爲的記錄可以透過個人收入和態度來進行解釋。這裡值得一提的是，嚴格講在觀察法這種研究中，一般的解釋不能作

為對事件的預測，而變數之間的統計結果也不能解釋為因果關係，很大程度上只是一種參考價值，需要補充其他材料一起進行解釋和預測。

實驗方法是指「將我們可以控制的原因及動因投入作用，並且有目的地變化它們之間的組合，同時注意發生什麼影響」（Herschel）。具體到經濟行為研究中，就是要人為地控制條件來引起行為變化，對於未控制變數與行為不一致的現象，不同的結果可以歸因於不同的控制條件，這種歸因就是對實驗行為結果的因果解釋。經濟心理學家認為，一個有效可控的經濟行為實驗透過嚴格的變數控制將可控的過程作為科學資料的重要來源，同時提供了一項惟一的、重要的證明技術，用以補充對現場觀察的理論解釋。

根據研究對象的數目和研究採用的具體方法，可對經濟心理學的研究方法如表2-1。

2.1.2　實驗法

實驗方法的最大優勢是重複性（replicability）和可控程度

表2-1　經濟心理學研究方法分類表

	實驗研究	自然觀察
微觀 （N＝1）	動物研究 生理選擇研究	面談 調查
中觀	市場模擬 市場測試 象徵經濟	市場研究 組織研究 參與
宏觀	政府政策 改革	時間序列研究 比較研究

（controllability）。前者是指其他研究者可以重複實驗從而獨立地驗證結果的能力；控制則是指操縱實驗室條件以評估各種理論和政策。雖然實驗方法不可能完全取代現場研究，但正如普洛特所說：「應用於現場研究的理論和模型必須包括許多對假設、參數和行為的判斷。實驗室研究……為我們提供了評估這些判斷重要性的資料。」另外，實驗法也提供了一種理論和證據之間的共生關係的可能性。透過實驗：(1)可以比較和評估各種相互競爭的理論在解釋行為時的重要性；(2)找出某一理論解釋實驗資料的條件並可能的話檢驗理論的效力，使該理論更為完善；(3)發現某些實際的經濟行為規律（empirical regularities）。在現實方面，實驗提供了研究不同經濟政策主張的經濟可行的方法，從而能夠排除那些無效的建議，並分析和預測政策的實際效果。如表2-1所示，經濟心理學實驗可以從以下三個層面（水準）來予以介紹：

（一）微觀水準的實驗

動物實驗主要是用來研究強化的規律，因為效用函數是經濟理論的基礎，與強化規律密切相關。這種類型的研究花費不大，資料可以很容易得到，控制也比較有效，這是因為條件如動機狀態和強化可以非常有效地被控制，而且它提供了研究很大範圍的外界條件和行為的可能。雖然在建構經濟心理理論時，動物並不能完全代替人類，但這些實驗也表明了可以以其他方式檢驗假設。生理學實驗主要是研究情感的生理測量，這種測量被認為是非常可靠的，因為儀器不會說謊。許多實驗者傾向，比如實驗者偏好、社會願望、反應傾向等可以透過生理測量來予以避免，在對高度主觀反應的研究中，客觀測量更受

研究者青睞，同時它也為主觀的測量提供支援。

選擇實驗中，要求個體進行實際的或假設的選擇。在這些研究中，透過有目的地變化條件，使不同的被試組面對不同的條件，以得到被試類似於真實反應的行為表現。例如，不同強度的電擊被用來引發不同水準的喚醒，透過使用生理技術測量喚起水準，最終比較被試在不同電擊強度下的作業表現。對於經濟心理學，關於選擇的實驗方法已應用於知覺、訊息加工、態度、情感、理性、不確定性和社會困境等問題的研究中。

（二）中觀水準的實驗

市場模擬研究包括在控制條件下進行一個真實生活的博弈，比如，一個房地產市場的模擬包括買者和賣者，雙方根據一些由實驗者制定的規定協商以獲得目標結果。另一個模擬例子是將有限資源（如金錢）分配給一個組織（如一家公司）的成員。除了研究的低費用和控制較好以外，這種實驗研究方法的優點還包括可以研究實際生活中從未發生的情景（或是在非常不利的條件下）並能最大限度地降低研究中的自我選擇偏見（Cox & Issac, 1986）。

市場測試被認為是中觀水準的實驗，因為企業推介一個新產品或政府的新改革舉措的效果能夠與現狀的結果相比較，由於在這裡實驗控制很少，所以其結果與現實高度相關。應該注意的是，市場測試的選擇與測試的時間很有關係，很小的事件或變化也會影響到實驗的結果。

醫院、監獄和學校中的象徵經濟（代幣經濟）由於其條件或多或少受到控制，因此也被視為是一種實驗。然而，由於象徵經濟的目的往往是為了解決具體問題而不是檢驗科學理論，

故此把它們作為實驗是否恰當仍引起了一定的疑問。當然，象
徵經濟的結果作為觀察仍是極有價值的。

（三）宏觀水準實驗

　　政府的宏觀政策措施可以被認為是實驗，這是因為它們是
在管理的控制之下運作的。經濟政策總是受到一定經濟理論的
影響，因此，政策實施的結果可以看作是對經濟理論的檢驗並
最終會導致理論的修正。通常，旨在小的經濟改革的政策在一
定程度上是可以預測的，然而，如果是整個國家的政治經濟體
制發生變化的話，這就很難稱其為實驗了，因為在這種情況下
幾乎失去了所有控制。

2.1.3　觀察法

　　觀察法的優點非常明顯，在收集非言語行為的資料方面，
它決定性地優於其他方法。觀察者可以對研究對象進行深入研
究，並集中注意有意義的變數，全面仔細地了解對象的真實反
應。同時，觀察法也有利於進行縱向的分析，從而掌握事件的
傾向和前後承啓。觀察法的不足之處是研究者對能影響結果的
外界變數幾乎無法控制，另外，它也難以進行定量的分析，要
用資料表示各種相互作用關係相當困難。

（一）微觀水準的觀察

　　了解他人的最好方法是提問，這一點在人事面談中尤為突
出。在面談中，可以問一些關於他們行為的原因以及態度、預
期、情感和教育等方面的問題，透過「內省」來考察個人的思

想和感情，發掘行爲的動機和起因。實際上，這是心理學研究的最古老的方法，馮特（W. Wundt, 1832-1920）在1879年就經常使用這一方法。開始時，對被試進行內省訓練，進行至少一萬次實際觀察。隨著時間的推移，內省法暴露了一些缺點，如扭曲、錯誤和偏見。除了主試傾向（即實驗者傾向）外，內省法還被批評爲它改變了人們原本的思想和情感。情感的認知理論和認知一致性理論支持了這樣的觀點。但是，個體面談仍是當前許多市場研究組織所使用的方法。它最大的價值在於探索性研究和處理需要多種解決方案的問題，如創造性思維和產品發明。面談通常是在小的群體中進行，有時要經過相當的選擇。一般情況下，面試中的反應都會被詳細記錄下來，並由訓練有素的研究者予以解釋。

調查是大樣本的關於人們行爲、條件和意見的群體研究。問題一般較簡單，並對答案已預先編碼。研究者已經知道該問什麼，並預期其回答。這樣，被試的回答（反應）就轉換成數值，貯存在電腦裡，這提供了使用統計技術研究不同變數之間關係的可能。在調查量表中，可以包括短小的有關動機和人格的心理測驗。

調查有許多不同的類型，如結構性的個人訪談（主試問許多問題並記錄反應）、電話結構化面談、郵寄調查（被訪者完成一份量表）和電腦輔助面談（讓被訪者對呈現在電腦螢幕上的問題作出回答並由鍵盤輸入答案）。調查的類型各有其優缺點，其中尤其要注意樣本的選擇和未反應項目的處理。

對一個個體的觀察通常是對有特點或體驗了特殊條件的被試進行的。傳記和自傳是非常豐富的科學分析的材料，腦損傷或其他功能障礙的個體常常被作爲觀察的對象，因爲他們樣本

極少，非常寶貴。一個個案研究有時也能否定一個科學假設，儘管它從來不作為支持某一假設的事實。

（二）中觀水準的觀察

市場研究是對一個特定的市場進行觀察性的調查。與市場營銷研究不同的是，它把市場條件和行為作為一個整體來進行研究，如市場營業額、市場結構、障礙、就業等。對不同市場類型的研究與其交換的商品無關，如拍賣、二手市場、百貨商店等。經濟心理研究包括市場訊息活動、經濟市場預期指標等。這種研究使用的方法是資料抽樣、專家訪談及意見研究。

組織研究包括對諸如工業、企業、公共和商業服務的機構和功能的分析。這方面的研究往往由組織學和管理界的學者進行。

一個參與性觀察通常包括對具有特定性質的群體或是觀察者暫時作為群體的一員的活動的觀察。華拉夫（Wallraff, 1985）做過一個著名的實驗，他參加了一個土耳其移民的團體並進行具體的觀察研究。拉彼艾（Lapiere, 1967）的研究也是這種研究方法的一個極好的例子。這些研究顯示了一個特定的狀態或過程，並為相關問題的解釋和解決提供了建議。一般地，這些研究不作為支援一定假設的事實，而是為了否定某些既成的概念。

（三）宏觀水準的觀察

宏觀水準經濟研究是運用國家的統計資料對社會的不同方面進行考察。除了經濟統計外，許多社會現象也有一系列的指標，例如死亡率和生命預期是健康的指標。許多這樣的研究是

以年或季度為基礎的，這就可以進行時間序列分析。在時間序
列分析中，不同時間點上的綜合資料被用來進行觀察和研究。
在關於預期的研究中就運用了這種研究方法。

綜合統計也被應用在不同國家的比較研究中，比如，國民
生產總值（GNP）基礎上的稅收效應可以看作是以國家為觀察
單位對這些變數進行的統計分析。有關福利和麥克利蘭
（McClelland, 1961）的研究可以作為該方法使用的樣例。

原始社會的研究可以認為是觀察的個案研究。這些社會中
的條件與西方社會完全不同，但它提供了一個絕無僅有的機會
來檢驗經濟心理學理論的普遍性，並為這些理論的修正提供了
可能。

看起來，經濟心理學中宏觀和中觀水準的觀察要多於相應
的實驗研究。我們在這裡要指出的是，微觀水準的實驗，如能
結合觀察的方法，將為檢驗科學假設提供更多的機會。

除了觀察法、實驗法，經濟心理學研究方法還有抽樣民意
測驗法、行情測驗法、消費者感情指標、動力指標法、心理學
的動機研究方法等。這些方法有的從觀察法和實驗法中引申出
來的，有的直接來自心理學，有的是經濟學和心理學兩種方法
的耦合，有的是經濟心理學家的獨創，它們構成了一個獨特的
經濟心理學研究方法群，下面將分類考察經濟心理學的這幾種
重要方法。

2.1.4 抽樣民意測驗

抽樣民意測驗的大規模使用是1944年在美國開始的。當時
農業部調查處中成立了一個以利克特（R. Likert）為首的社會研

究專家小組，這些研究人員希望透過抽樣民意測驗更好地了解
美國消費者擁有的理財方式與經濟行為，以便解釋和預測消費
者的態度。這個研究小組後來在聯邦儲備委員會的支援下在密
西根大學創建了調查研究中心。他們在「經濟行為研究綱領」
的負責者卡托納的推動下，進行了系統的、堅持不懈的「消費
資金調查」。從此以後，經濟心理學由於使用了民意測驗方法，
已經取得了巨大的進步，一改哲學味很重的狀況，變成了一門
更加嚴謹的學科。

　　抽樣民意測驗有兩個目的，首先是制定一整套可供以後重
複利用的量表，其次是加深對消費者行為並進而對美國經濟的
理解。卡托納認為經濟行為不僅受形勢和環境的影響，而且受
其他一些心理因素（經驗、感覺、動機、群體屬性、期望等等）
的影響，這就使得卡托納及其繼承者非常注重經濟行為的這些
心理方面。例如，他們就「家務活動演變」這個專題調查收集
三方面的資料：(1)經濟和財產方面的資料，包括收入和支出、
耐用物品的購買，住房、現金、人壽保險、儲蓄、最初確定的
借款、資金的分配；(2)人口統計方面的資料，包括年齡、職
業、教育程度等；(3)心理方面的資料，包括消費者的態度、購
買意向、期望和動機等。然後把這三類可變因素聯繫起來，對
經濟行為進行解釋。

　　卡托納及其他研究者的研究並未在先驗的理論指導下進
行，而是希望透過這種調查來發現一些能使他們作出某些理論
性評述的因素，最終為他們提供一條建立在開支計畫記錄基礎
上的經濟行為的補充研究途徑。雖然這種方法的有效性受到了
人們的質詢，但不可否認的是，它啟發了後繼的相應研究，同
時對於失業、通膨、消費習慣價格的社會心理方面、生活水準

的觀念和生活費用的估計等問題的研究也起到了極大的促進作用。斯托采爾（Stoetzel, 1964）認為，抽樣民意測驗法「能使我們直接觀察到自然環境中的經濟行為，同時又保留了像經濟統計表那樣的完整資料的代表性」。現在，抽樣民意測驗法已經在世界各地得到了廣泛的應用，它與實例研究的結合也已受到研究界的認可，並被新的研究成果所證實。

2.1.5 消費者的感情指標（CSI）

透過利用抽樣民意測驗法，詢問企業領導人對經濟活動現狀和前景的意見，能使我們了解到他們對經濟狀況的想法，但是並不能據此準確地推論未來經濟將發生的變化。

為了克服這個缺點，卡托納於1952年到1954年間研制了一種新估測工具——消費者的感情指標，他的著眼點與安德列·皮亞蒂埃（法國國立統計與經濟研究所）的行情測驗法的著眼點不無關係。消費者感情指標與前面所提到的抽樣民意測驗法，構成了卡托納對經濟心理學的發展所作的貢獻之一。

卡托納主要致力於對消費行為的研究，尤其是對耐用消費品購買的研究。他受到格式塔心理學，尤其是勒溫的行為模式的影響，主張行為（B）作為生活空間的動能，是由人格（P）和環境（E）的相互作用決定的：$B = f(P \cdot E)$。因此購買行為不僅取決於經濟形勢、可使用資金和購買者的財力，而且還取決於購買者的心理情緒、對形勢的感情，即取決於購買者的態度、動機、期望和渴望水準。總之，取決於購買者的意向，這些都構成了他們經濟人格的一部分。這種感情（樂觀主義或悲觀主義）是大部分人都有的，它影響著人們的購物、儲蓄或投

資的決策。

　　為了了解消費者的期望或者說「對未來事物帶有情感色彩的主觀概念」（Wärneryd, 1988），卡托納制定了消費者調查表。該表共設八個不會導致回答者可能洩露私人秘密的項目，每個項目後面都有一個問題，要回答「為什麼您這樣認為」。調查要求被詢問者指出：他是否認為一年來自己的情況已有所改善，是否認為現在購買某物是適時的。這樣，調查詢問的是一般印象，而不是被調查者的收入和支出的詳細情況。卡托納在後來近十年中所作的統計得出這樣一個結論：這些主觀的評價支配著具體的行為，只要在時間上調查六個月至一年，就能作出較準確的預測。如前述，在 1973 年至 1974 年間和 1978 年與 1980 年間，早在汽車銷售量下跌以前，消費者的感情指標就已出現了下跌。後來為了研究美國社會和西方世界所處的危機局面（尤其是研究失業、通貨膨脹），這些問卷也相應有所改變。

　　抽樣民意調查每年分四次進行，為了計算調查的結果，卡托納用了類似於皮亞蒂埃使用過的算術符號（＋、＝、－），對這些符號進行了有意義的組合後，就能表示消費者的樂觀態度（＋＋；或＝＋；或－＋）、謹慎態度（＋＝、＝＝）或悲觀態度（＋－；＝－；甚至－－），百分率是根據答案的總數計算的，因此有助於更好地從調查對象所處的情形中來了解他的個性。

　　美國 1954 至 1980 年的調查結果顯示：消費者的感情指標的變化和美國這三十年來出現的經濟週期變化是一致的，因此，這個工具可以作為表示商業週期中出現變化的警報器。

　　近年來，理論界對卡托納制定的消費者感情指標提出一些批評，其中理論爭論焦點主要集中在卡托納的消費的相對獨立

性這一假設上。另一些研究者力圖用一些客觀的可變因素，如可支配的收入、庫存貨物的平均價格、零售價格來代替心理方面的可變因素，但沒有取得大的成功。因此，我們認為消費者感情指標作為一種簡便易行的研究工具，對研究我國消費者的消費趨向、預測經濟形勢也具有重要的意義。

2.1.6　行情測驗

行情測驗這一方法，是1949年至1950年間由安德列‧皮亞蒂埃制定的，後來在其他很多國家中也進行了類似的研究。

這些測驗主要向經濟活動中的負責人發放調查表，進行定期調查，收集企業領導人的意見和計畫。調查的問題既涉及到當前的現狀，也涉及到投資，即公司、企業的發展前景和整個經濟形勢。同時，每年還要向家庭進行多項調查，以便確定他們的態度和購買意向（特別是耐用消費品的購買意向），其中也有一般性的調查項目以了解調查對象的生活水準和財政情況。

這類調查的特點是所記錄到的首先是一些「趨勢」，而不是一些數值，它們是沒有數字的統計表。在問卷中，趨勢是用算術符號或圖表符號，而不是資料來表示的。

算術符號：分別用加號、等號和減號（＋、＝、－）來表達預測的（或看到的）消費增加、持平或減少。

圖表符號：用一些表示方向的符號來表達這些趨勢，如消費呈增加趨勢時，就用上升箭頭表示，呈穩定趨勢時用水平向右的箭頭表示，呈下降趨勢時，就用下降箭頭來表示。

然後，只要統計出每種符號的總數，如加號、等號和減號的總數和調查表上三種方向箭頭的總數，把所得結果變為百分

率就可以了。

例如，調查結果得出的百分率如下：＋ 15 ％、＝ 30 ％、－ 55 ％，那就很容易得出結論：被調查人員認為行情是糟糕的，經濟政策遠不能令人滿意。

這種調查體系巧妙又簡單，它一方面能保證被調查者能更直率地回答問題（他們再也不用擔心稅收檢查和一時失言可能為自己的競爭者所利用），另一方面又保證了調查結果的更大精確性。因為它排除了次要方面，即只注重行情的深層演變，那些由調查對象的個性（有的「生性」樂觀，有的「生性」悲觀）而帶來的偏差，透過少數服從多數的法則，至少是部分得到了糾正。因為被調查者很容易回答這些提出的問題，而且回答問題也不會帶來損失，所以就用不著持迴避態度，這樣，他們的回答就滿足了調查者在技術方面的期望。

行情測驗法一經問世，便因其無可爭議的有效性得到了研究者們的認可。經濟心理學家雷諾指出，「對每個部門在一個規定的時期中預測的各種變化作精確的統計，能給我們帶來更大的幫助」。當然，行情測驗的原則只能作一般的應用，正如在另一方面，雷諾也承認，這樣的統計工作的費用、困難和進一步收集相同的資料所花的時間是很大的。

2.1.7 動力指標法

動力指標法是法國經濟心理學家皮埃爾·路易·雷諾於 1961 年研制的。他認為這一方法「特別適用於經濟心理學的研究對象」，他說：「既然靜態機制和動力機制中的基本因素是『精神力量的數量』，那就應該把這種因素引入利用的模式中。」

於是，接下來的問題是要估計出這種「動力」的大小。

雷諾提出考慮下列因素：

1.潛在的精神力量，他把這種力量歸結爲判斷和一般的智力，即可教育性。

2.可調動的精神力量，也就是已有的認識。這種認識，如果人們有願望的話，就可以利用。

3.實際上已調動的精神力量，其調動的程度按個人本身所固有的動力而定。

動力指標就是這三種因素經過權衡後的綜合。有的動力指標反映的是生產情況、企業家的情況；有些則用於消費研究。在雷諾看來，在個人的行爲、生產的動力和消費的動力之間也許存在一種平行關係。他認爲生產、消費、交換和分配都是帶有人格特點的同一種精神力量的表現。

雷諾的這種方法，是爲把定時的因素數量化而進行的一次有趣的嘗試，整個方法都是建立在對不同類型的經濟行爲人進行不同調查的基礎上的：

1.對於可教育性的因素，雷諾是透過調查「一些表明智力水準和思想開放程度的問題」來把握的。對企業家，則這些問題將涉及到「企業的歷史、解決困難的方法，和同一行業其他企業相比的本企業的生產增長率，打算採取的應付當前問題的辦法」。對消費者，則向他們了解「個人預算的平衡及構成」情況。

2.爲了說明第二點（有效的教育），對生產者「不僅要問企業的技術問題和商業問題，而且還要問各種創新情況，如

自動化、計件制、公共關係等」；對消費者，則向他們了
解對於產品知識和價格知識的掌握情況。

3. 第三點反映的是「企業的領導對自己工作的關心程度」或
消費者對福利的態度。當企業的領導人可以把自己的活動
看成是「一種苦差使，或是一種眞正的天賦的體現，甚至
一種確定的熱情的體驗」時，消費者對「自己福利的減少
或增加」作出的反應從「比較冷淡到極其強烈」時，程度
各不相同。

前兩點的調查結果和答案可用數字0到2打分（程度分爲四
級），第三點特別重要，用0到2.5來打分（分爲五種不同的水
準），然後把這些數字標到一張圖表上，就能畫出一些典型的圖
形。

這三個方面的係數相乘就得到一個總數，但這個總數不能
超過10（2×2×2.5）。4或5是一個有意義的邊界數字，超過
這個界限（大於4），調查對象被認爲是「新派的」、「有活力
的」；不到4被認爲是「相對守舊的」，在這種情況下，就有必
要制定「一種刺激政策」。

爲了說明這種方法，我們引用一個企業家動力指標情況的
圖表（如圖2-1所示）。該企業家的「判斷能力相當不錯
（1.5），情況也很熟悉（2），才幹也令人滿意（2）」。

這位企業家的總分爲6（1.5×2×2），這意味著他比那些
評分較低的企業家更有動力。

雷諾想出的這種技術比較簡明，也許能成爲一種合適的工
具。然而，這種研究程度的特點首先是它的不明確性，例如
「精神力量」這一概念未作任何說明，只代之以一些定性的東

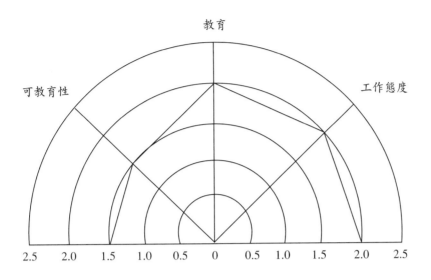

圖2-1 雷諾的動力指標圖 （$1.5 \times 2 \times 2$）

西。

其次是它的主觀臆斷性，為什麼只考察三類因素、為什麼潛在的力量就等同於判斷，可調動的力量就等於態度等等。鑑於此，使用動力指標從未得到過令人信服的結果，並且只有發明者本人才嘗試過，但是雷諾為把心理學的方法引入經濟增長模式的研究所做的努力無疑是一種可貴的探索，它為經濟心理學研究的模式化開拓了道路。

2.1.8 心理學的方法與技術

運用現代心理學的理論與方法，從心理學的角度探索人的經濟行為發生、發展和變化的內在原因和規律，是經濟心理學最鮮明、最突出的研究特色，經濟學與心理學的結合也就體現

在這一點上。正如前文所述，經濟心理學家在論述經濟行為時幾乎運用了所有的現代心理學理論，如斯金納的強化理論、勒溫的場理論、佛洛伊德的潛意識理論、現代認知心理學理論、歸因理論、社會交換理論、社會學習理論、需要層次理論等等，這些我們都將在有關內容中介紹。而對經濟學家來說，把現代心理學理論引進經濟學領域比運用其研究方法要容易得多，因為心理學理論是心理活動的科學揭示，經濟學家只要有承認真理的科學態度就足夠了。這裡介紹幾種最近常用的方法，在這些方法的研究和應用方面，瑞典經濟心理學家韋爾納利德等的工作是具有代表性的。

他們的研究都是在利用一些間接的手段和量表法的基礎上進行的，這些手段和方法比常用的深入交談法和一些其他的間接技術（羅夏測驗、默里主題統覺測驗、羅森茨韋克的挫折測驗、文字聯想測驗，「配套」或配對測驗）更趨完備。

下面我們來介紹幾種他們的研究方式：

（一）確定產品「社會地位」的間接方法

這種方法把不同的職業集團和不同的產品掛鉤，向調查對象了解他認為這種產品或這種牌子屬於哪個集團。這樣，調查對象就說明了自己對該產品的印象，表明了他對該產品的「社會地位」的看法。他們應用這種方法在瑞典為各種日報、私營部門、商業部門、汽車品牌所作的市場調查中，這種測驗已表明有著良好的辨別能力。

（二）消費者首選商品的恆量法測定

被調查對象被要求在一定數目的對象中分配一定數額的金

錢或是將一定的分數分配給這些對象，但後者要求分配後的分數總和不變。如下例，「請您按照自己的愛好來評價某些牌子的汽車，你按自己的尺度給每兩輛汽車打分的總分為100分。舉例來說，如果每兩輛一組的汽車中有一組是一輛凱迪拉克牌和一輛雪佛蘭牌，您可以給凱迪拉克牌打70分，給雪佛蘭牌打30分，或者給予您認為合適的其他分數，但總分必須是100分」。再如：

「請將100分分配給鉛筆的如下屬性，以使這些分數反映出在挑選鉛筆時上述屬性的相對重要性。

顏色	＿＿
書寫的舒適程度	＿＿
書寫效果	＿＿＋
總和	100」

由以上兩個例子可以看出，這種方法接近於成對比較法，但與後者相比，它有如下優點：(1)它使用方便，並且對調查對象來說有一定的意義（又如，您有100法郎可用來購買商品Ａ和商品Ｂ，您會用多少來購買商品Ａ，用多少來購買商品Ｂ？）；(2)它提供的資訊更多，並且在製表時不像成對比較法那樣需要很多先決條件；(3)值得指出的是，這種方法很敏感，能反映出各種刺激之間的細小差別。最值得注意的是它反映了一定對象之間的心理相對重要程度。

(三) 句子填充法

在一般情況下，由於在進行客觀分析時會遇到一些困難，人們並不注重像句子填充法這類方法的研究價值，但是韋爾納

利德等人卻致力於把句子填充法和各種選擇法結合起來,他們主張這種方法有以下三個優點:能降低調查對象的不回答率;能從不同的調查對象處獲得類似的答案;使用方便,調查者只要有一點業務能力就能使用。在斯德哥爾摩學派的研究中,這類方法主要是在對烈性酒消費的態度研究中進行了試驗。如:

「讓你一個人多喝啤酒的辦法＿＿＿」
「在＿＿啤酒中,加＿＿能使啤酒的味道更好」。

(四) 情緒測驗

在對消費行為進行研究中,研究者希望獲得有關研究對象的消費結構和個性特點的資訊,例如他們對新經驗或新產品的感情和態度、社會的相互作用等。

情緒測驗就是用來描述不同類型的個體:「地位低下的人、工作有成效的人、有思考能力的人、沈默寡言的人、樂於討論一切的人」。調查者向調查對象了解他是否覺得這些人非常討厭、不討厭、一點都不討厭,或者他是否喜愛這些人。調查對象喜歡的人越多,他所喜歡的人出現的類型就越多,因此這個調查對象在這個測驗中獲得的分數就越高,他在社會中就越容易和別人相處。

(五) 語義差別測量法

語義差別測量要求在一個以意義相反的形容詞作為兩極的量表上對一個對象給予評價 (Heise, 1970)。如:

「購買一台預期壽命為十年的彩色電視機是:

好的 ── ── ── ── ── ── ── 壞的

　　　3　　2　　1　　0　　1　　2　　3」

　　儘管以上數字並不總是有著同樣的心理學意義，如2與3之間的差別可能不同於1和2之間的差別，但仍可以認為這個量表是等距量表。通常這些數字都是被省略的，因為上面的空格之間也是等距的，起到了相同的功效。語義差別測量透過如上這些類似的雙極形容詞來測定人們的態度或看法，並可以比較人們之間的差異；其優點還包括易於構思、便於使用和記分；問卷研究也證明，這一方法與一致定位量表法有很高的相關。

（六）利克特量表法

　　利克特量表法（Likert, 1970）是先給出一個陳述句，然後要求被試表示對這一陳述的贊成或反對。通常這一方法都是為了測量被試的態度或規範。如：

「購買一台預期壽命為十年的彩色電視機是好的。

A.強烈贊同

B.贊同

C.沒意見

D.反對

E.強烈反對」

利克特量表法很靈活，容易設計。在設計時，應同時運用積極與消極的陳述，並檢驗項目分數與總分數之間的相關值。由於這一相關值往往高估，需要進行校正以刪除低相關的項目，從而確定問卷的項目系列。

（七）數量估計法

　　前述的測驗方法大多是類別量表，被試對透過類別量表來判斷的敏感度隨著刺激的範圍變化而不同，如在連續帶的終端的判斷力就好於其他空格處。（Stevans & Galanter, 1957）透過應用數量估計法可以使長度估計精確到公分，而且對於刺激範圍也一致地表現為更加敏感。數量估計法的另一種形式是對一條線段進行數量估計，這一方式目前在電腦測驗中運用較多。線段的長度與知覺到的刺激大小相對應，從而導致比類別量表更準確的估計。

（八）瑟斯頓量表法（Thurstone, 1970）

　　首先，從相對較小的樣本中得出大量的不同態度表述，如「民主政策提高國家的福利」。接著，讓一個較大的群體來將上述的表述分類在同等的空格連續帶中。如下所示：

贊成 ── ── ── ── ── ── ── 不贊成
　　　A　　B　　C　　D　　E　　F　　G

　　連續帶上的每一種類都包括一定的表述，而一條表述的值基本與它所屬的種類的級別順序相一致。這樣，對於一個被試者，他只需選出他最滿意的表述，他的得分就等於所選出的表述的值。瑟斯頓量表法主要用來進行態度測量。

　　上述這些測驗分別對應於一定的統計技術，它們也可以用在民意測驗中，有著令人滿意的內部緊密性，而且與心理學的其他研究工具的協調性也較好。

2.2　經濟心理學的實驗方法

　　如前所述，經濟心理學實驗方法的優勢在於其可重複性和可控制性，而這兩大優勢的取得需要有較高的實驗技術。實驗，既是科學又是藝術，它既需要實驗者的嚴謹，又需要實驗者的創造力。幾十年來，經濟心理學研究者們已經在借鑑心理學實驗方法的基礎上，在經濟心理與行為的實驗技術上獲得了相當的積累和成功。這裡我們將對經濟心理學實驗中的一些主要問題予以闡述。

2.2.1　經濟心理學與經濟學實驗方法的異同

　　經濟學的實驗方法隨著實驗經濟學的發展，也已經逐漸科學化和規範化，並體現出鮮明的學科特色。綜合看來，經濟學家與經濟心理學家在三個方面存在顯著不同：

　　第一，經濟學家往往將行為或觀察到的選擇視為因變數，而經濟心理學家卻更注重追究知覺、偏好與態度形成的動力學，諸如偏好的程度、信仰或機率數值等。

　　第二，經濟學家對誘發選擇的可能性與非誘發選擇的可能性的差異更敏感。然而相比較來看，經濟心理學的研究者們則對在實驗任務中定義被試的誘因持隨意的態度，他們並不認為有必要給予被試相關的收益，並且不極力主張讓被試在實驗中盡力做到最好。這與經濟學的實驗方法形成了重要的對比。這種差別尤以西格爾（S. Sicgal）以「價值誘導理論」（induced-

value theory）所倡導的相關收益方法最爲顯著。經濟學實驗中
爲了誘導被試發揮被指定角色的特性，使其個人先天的特性盡
可能與實驗無關，因此主試總是想方設法地建立一個清晰的誘
因結構，反映在具體實驗中，就是使用相關收益來提高結果的
信度和可重複性。

按照西格爾的主張，相關收益應該滿足以下五個標準：

1.單調性：即被試必須偏好較多的獎勵媒介，而不會厭膩。
2.相關性：被試所得到的獎勵取決於他所理解的體制規則所
　定義的行爲（以及其他人的行爲），即被試在市場實驗中
　賺取的利潤所換算成的貨幣收入取決於他在實驗中的行
　爲。
3.支配性：被試的報酬支配了實驗的任何主觀費用，即被試
　效用的變化主要來自於獎勵媒介，其他影響則可忽略不
　計。
4.隱私性：每一位被試在實驗中收到僅僅有關自己的報酬的
　資訊。
5.並行性：在一種微觀經濟中（實驗室或現場）進行過的檢
　驗也適用於其他微觀經濟，其中類似的其他情況均相同的
　條件也成立。

第三，角度不同。經濟學家出於對行爲會受到語言描述的
影響的擔心，傾向於避免心理學家常用的描述性的、假設性的
詞句與情節，然而也從另外一個方面降低了實驗的效度，進而
影響了理論的完善性和對經濟行爲的認識（Plott）。

2.2.2 經濟心理學的實驗設計

實驗設計是實驗研究工作的核心環節，其目的是為了減少次要變數的干擾，增加某一主要變數的作用，以及分辨不同變數的作用，亦即如何避免兩個或多個變數的混合作用，最終透過對主要變數的控制來獲得實驗資料而非偶發事件（happenstance）資料。故此，為了獲得每個自變數對因變數作用的最確切證據，應獨立的變動每個自變數。

具體說來，實驗設計按其複雜程度可分為三種基本類型：

（一）單一處理設計（single-treatment design）

這種設計相對較簡單，它是對處理變數的單一構造，一般用於對某種理論的「良好性」（goodness-of-fit）的檢驗。其方法是針對某種理論假設，設定一個虛無假設（null hypothesis），而虛無假設通常是實驗測得的資料，與其理論分布存在系統性偏差。因此，這種設計就無法考證一些未意識到的干擾因素是否對偏差存在影響。在經濟心理學實驗中，一般都避免單一處理設計，除非已存在相類似的實驗，能進行合適的結果參照。

（二）匹配處理設計（paired-treatment design）

其突出優點是避免了單一處理設計的不足。透過對某一理論或變數改變的匹配處理的兩種統計值特徵進行比較，由此構成對某一理論或政策的評價。其假設一般是處理變數的改變不存在影響。由於該類假設能把某一處理變數的效應很好的分離出來，故而最為常用。應該注意的是，這種設計常常是不完全

設計，它無法同時分離兩個以上的處理變數的效應。

（三）多重處理設計（multilie-treatment design）

這種設計方法的優點是可同時考察多個變數或一個變數的不同水準的變化效果，效率較高。以對「克拉克稅」（Clark tax）的影響為例，就可以進行四（2×2）次實驗處理。如還需檢驗「群體效應」，則將達到八（2×2×2）次或十二（2×2×3）次，甚至十六（2×2×4）次處理（群體變數可能有二、三種甚至四種水準）。

2.2.3　實驗資料的統計處理

實驗結果的統計處理對於實驗的正確分析和結論的可靠性都舉足輕重。首先，應建構出合適的統計模型。一個統計模型通常由研究假設、虛無假設以及虛無假設不成立的判別尺度構成。譬如一個 N 個人的考察「交流對公共商品自願捐助的影響」的博弈實驗，研究假設就可以是「交流可以促進某一公共商品的自願捐助」，而虛無假設則是「交流並不存在影響」。其次，資料的統計檢驗在多數情況下最好採用非參數檢驗（nonparametric tests）。這是因為經濟心理或行為實驗的資料常常具有稱名性和序數性（在限定選擇的個體決策實驗和博弈實驗中最為明顯）。常用到的非參數檢驗有二項式檢驗、X2 檢驗、Kolmogorov-smirov 檢驗、Fisher 精確機率檢驗、Wilcoxon 檢驗、Mann-Whitney 檢驗及隨機化檢驗等多種。這些方法在適用範圍和功效上各有特點，而其具體使用則視資料樣本的特點以及實驗設計的類型而定。再次，在適合參數檢驗假定的實驗

中，應儘量採用參數檢驗方法，它具有更好的功效。如在多重
處理設計中，探究多種因素間複雜的相互影響，回歸分析和方
差分析就很具運用價值。

2.2.4　經濟心理學實驗中的注意事項

在進行經濟心理學實驗時，還應考慮到以下幾個問題：

（一）對被試動機的誘導

一般說來，經濟心理學實驗應使被試從實驗中獲取的平均
收益足夠抵償其參與實驗的成本，並降低甚至排除隨機行為帶
來的干擾。

（二）實驗的無偏性

主試應盡力避免被試對實驗意圖的任何感知，尤其是避免
對被試作出某些微妙的行為提示，否則會因為被試的「友好合
作心理」而產生對被試實驗企圖的迎合，進而導致實驗結果的
偏差。

（三）實驗環境的構造

實驗環境（主要是制度環境和資訊環境）的構造應與一定
的研究目標相聯繫，其複雜程度以說明問題為限。過於複雜的
實驗環境會加大實驗處理和理論分析的難度，普洛特主張「一
個理論若經不住簡單實驗，則更沒有理由相信它能與更為複雜
的自然環境相吻合」（Plott, 1989）。理論證偽性實驗通常只需比
較簡化或理想化的環境處理，而理論證實及尋求規律的實驗則

需相對複雜的環境設置。

（四）被試的選取

　　建立於理論上的實驗設計與真實個人行為相結合的經濟心理學實驗，無疑可以加深我們對經濟理論（尤其是那些沒有微觀行為基礎的理論）的認識和經濟行為的把握。但因為實驗的對象是活生生的經濟行為人，因此，對被試的選擇就是實驗中很重要的一點。原則上應採取隨機化的抽取方法，因為這樣可以減少主試與被試之間的關係的干擾，同時對被試的角色也應隨機分配，避免被試其他特性對實驗主要變數的作用的影響。至於被試的數目則以略多於最少需要的標準為限。被試的來源也儘量分散化，以免被試之間的相互接觸而產生「污染」（contagion）。

（五）實驗設備

　　在技術和資金許可的條件下，儘量採用電腦化的實驗設備。電腦化設備的應用對實驗的意義我們在第2章中已經予以詮釋，另外，還應注意到，這種設備除了可以增加實驗精確度外，還可以避免面對面實驗中如表情、眼神、身體語言和聲調等帶來的某些干擾。

（六）對被試的指導語

　　指導語應涵蓋實驗的目的、對被試初始資源和資訊的清晰界定、可行的選擇和行為集合，在各部分可以輔以簡單的說明性的例子。對於用小測驗檢查被試對指導語的理解的情形，要注意不要向被試洩露實驗的意圖。值得強調的是，實驗指導語

不應使被試感覺某種行為是對的或被預期的，除非這些感覺是研究的對象。另外，指導語中還要注意既提供足夠的資訊背景，又不給予暗示性的術語，如卡特爾、寡頭獨占等。

（七）實驗時間

避免連續的實驗時間過長，以免因疲倦影響結果。一般而言，三小時是一次實驗的上限，將實驗講解和練習階段與正式實驗分開，可以縮短實驗時間，但應不洩露具體的實驗參數，並在幾天之內進行正式實驗。

（八）實驗參數

為了避免重複行為引起的厭倦影響結果，對重複性很高的實驗可以變換實驗參數或被試的角色。

（九）被試的言行

除非研究共謀（collusion）的現象，實驗中應限制被試的談話（提問除外）。如有中間休息應注意防止被試形成共謀，或在休息後使用新的參數。

（十）實驗步驟

包括建立實驗記錄、試驗式實驗（pilot experiment）、安排設備（如粉筆、鉛筆、投影機、幻燈片、計算機、磁碟片等）、測試儀器（電腦硬體和軟體、眼動軌跡記錄儀等）、被試登記、確定主試和監督者、講解、提問與解答、練習實驗、正式實驗、記錄資料、結束實驗等程序。

2.3　人類經濟心理與行為的分析模式

　　「模式」一詞來自拉丁語modulus，意思是準則、規律和有規律的運動。控制論創始人諾伯特‧維納（Weiner, 1950）認為，「模式從本質上說是一種排列組合，它的主要特點是構成該模式的諸因素的排列次序，而不是這些因素的內在本質。如果兩個模式的結構關係是彼此一致的，即此模式中的每一項和項與項之間的每種關係都與彼模式的某一項或某種相似的次序關係相對應，那麼，這兩個模式就是類似的」。阿爾布（1984）主張「模式就是真實事物的簡單而又恰當的表現，……其中最重要的是構成模式的諸因素和這些因素之間的明確關係」。

　　在現代科學研究中，模式發揮了不可替代的作用，其重要性日益彰顯。它以嚴密的邏輯演繹性和簡單明瞭的形式使得觀察到的事實變得明白易懂，廓清了現實生活中的模糊性，有助於對事物的科學認識、評價和在此基礎上的精確預測。具體到經濟學研究而言，凱因斯認為「經濟學是一門用模式來思維的科學」。與諾貝爾經濟學獎得主、經濟學家舒爾茨（Schultz, 1974）的主張相反，凱因斯辯稱經濟學不是一門「假的自然科學」，而是「邏輯的一個分支，一種思維方法」，在經濟學領域裡所取得的進步「幾乎全部可概括為逐步改善的對模式的選擇」，從而使它們更加符合真實世界。在這種理論思維下，凱因斯建立了他的宏觀經濟學模型，並締造了宏觀經濟學大廈。

　　近年來，模型式的理論建構受到了研究者們的廣泛重視，並得到了大量應用。凱因斯之後的經濟學家們就紛紛大量利用

模式來闡明其理論或經濟主張，突出表現在不可勝數的各類模型的湧現，「數量之多使我們無法在此爲它們開列一張詳盡的名單」，如微觀經濟模型、宏觀經濟模型、要素經濟模型、投入產出模型、經濟預測模型、IS－LM模型等等。在心理學中，隨著認知心理學的興起，心理學家們也建構了許多訊息加工理論模型，這些模型被用於指導資料的收集並作爲進一步研究的框架。然而必須指出的是：

　　首先，模型固然有其本身的優點，但它仍有著一定的應用範圍的局限，多數模型只與特定的情境聯繫在一起。如果將模型不分條件地予以應用，無疑將會影響理論的系統結構和一致性。

　　其次，模型化的另一個值得注意的傾向是研究者把具體事物的豐富性簡化爲一張作爲思維產物的簡單圖表，這將誤導人們把這一簡單圖表看做爲眞實事物的正確圖像，從而影響人們對客觀對象的正確認知。

　　這種研究方式在經濟心理學的研究上同樣有效，並爲架構經濟心理學理論體系作出了卓越的貢獻，阿爾布甚至認爲模式化的演變將制約著經濟心理學的未來進步。下面我們將依次介紹經濟心理學家們所創建的經濟心理與行爲模型，從這些模型的演化中，我們能夠清楚地感知經濟行爲研究的過去和現狀，把握到研究發展的主線，並對今後的學科發展取向更爲瞭然。

2.3.1　塔爾德的模型

　　塔爾德認爲經濟行爲是希望和信仰這兩個心理原因共同起作用的結果，即希望和信仰均是經濟行爲的函數，用公式表示

為：

$$C = f(D, Cr)$$

式中，C ＝經濟行為

D ＝希望

Cr ＝信仰

根據塔爾德的模型，消費行為可被解釋為希望和信仰兩個因素，即購買價格是為了獲得某個產品所付出的代價，代表了希望的強烈程度；需求則揭示了信仰的力量。同理，生產行為也取決於兩個基本因素：發明和勞動（再生產）。塔爾德聲稱勞動和發明是需要的產物，說到底「是前面兩種因素引出的結果」。塔爾德的這個模型雖然比較簡單，但卻充分反應了他的研究主張，即從社會心理學的角度來研究經濟行為。

2.3.2　卡托納的經濟心理學模型

卡托納被譽為美國經濟心理學之父，他於1964年參照勒溫的場心理學理論，提出了一個基本的經濟心理學模型，如圖2-2所示。

S代表客觀經濟環境，諸如社會經濟狀況、失業率、通貨膨脹率、利率、收入、財產、生活水準、就業機會、稅率等。

P代表經濟行為人的個人特點與心理過程，如願望、態度、預期、生活習慣等。

C指行為，包括購買、利用和支配財產及服務設施、投資、儲蓄等。

圖中的箭頭表示各個方框中因素的因果關係。卡托納認

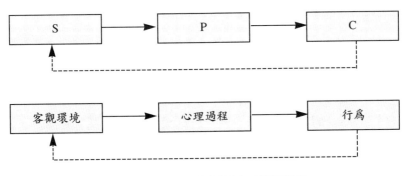

圖2-2　卡托納的經濟心理學模型

為，客觀環境，包括收入、資產、就業機會和社會經濟地位影響心理過程和社會成員的主觀滿意感，以及他們的經濟態度和預期。關於個人情境和經濟整體的態度和預期則影響經濟行為，如消費者需求和儲蓄。如果把客觀環境看作刺激（S），把心理過程看作生物體內部發生的（0），把行為看作生物體的反應（R），這個模型與著名的行為主義心理學 S － O － R 模型十分類似，也反映了卡托納的思想，即對經濟行為的研究應考慮行為主體的評價、決策和選擇這些中間過程。范拉伊（1981）認為經濟行為也會影響到客觀環境，因此他在這個模型上又添加了一個回饋環節（虛線表示）。

卡托納和他的合作者在1964年使用這個模型，透過經濟收入和經濟態度的市場調查資訊進行了對消費者需求的解釋和預測，結果證明這個模型比一般的經濟模型更為成功。

2.3.3　斯特姆貝爾（B. Strümpel）的擴展模型

斯特姆貝爾1976年在卡托納模型的基礎上，發展了一個更

加精細的模型，如**圖**2-3所示。

在該模型中，經濟環境（E）和個性特徵（P）是主觀滿意感（SW）的決定因素，這和卡托納的模型很相似。主觀滿意感包括對消費、工作、收入、婚姻、生活標準等方面的滿意。社會的不滿（SD）和行為（B）是結果，前者包括因就業、價格、政府的政策、儲蓄、消費需求、職業選擇、餘暇權衡等問題而產生的不滿意感。E、P和SW不僅決定經濟行為B，而且也會影響對社會的滿意或不滿意的態度。

同卡托納的模型相比較，斯特姆貝爾的擴展模型引入了主觀滿意度和社會的不滿等變數，因而內容更加豐富。但仍存在一些問題：(1)社會的不滿不僅取決於主觀滿意感，而且也有賴於經濟行為。如消費者參與消費行為的結果也可能會伴隨有不滿意甚至抱怨的產生；(2)在排除了個性特徵和主觀的滿意度作為中間變數的情況下，很難說是哪些經濟條件導致了社會的不滿；(3)缺少從社會的不滿和經濟行為到經濟環境和個性特徵的

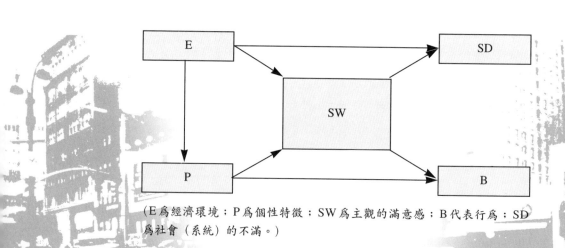

(E為經濟環境；P為個性特徵；SW為主觀的滿意感；B代表行為；SD為社會（系統）的不滿。)

圖2-3　斯特姆貝爾的擴展模型

回饋，而事實上上述兩者對人們的志趣和期望以及它們對經濟
現實的知覺有很大的影響。嚴重時，還會影響經濟制度的執行
情況。

2.3.4　雷諾的整體模式

　　雷諾的整體模式（1974）試圖考察經濟增長，解決「聚合」
難題並能從微觀經濟過渡到宏觀經濟，因此，該模式是更直接
地和經濟科學聯繫在一起的。雷諾認為經濟增長是勞動增長、
資本增長和剩餘價值因素增長的總和，其模式表示如下：

$$dP/P = \alpha \times dL/L + \beta \times dC/C + \gamma \times dR/R$$

　　　式中，P＝經濟增長

　　　　　　L＝勞動增長

　　　　　　C＝資本增長

　　　　　　R＝剩餘價值增長

　　　　　　α、β、γ＝上述三個因素在一個增長單位中所占

　　　　　　　　　　份額的各自係數

　　其中，剩餘價值因素（R）被認為有著決定性的重要意義。
在具體運用中它又可看成是由幾個更小因素聯繫在一起的綜合
因素。用公式表示為：

$$dR/R = N \cdot r \cdot K$$

　　　式中，N＝「人的品質因素」，它測定的是「個人或集團的

　　　　　　　全部心理品質」，即生產者的動力等於「精神力

　　　　　　　量」

　　　　K＝對N的「經濟的可塑性」，指的是生產者的動力
　　　　在經濟上的反應
　　　　r＝N和K之間的聯繫，其作用是「調整增長率的品
　　　　質記錄和數量測定之間的關係」

　　雷諾試圖透過這一模式把數量參數和品質參數聯繫起來，
並用其來測定和評價經濟的增長率，主張剩餘價值部分中的因
素大都是屬於經濟心理學研究和解決的問題。但他所做出的評
價太過模糊，使用的社會心理學術語也不夠確切，對關係的設
定更是過於主觀臆斷，因此這一模式未能得到經濟心理學界的
認可，也無法在實踐中應用。

2.3.5　弗雷得・范拉伊的結構模式

（一）范拉伊的基本模式

　　針對如前所述斯特姆貝爾模型的優點與不足，范拉伊在
1979年提出了一個適用範圍更廣的經濟心理學模型。該模式試
圖把經濟變數與心理變數互相結合起來，強調經濟行為和環境
條件和個人個性特徵之間的回饋關係。同時，為了追求模型簡
化，把類似功能的可變因素歸為同一類，我們稱之為結構模
式，圖2-4就是該模式圖。

　　圖中符號代表意義與圖2-3相同，另外，GE指普遍的經濟
狀況；E／P為對經濟狀況的知覺；S指情境（環境中的事
件）；經濟環境（E）包括個人可用資金、市場情況、就業類
型、收入來源等，它受普遍的經濟背景（GE）如經濟衰退或經
濟擴張、政府經濟政策、污染、戰爭與和平等的影響。

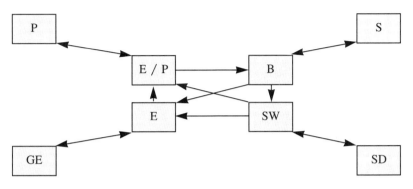

圖2-4　范拉伊的經濟心理學模式

在經濟環境中，不同的經濟行為人如消費者和企業領導人是以不同的方式知覺的，這種對環境的知覺（E／P）包括諸如商業氣氛、物價預期、對收入分配的公平感、參照群體的地位等方面。正是這種知覺到的環境（E／P），而不是經濟環境（E），決定著人們的經濟行為（B），也就是說，只有理解了的或者說評價了的資訊才會導致行為的意向，對環境的認知評價總是在行為之前。E和E／P之間的關係取決於個人的經驗和人與人之間的溝通交流（尤其是大眾溝通工具）。同樣，個人因素（P）也參與其中，個人因素包括：個人目標、價值觀、願望、預期、內外部的強化控制、認知方式、訊息加工的能力、對經濟和政治問題的興趣等。另外，社會人口統計指標（如家庭的規模和構成、年齡、教育水準、職業等）也會影響對經濟環境的知覺。

經濟行為的意向導致經濟行為的實現，例如，消費者選擇購買的物品是根據自己的打算買的，如買一輛汽車是打算用於運輸、旅遊、上下班、出風頭、比排場等。但可能某種意外情況的出現（S）會使這個打算（購買汽車）夭折（如遇到偶然事

故、生病、失業、結婚、生孩子等）。

　　經濟行為會給消費者帶來主觀感受（SW），這種感受包括由購買物品帶來的滿足（或不滿）、對零售商或生產者的意見，以及對產品或勞務的滿意程度。購後過程，如學習、認知失調的減少等有助於提高消費者主觀感受的滿意程度。但另一方面，消費也帶來一些外部後果，如污染、雜訊、別人的嫉妒等。這樣可能降低消費者主觀感受的滿意程度，繼而產生社會不滿（SD），這種不滿情緒影響到對環境的知覺與經濟環境本身。學習的作用就是對環境知覺的信念結構的改變和觀點、態度的修正。

　　最後，值得一提的是，經濟行為（B）可以直接影響經濟環境（E），如卡托納已證明了，購買行為或儲蓄都能增加（或減少）經濟波動，購買某種型號或某種品牌的產品會影響該產品的市場份額。

　　范拉伊的這個模式是一個描述性的、定性的研究，它的主要優點是對各個環節進行了動態、循環的研究，把各種因素彼此聯繫起來進行考察。但范拉伊在對各種情況的列舉和關係的連結上並未擺脫主觀任意性。不過總的來說這個模式是具有啟發性的。因此，下面我們將對這個模型進行分解剖折，深入探討經濟心理學的範式。圖2-5就是一個擴展了的經濟心理學模型（Van Raaij, 1981）。

　　這個模型的基本關係是：行為可影響主觀滿意感，包括消費滿足感、工作、收入、婚姻、生活水準、機會知覺。主觀滿意感相應也會透過如導入新產品的設計和開發來影響經濟環境。進一步地，主觀滿意感會影響到個體對經濟環境的知覺。行為也被認為會直接影響經濟環境，譬如對物品和服務的供需

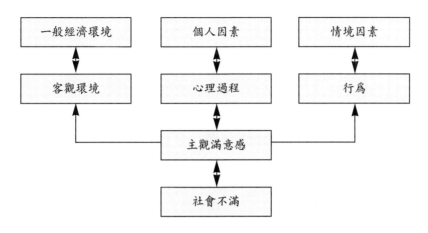

圖2-5 范拉伊的擴展模式

關係的影響。

　　進一步分析還可發現存在以下的關係：

　　第一，一般經濟環境和個體經濟環境（客觀經濟環境）的關係。前者包括經濟衰退和繁榮、政策、污染、戰爭與和平、犯罪等。

　　第二，個人因素與知覺的心理過程以及對經濟環境的解釋和決策之間的關係。個人因素包括目標、價值、抱負、期望、社會人口統計變數和人格特徵等。

　　第三，社會不滿和主觀滿意感的關係。前者包括個人的一般滿足和幸福感，其對象是社會結構（政治和文化）以及經濟制度（資本主義、社會主義和共產主義）。

　　第四，情境因素和經濟行為的關係。前者包括突發事件，如疾病、事故、銀行拒付等以及預期事件，如一次聚會或週末遠足。

　　擴展的模型為解釋行為的經濟模型提供了更多的可能性，

然而，客觀層面上的過程仍未嚴格地與主觀或心理過程區分開來。以下所介紹的模型已經注意到了這一點，並已對二者做了區別，這種方法就叫做結構範式，包括一個主觀部分和一個客觀部分。

（二）客觀層面上的經濟行為結構

　　客觀部分可以被觀察到，或被獨立地測量，並可由統計數字予以解釋。主觀部分則可以透過量表或其他心理學方法來從個體身上獲得直接資料來了解，另外，也可從行為來間接推斷。一般來講，經濟學關心的是客觀層面的資訊和行為，其結構如圖2-6所示。

　　在客觀層面上，環境限制包括通常講的經濟約束，比如預算約束、時間和地點約束等。這些約束被認為可以影響（限制）經濟行為，其中的關係可以透過需求方程或恩格爾（Engel）曲線進行估計，前者從價格和收入來解釋對商品和勞務的需求，後者描述的是收入與特定項目上的花費之間的關係。

　　經濟行為能夠影響個人的經濟狀況，例如，有酬工作產生一定數量的收入，購買商品將會增加股票數量，這種關係與范拉伊（1981）對卡托納模型添加的回饋環路相似。

　　個人經濟狀況彙總起來便構成了一般的經濟環境，例如國

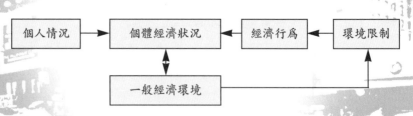

圖2-6　客觀層面上的經濟行為的結構

家性的統計量GNP（國民生產總值）。從另一個方面講，一般經濟環境又會影響到個人的經濟狀況，例如稅收制度以不同方式影響每一個人的經濟狀況，這種關係與圖2-5中表示的一般與客觀經濟環境的關係相似。

個體情況包括個人的歷史、教育、婚姻狀況、年齡、遺傳等，這些組成了在市場營銷和消費者行為研究中起重要作用的社會人口統計因素。人們認為這些因素對個人的經濟狀況有著直接的影響。

（三）主觀層面上的經濟行為結構

在圖2-7中，結構模型的主觀部分主要涉及影響決策的心理因素，這些因素之間的關係如圖2-7中虛線箭頭所示，以區別於圖2-6中的客觀因素。

動機和人格在兒童早期就已經形成，這可能是由遺傳因素決定的，這些因素被認為能以不同的方式影響心理過程。

社會觀念包括關於社會、政治、經濟和文化的社會主導觀念，例如習慣、傳統、倫理、預期和有關人與公司的公共形象都是社會觀念的表現。社會觀念形成了模型中特殊的一部分，並構成了群體中的綜合個人觀念。溝通過程、傳媒和研究機構，這些都在社會觀念的形成過程中發揮著相當重要的作用，

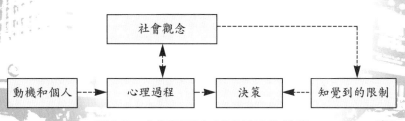

圖2-7　主觀層面上經濟行為的結構

例如對紐約股票交易市場的指數和消費者情感指數（CSI）形成。在心理過程中，人們認為這些社會觀念是可以與個體目標、動機和態度相提並論的。

心理過程最終導致形成決策，但並不必然如此。例如當你閱讀這本書的時候，發生了許多心理活動，但通常不牽涉到決策。

知覺到的限制屬於影響決策的內化因素。一些知覺到的限制來自社會觀念，例如社會規範，人們認為主觀限制和心理過程都可以影響決策。決策時，人們對獲得的資訊進行綜合，並對備擇的行為進行比較和評價。

（四）綜合模型

主觀層面透過對世界的知覺、解釋以及以行動執行決策而與客觀層面相聯繫（如圖2-8所示）。圖中，從個體經濟狀況到心理過程和從決策到經濟行為的箭頭的虛線都明確地顯示了這一點。

另外，模型中還存在三種其他的關係：

1. 一方面，社會經濟環境（個體狀況）影響人格，例如人格和性別在許多方面是相關的。另一方面，動機和人格影響學校中的成績以及工作和職業的類型（社會經濟環境）。

2. 客觀的限制可以由主觀的限制來進行知覺和補充。主觀限制包括諸如心理努力、精力（內化的）和社會規範等，這些規範受到社會觀念的強烈影響。

3. 社會觀念除了是個體觀念的總和外，也受到一般經濟環境的影響。例如社會上的高失業率可能會導致關於生活水準

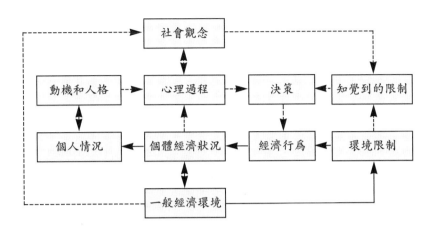

圖2-8　主觀和客觀層面上的經濟行為的結構

的負面觀點。

　　如圖2-8所示的結構模型並不是對現實世界或人類心理的完美表述，它只是一個綜合不同類型研究的研究模型。值得指出的是，這一模型也仍然缺少一個關於人們之間相互作用的結構。這樣的結構應包括人際關係的內容，即人們的行為如何相互依賴和人際溝通。這一模型可以予以擴展，例如包括關於個體的第三向度，然而其代價是失去了簡潔性。

　　我們可以看到，上面介紹的兩個經濟心理學模型除了保持傳統經濟學研究的客觀關係，還加上了主觀關係。毫無疑問，一個包括這兩類關係的結構模型提供了研究經濟學和心理學相互關係的模型。

2.3.6　阿爾布的三元模式

　　阿爾布在第三屆經濟心理學歐洲年會上（1978年在奧格斯

堡召開）提出了一個三元模式。該模式強調心理因素在經濟行
為中的意義和作用。他自1972年起就在勒內‧笛卡兒大學的經
濟心理學實驗室中對這個模式進行了研究，其結構可用圖2-9表
示。

　　這是一個五面體，其中的斜面表示心理學的領域，其他四
面分別是：經濟方面（E）包括生產關係、物質文化、生態基礎
和制度；文化方面（C）包括精神生產、物質文化和歷史向度；
社會學方面（S）包括人口、歷史、集體關係和生態；政治方面
（P），內容為制度、集體關系和實踐。阿爾布指出，在傳統的分
析中，人們常忽視心理的因素，只對後面的四個方面進行了區
分和研究，因此這個模式要強調個人的心理行為方面在整個經
濟行為分析中的作用，因此，他著重分析描述了心理方面的內
容，如圖2-10所示。

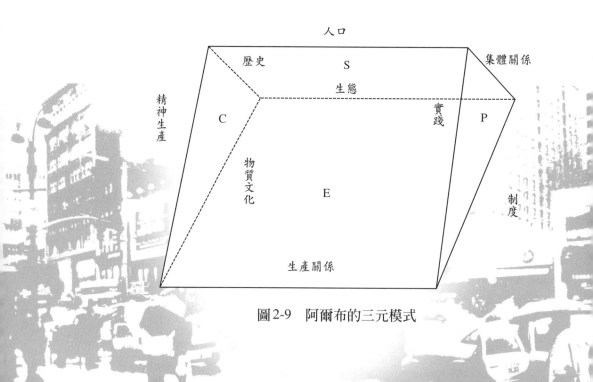

圖2-9　阿爾布的三元模式

　　在心理方面，用一個圓來表示，這個圓分爲大小相等的三
個部分：認知部分（Cg）、意動部分（C）和情感部分（A）。

　　意動部分（C）指的是全部人類活動，尤其是經濟活動。意
動（conatus）這個詞是從心理學家斯賓諾莎處借用過來的，特
別指努力的思想，既可以作意志方面的解釋，又可以作智力方
面的解釋，對一直爲生存而鬥爭的人類來說，意動就是指對外
部世界和生活空間的安排。

　　情感部分（A），包括感情和激情，它在人類的行爲中起著
決定性的作用，使我們的全部行爲都帶有感情色彩。意動或情
感之間有個既把它們分開，又把它們重新聯繫在一起的接觸
面，這個接觸面就是動機，動機就是推動我們採取行動的東
西，它顯然是帶有情感色彩的。

　　認知部分（Cg）包括認識和知識。對客觀事物的知覺，然

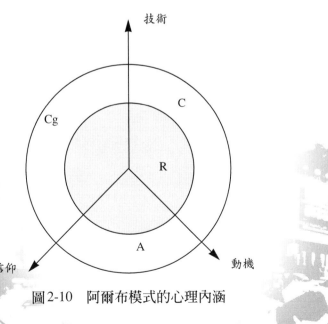

圖2-10　阿爾布模式的心理內涵

後運用有關概念和知識對這一事實作出解釋，包括對事物的結構與屬性的理解。這兩者對行為起著重要的決定作用。雖然精神分析學派強調衝動的作用，而現在更多的人認為，認知對行為的作用更重要。

認知劃定了兩個接觸面：一個是把認知和情感分開的接觸面，即信仰；另一個是把認知和意動重新聯繫起來的接觸面，即技術。信仰由於在很大程度上帶有情感的特點，所以能轉化甚至制度化，組成神話或意識形態。技術則是行動所必需的，它在把理論和實踐聯繫起來的過程中不斷得到改善和提高。至於動機，它的形成是和價值體系聯繫在一起的。

居於這個模式中心，也即居於行為中心的是表象（R），表象既可以是一種理念，也可以是一種形象，既可以是模糊的，也可以是明確的，它總是作為所代表的對象出現並把這個對象投射到符號世界中。雷諾把其稱為「形象動力」。

總的來說，這還是一個定性的模式圖，它相對來說比較簡單，看上去一目瞭然，它能告訴我們在刺激出現時經濟行為人如何作出反應，這種刺激一方面來自經濟行為人所處的社會文化環境，另一方面來自經濟行為人本身的生物學特徵（如果我們不把這個模式圖看成一個平面圖，而設想是一個圓柱體，那麼這個圓柱體的高度就等於生物學的向度），從而使得整個模式帶有動力特徵。

本章摘要

◆經濟心理學的研究方法包括實驗法、觀察法、抽樣民意測驗、消費者的感情指標、行情測驗、動力指標法等。

◆經濟心理與行為的分析模式包括塔爾德模型、卡托納經濟心理學模型、斯特姆貝爾擴展模型、雷諾整體模式、范拉伊結構模式、阿爾布三元模式等。

思考與探索

1. 試述經濟心理學研究方法的特點，並舉例說明。

2. 自行設計一項經濟心理學課題研究的方法，並預測可能的結果。

3. 試舉例說明卡托納、范拉伊、阿爾布分析模式的實際意義。

第3章
個體的經濟心理與行為

3.1 市場經濟中的理性經濟人假設與評價

如前所述，我們知道，心理學是一門研究人的心理與行為的科學，它們面對的是人，在此不再贅述。經濟學的產生始於人為了更快更多地獲得物質財富的欲望與實踐，而這一欲望的實現還要靠人的勞動，所以經濟學始於人又終於人。人是生產者，又是購買者；人是投資者，又是交換者。正如經濟學家馬歇爾所說，「政治經濟學一方面研究財富，另一方面，也是最重要的方面是研究人」。凱因斯也聲稱，「經濟學以心理學為前提條件」，亦即「經濟科學要建立在有關微觀單元的行為命題的基礎上」。已故諾貝爾經濟學獎得主斯蒂格勒（Stigler, 1987）同樣指出，經濟學「分析的主要因素是人，是那些反過來受到我們分析的實踐和政策影響的人」。所以經濟學研究的前提條件之一就是如何界定人。

3.1.1 理性經濟人假設

古典經濟學家認為人是理性的，總為自己打算，是受自我利益驅使的，這就是經濟人的假設。經濟人被看作是一般人的代表，具有人類的一切特性，但這種一般性僅僅是就經濟意義上說的，他的一切特性都是經濟上的，只是受經濟理性驅策的人的概念，古典經濟學家的理論，就是以人的這種一般概念為基礎。

關於「經濟人」的假設，有人認為是亞當・斯密（Adam

Smith）最早提出的，事實上早於斯密已有一些重商主義者提出這種觀點。如英國的重商主義者約翰‧海爾斯（John Hales）1549年所著的《關於英格蘭王國公共財富的討論》一書中，就已提出了「人是追求最大利潤」的看法，此外，孟德爾（B. de Mandeville）於1729年發表的一本小詩集《蜜蜂寓言》中也明確提出人的自利性是社會發展的動力。他們都早於斯密，但斯密關於「經濟人」的界定更為完善。

斯密關於「經濟人」思路的要點是：(1)每個人天然地是他自己利益的判斷者，如果不受干擾，他的行為可以使他達到自己的目的（最大利益）；(2)每個人在追求自己的私利時，又不得不考慮他人的私利，否則就難以實現自己的利益，正是這一點構成了交易的通則；(3)當每個人都能自由地選擇某種方式追求自己的最大利益時，「一隻無形的手」會將他們對私利的追求引導到能夠為公共利益作出最大貢獻的途徑上去──這隻「無形的手」，就是分工基礎上的市場和競爭。

僅僅從這幾點看，似乎可以得出一個隱含的前提，即人性是自私的，人的經濟行為受利己心的支配。但是，斯密在其著作中還論及了人性的其他論點。他認為人有各種動機，「自愛、追求自由的欲望、正義感、勞動習慣和交換」，但他的時代賦予他的使命卻是要求他著重闡明怎樣才能建立市場秩序、積累財富。作為對時代使命的適應，斯密著重思索和發揮了「追求私人利益」和「無形的手」的思路。

斯密的思路影響了以後幾代的古典經濟學者。後來，幾位經濟學家對「經濟人」提出更嚴格抽象的概念。1844年，米爾（J. S. Mill）在他的《略論政治經濟學的若干未解決的問題》一書中認為，應當把人的各種活動的經濟方面抽象出來並作為定

義。米爾的論點是：政治經濟學並不論述社會中人類的一切行為，「它所關注於人的僅僅是：作爲一個人，他有占有財富的願望，而且他賦有達到這種目的的各種可能性的能力」，「它將其他每一種人類情欲或動機完全抽象化……政治經濟學認爲人類把全部精力用於取得和消耗財富……」。米爾提出了將「經濟人」抽象的必要性及其內涵，指出了政治經濟學探索的是「經濟人」的行爲，但他並未明白地提出「經濟人」這一概念。

經濟學家貝爾（D. Bell）考證後認爲，「經濟人」概念是由帕累托最先引進經濟學的。貝爾主張，帕累托提出的「經濟人」的概念，是吸收了「邊際革命」的結果。人被認爲是完全理性的人、能計量苦樂的人、始終處於深思熟慮權衡和比較他的邊際成本——效益的持續過程的人。如果貝爾對帕累托的「經濟人」涵義所作的概括確切的話，那麼，較之米爾，帕累托的抽象要更爲嚴格。

自從「經濟人」引進經濟分析後，受到了來自各方面的批評。有人認爲只有馬克思主義學者才批判「經濟人」，實則不然，不但歷史學派對此持批判態度，甚至主流學派內部也有批判者。

馬克思主義者的批評主要論點是：「經濟人」概念是超乎一定歷史發展階段的。然而人的本性主要指的是人的社會性，是由他所處的一定的社會關係及其地位決定的，因此，應從一定的歷史發展階段來分析。

法國歷史學派的先驅者李斯特（F. List, 1789-1846）是在歐洲大陸較早對斯密的思想發難的人，他認爲這是一種「將國家與政權一筆抹殺，將個人利己性格提高到一切效力的創造者的論調」。但另一方面，他又指出：「正是斯密才使政治經濟學成

為一門科學有了可能」。

　　主流經濟學派內部也有批評者，批評的主要論據是，人不僅是「經濟人」，同時也是「社會人」，人的本質主要是人的社會性。在現實生活中，人除了追求利潤和其他經濟利益之外，還追求安全、獨立、友情、愛等非經濟利益的目的。人不僅有利己心，還有利他心，馬歇爾的《經濟學原理》一書，是以「經濟人」的思想展開其經濟研究的，但同時又申明說，「經濟學是一門研究財富的學問，同時也是一門研究人的學問」。他認為「經濟活動不全是利己的」，即使是人有金錢欲望，但這「也許是出於高尚的動機」。他說「共同活動的動機，對於經濟學家有巨大的和日益增長的重要性」。馬歇爾還指責了邊沁的所謂「各個人追求的幸福，便可達到社會的最大幸福」的觀點。

　　當代西方經濟學者，一部分或屬於制度學派、或屬於社會學的研究者大多從倫理標準和社會現實對「經濟人」這一假設提出批評，但西蒙從實證角度提出的批評開闢了另一途徑。在1976年出版的《行政管理行為》一書中，他一方面指出「經濟人」所包含的「充分理性」不現實，另一方面提出了「有限理性」的論點。

　　西蒙認為，「經濟人具有一套完全而又始終如一的偏好，使他經常挑選他面前可供選擇的東西；他也十分清楚，這些可供選擇的東西是什麼。為了決定哪一種選擇更好，他作了無窮無盡的複雜運算。對於他，算出機率既不可怕，也不神秘。」──這種評價是把「經濟人」概念推到極端，理性是完全而又完全了。

　　西蒙依據他對企業的調查和實證分析，認為有限理性比完全理性更接近於現實。與此相應的是，追求令人滿意的利潤

（satisfactory profits）要比追求最大限度的利潤（maximum profits）更接近於現實。由此就出現了用「次優」來代替「最優」的種種說法。

應該說西蒙對「經濟人」思想並非否定，而是一個補充。但在以後的管理理論的發展中，有一些學者認爲「次優」未必經得住實證檢驗。

這裡我們想再提一下1992年諾貝爾經濟學獎獲得者、芝加哥學派著名的經濟學者貝克爾，他大力推崇「經濟人」所包含的追求最大利潤的理性行爲，認爲不僅個人是爲利潤最大化而行動，而且這種經濟方法論還可適用於人類行爲的更廣泛範圍，包括如通常認爲不屬於經濟範疇的犯罪和婚姻。

見克爾在其《人類行爲的經濟分析》一書中，認爲追求最大化在經濟學中不只是一個論題，而是一種方法。他說，「我已認識到經濟方法是適用於人的一切行爲的很廣泛的方法。包括：不論是貨幣價格，還是增加的虛幻價格；是重複決定，還是偶然決定；是感情上的目的，還是機械目的；是富人還是窮人；是商人還是政治家；是教師還是學生。」與貝克爾持類似觀點的一些經濟學家也論證了「最大化」行爲和穩定偏好不僅僅是基本假設，而是從適應性進化行爲的天然選擇中引申出來的。同時，他們將這一方法運用到許多領域，如大家已知的將「公共選擇理論」運用於政治學。

從以上的分析，我們看到了「經濟人」假設在經濟分析中得到了極其廣泛的運用。應該講，在人們的經濟行爲方面，「經濟人」假設是不能完全否定的，是可以運用的，當然，是要有限度地運用。

透過以上分析，我們可以作如下述評：

　　第一，有條件地追求最大利益，在條件限制下追求可滿意的利益，實際上涵義是一致的，也是我們平時說的「讓一部分人先富起來」，這是絕大多數人的現實的經濟行為，不是脫離實際的假定。

　　第二，對於複雜的經濟過程，「經濟人」的假設是有利於抽象分析的，不在一定的程度上作出或利用這個假定，很難設想怎樣在理論上建立經濟法則，當然，這裡的「人」也有「個體」的涵義。

　　第三，「經濟人」只是一個抽象概念，換言之，其中撤掉了人的其他一些社會特徵。它既不意味著人的任何行為都是而且只是追求個人利益，也不意味著經濟主體的其他任何行為都是為了追求個體利益。

　　不管肯定也好，否定也好，經濟學無法迴避對人的分析與假定。人不僅僅是「經濟人」，正如一部分主流經濟學家認為的那樣，人不僅是「經濟人」，也是「社會人」。人的本性主要是人的社會性，即對人有另一個界定——「社會人」。

3.1.2　現代理性經濟人概念

　　理性意味著每個人、每個企業都會在給定的約束條件下爭取自身的最大利益，這些條件包括法律、政策條令、預算約束、生產技術條件、價格等。理性經濟人是自利的。對於個體，自利行為就是用自己有限的收入最大限度地滿足個人的欲望；對於企業而言，自利行為就是在給定的生產技術條件下，選擇最佳的投入產出組合，以取得最大的利潤或經濟效益。

　　「自利」是經濟發展、社會前進的動力。人的自利性是不可

迴避的現實，承認它是解決人類社會問題的一種現實的、負責的態度。無視人的自利性，把人的「利他性」假定爲「普遍存在」的態度，說得好是過分理想，說得不好是不負責任。如「農民」首先關心自己富起來，然後才會去關心國家。「自利」不是損人，理性經濟人的自利行爲要遵守社會規範，以此作爲必要的約束條件。市場機制能較好地解決激勵問題，給企業提供激勵的是利潤，給消費者提供激勵的是滿足需求。市場機制使自利的個人與人們之間的互利統一起來，稱之爲激勵相容（incentive compatibility），主觀爲自己，客觀爲社會。

（一）理性經濟人與經濟機制設計理論

對於任意給定的一個社會目標，在自由選擇、自願交換的分散化決策條件下，能否設計一個經濟機制（法則、政策條令、資源配置等規則）來達到既定的社會目標。機制的激勵性在於：在所定機制條件下，每個人追求個人目標、客觀效果同時也達到社會所要實現的目標。每個經濟模型實質上就是一個機制，所以激勵機制的設計就要求所給出的模型應是激勵相容的（追求個人利益時，社會也達到既定的目標）。

（二）現代理性經濟人的特徵

現代理性經濟人有以下五個方面的特徵：

1.追求最大利益，最小損失。
2.擁有完全的資訊。
3.最大效用評價能力。
4.偏好序列評價能力。

5.受市場調節，而不受任何人支配的獨立自由人。

（三）中國古代的義利觀與理性經濟人假設

理性經濟人假設強調的是「利」，但利的另一面是「義」，如何正確對待利與義的關係呢？中國古代的義利觀是值得推崇的。孔子在數千年以前就提出了「見利思義」的觀點。他首先肯定所有的人都有追求富貴的欲望，認為「富而可求，雖執鞭之士，吾亦為之」。（《論語·述而》）這就是說，追求富貴是人們的正當欲求，因而，施惠於人民使人民的生活溫飽以至於富裕，應當成為統治者的基本國策。但在另一方面，孔子更加強調以「禮義」制約「利」的重要性。「見利思義，見危授命，久要不忘平生之言，亦可以為成人矣。」（《論語·憲問》）「義然後取，人不厭其取。」（同上）當然，這種「禮義」必須符合封建統治者所規定的禮義精神。

孔子將「義」作為人們對「利」的取捨標準，是非常可貴的。我們並不簡單地評價理性經濟人假設的積極與消極意義，而是強調要正確地對待義與利的相互關係。具體到當代社會，我們仍要處理好物質需求與精神文明需求之間的關係。見利忘義會帶來嚴重的社會後果，因此我們主張先義後利、重義輕利，積極地倡導以義制利的思想。

3.1.3　個人行為的多元目標

作為微觀經濟主體之一的個人，總是在滿足某種需要、追求某種利益的動力支配下產生種種經濟行為的。這一動力構成個人的行為目標，個人目標是決定個人行為的重要動力，離開

了個人目標就不能說明個人為什麼採取這種經濟行為而不採取那種經濟行為，也不能說明為什麼不同的個人有不同的經濟行為。圖3-1是一個人類行為的基本模式圖。

毫無疑問，個人的行為目標首先而且在很大程度上是追求物質利益，這在社會主義制度下也不例外。這裡所說的物質利益是指個人透過提供生產要素，從事各種生產、經營、服務活動而得到的物質收入，以及把收入用之於消費，滿足人自身的生存、享受和發展的諸種物質需要。

但是，正如我們前面分析的，現實生活中的人不僅僅是「經濟人」，還是「社會人」。他的利益比單純的物質利益或經濟利益更廣泛。這裡要特別指出的是，物質利益的邊際效用呈遞減趨勢。如果個人的目標或者說動力僅僅是物質利益的，那麼隨著物質利益得到滿足，那豈非動力也要隨之遞減，目標也會隨之漸趨真空了嗎？

其實，利益並非只有物質利益的單一內容，它還包含非物質利益，追求非物質利益也可以成為個人主體的行為目標。非物質利益包括發展人際交往、與某一群體取得認同和歸屬、受人尊重、職務升遷、承擔社會責任、發展個人才能以及實現理想抱負等等。非物質利益有的是透過參加社會經濟活動直接得到的，如職位升遷、榮獲勞動模範稱號；有的需要透過物質收

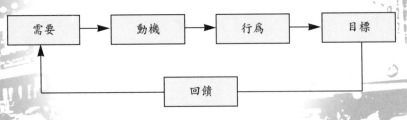

圖3-1　人類行為基本模式圖

入轉化，例如個人捐款「希望工程」可以留芳於世，當然這更表現為一種社會責任。

對物質利益和非物質利益的追求和預期，是決定個人經濟行為取捨的兩類目標。但是個人的行為目標不止於上述兩類，獲得閒暇也可以是個人行為的目標。這是因為：(1)受生理條件的限制，人們不能整天勞動。勞動能力的再生產既需要消費也需要休息，休息就要占用和「消耗」閒暇；(2)參加經濟活動以外的其他社會活動以及為了人的全面發展和滿足精神方面的其他需求，也需要閒暇；(3)進行物質生活消費也同樣需要閒暇。閒暇是保證人們物質利益和非物質利益得以實現的必要條件，它本身也是個人利益的一個獨立的存在要素。因此，取某一時點上人的利益的橫截面來看，它是由物質利益、非物質利益和閒暇三個變數構成的，相應地，支配個人經濟行為的目標也不是一元的，而是三元的。同樣可以理解，在三元目標之間，存在著互相替代、互相轉化和互相補償的關係。

綜上所述，個人主體的行為目標是多元的，它們相互之間可以互相替代。在任何一種社會制度或經濟體制下面，個人對於行為目標都有程度不同的選擇自由，每個人都為追求利益最大化而作出種種選擇。在建立社會主義市場經濟中，我們要正視、承認、尊重、引導個人對利益的追求。當然，這種追求與選擇還取決於個人主觀的價值觀和客觀的社會因素制約。

3.2　個體經濟行爲的特徵

3.2.1　行爲與經濟行爲

　　行爲（behavior）一詞在心理學中常被賦予不同的涵義：(1)以華生（J. B. Watson）爲代表的行爲主義心理學家，把人與動物對刺激所作的一切反應都稱之爲行爲，這裡的行爲指一切遺傳的與習得的外顯行爲，也包括一切遺傳與習得的內隱行爲。人的思維被視爲一種內隱行爲。因此，它無限擴大了行爲的概念，並否定心理現象對行爲的影響和支配；(2)格式塔學派心理學家勒溫認爲，人的行爲是由人與環境（心理的生活空間）的相互關係決定的，這裡對行爲的理解是指受心理支配的外部活動；(3)現代心理學認爲，行爲是指在主客觀因素影響之下產生的外部活動，既包括有意識的行爲，也包括潛意識的行爲，在正常情況下，人的行爲一般都是有意識的。這個定義被大多數人所接受。

　　對經濟心理學來說，行爲是一個因欲望產生動機，因欲望滿足而終止的過程。經濟心理學重視心理動機和欲望滿足是行爲產生的原因。經濟心理學分析的規範形式，也是從分析消費、生產這種人類行爲的特定方式開始的。因此經濟價值、價格、需求、供給、工資、利潤等研究的中心概念完全可以從對個人行爲的分析入手，從邏輯上推導出來。在這個意義上說，行爲理論也是經濟心理學分析的理論基礎。

　　所謂經濟行為是指人類在資源配置之間進行決策和選擇，以達到滿意利用的決策行為與選擇行為。簡單地講，經濟行為指人們在經濟方面的行為，如經營者的經營行為、生產者在生產過程中的競爭或互助協作行為、商品買賣交換過程中的交易行為、管理者的管理行為等。這裡我們不妨引用法國經濟心理學家阿爾布的一個生動說法：「經濟行為是指經濟單位（個人或集團）為了在一個以物質匱乏為特點的背景中，生活、活得好些、更好些，而展開的全部物質的和象徵的活動，這不僅是指解釋世界，而且更重要的是指改造世界。」

3.2.2　經濟行為的特徵與分類

（一）經濟行為的特徵

　　經濟行為的主要特徵是：

1. 經濟行為產生的動因是人們內在的基本生存需求。
2. 它是與人類社會共始終的。
3. 由於經濟活動的永久持續性，因此經濟行為的目標即對個體物質和文化生活需要的滿足並不是一次性的，而是滾動式的、不斷發展的，永遠不會停止在一個水準上。
4. 由於經濟活動與人們的基本生存發展需求直接相聯繫，所以利益對經濟行為的支配作用十分明顯。

（二）經濟行為的分類

　　為了更好地理解經濟行為，我們需要按不同的標準對其進

行分類：

◆根據是否營利

　　按是否營利可分為：一類是營利性的，如生產方面、流通方面的行為；另一類是非營利性的，如保護資源活動、經濟與社會的管理與協調等。兩類活動的最終目標都是為了最大限度地滿足人類生存和發展的需要。

◆根據數量

　　根據數量可分為個體行為與集體行為。如在消費方面，個體行為表現為個人消費習慣（如吸煙、喜歡吃甜食），而集體行為可以指一些成為制度的習慣做法或實際做法（如參加宴會、一些少數民族特別節日聚餐等）。

◆根據品質

　　根據品質可分為理性行為與非理性行為，但這往往牽涉到價值、倫理的判斷。如一般認為生活「入不敷出」是非理性行為，為了擴大投資節儉生活是理性行為。

◆根據性質

　　根據性質可分為物質行為（用手勢或動作來表現，如使用某種生產工具）、符號行為（如構想一個經濟綱領）和混合行為（如策劃一個廣告並具體實施）。

◆根據時間長短

　　根據時間長短可分為長期行為（如國家的發展計畫、企業生產銷售策略）、短期行為（如消費某些產品）。顯然這種區分是相對的。另外，根據節奏可分為重複行為（習慣行為或定期行為，如按時就餐）、偶然行為（一時心血來潮買雙鞋子）。

◆根據功能習慣

　　根據功能習慣上可分為生產行為、投資行為、交換行為、

分配行為、消費行為等。這是我們一般採取的分類法。

◆根據方向

　　根據方向可分為瞻前行為與顧後行為。瞻前行為就是對未來進行預測和展望的行為（保護性儲蓄、投資等），顧後行為則旨在處理好遺留的經濟問題（如政府消除赤字、宣布延期付款、清理企業債務）。

◆根據組織觀點

　　從組織觀點看可分為有條理行為和狂熱行為。有條理行為指根據生產策略或經濟計畫而採取的相應行為，如購買耐用品，引進一套新的生產流水線；狂熱行為則受情感主宰，如鬧事、搶劫行為。

◆根據相容性

　　根據相容性，可分為補充行為（如某人買進他人賣出的股票）、相容行為（如買進某物並把它儲藏起來）以及不相容行為（想消費某物，卻又想把它保存起來）。

◆根據社會檢驗觀點

　　從社會檢驗觀點看，可分為正常行為或稱合法行為（如節儉）、病態行為或稱非法行為（如只攢錢不消費、偷竊）；此外還有義務行為（納稅）、有條件行為（只有富人才交納個人所得稅）、允許行為（如捐贈、慈善行為）、禁止行為（荒年屯積糧食）。

　　儘管經濟心理學家對經濟行為的標準問題沒有達成一致意見，但為了確立經濟心理學在經濟學中的地位，在研究經濟行為時最好達成一個共識。因此，我們建議共同構建一個廣義的行為假定：

1.經濟行為的研究，必須積累有關行為的規律性知識來構建，這些知識包括心理學、社會學、人類學、組織理論、決策科學等。

2.經濟行為理論應集中和能夠解釋現實中觀察到的行為，強調「真實發生」比從邏輯上進行推理演繹對經濟行為的描述更有效。

3.經濟行為理論應該能在它的領域進行實驗性或實證性的證明，透過實驗室研究和其他微觀資料分析技術來證實經濟行為中的假定，這也是實驗經濟學研究異軍突起、成果豐碩的原因。

3.3　個體經濟行為中人的動機和人格的作用

「行為之後必有原因」，這個原因就是人行為的動機。所謂動機就是直接推動個體活動以達到一定目的的內部動力。個人的一切活動都是由一定的動機所引起，並指向於一定的目的。動機是個人行為的動力，是引起人們活動的直接原因，它是一種內部刺激。動機這一概念包含如下意義：

——動機是一種內部刺激，是個人行為的直接原因。

——動機為個人行為提出目標。

——動機為個人行為提供力量以達到體內平衡。

——動機可使個人明確其行為的意義。

分析人們的經濟行為時，必須揭示其行為的動機。只有這樣，才能判斷其行為的出發點，預見其行為重複出現的可能

性，防止某種個性特點的發生而鼓勵和培養另一些個性特點的發展，或者衡量個體行為所造成的後果及其責任的輕重等。

　　心理學的研究和豐富的實踐經驗證明，動機是影響個體活動成效的一個重要因素。個體活動是否取得效果、取得多大效果，從主觀上來看取決於能力與動機兩個因素，可用下式表示：

　　活動成效＝能力×動機

　　上述兩個因素對於個體經濟活動的成功都是缺一不可的。單有能力而缺乏動機（根本不想做）或動機強度不夠無法完成活動要求，反過來個體的內在動力很足但無基本能力同樣是不能勝任的，當然，經過努力，個體能力會有提高，但肯定要花費更多的時間和精力。

　　例如，成就的需要可以體現為追求工作中有成就的願望，這種願望就是個體活動的動機。動機推動個體去尋找工作並取得成績，滿足成就需要；而動機又受到個人能力、偏好等的影響。舉個例子，張小姐是一個不想早結婚的女子，一心想參加其公司的管理委員會。於是公司安排給她一個更有責任性的職位，在此，她可以接近高層管理。因此，她喜歡這個職位不僅僅是因為有較高的薪水，而且更重要的是能實現她的願望（抱負），高的成就動機促成她有高的工作績效。但是，換一個只滿足於高而穩定的薪水卻沒有抱負的人得到這樣一個責任性強的職位，雖然他可以獲得較高的薪水，但由於該職位的高度責任性，反而使他厭倦，並不能得到激勵。在這個例子中，由於獲得一個高職位的偏好不同，就產生了不同的動機，因而起到的激勵效果也不一樣，當然個體的行為表現也各不相同。

　　動機和個人能力的關係也是如此。人的能力不一樣，在經濟行為中表現的動機也就有了差別，從而產生不同的結果。反過來，動機的不同，也影響到才能的發揮。高而強的動機能夠促進個體能力的發揮，因而，即使能力相近的人，因為動機不同也會在經濟活動中扮演不同的角色，導致不同的甚至相異的經濟行為。

　　動機是人格的一個方面，動機的傾向或需要是個人心理特徵的一部分，即人格的一部分，例如，上例中所表現的成就動機，如果不是出於偶然而是一貫長期表現，就可以認為是形成了個人人格的一部分。所以，人格與個人能力、偏好等的關係就如同動機與個人能力、偏好的關係。從而我們可以理解：人格與經濟行為是密切相關的，個人的經濟行為是與其人格特徵相適應的。

　　那麼，人格到底是怎麼一回事呢？心理學界對此爭論頗大，大陸比較流行的看法是兼顧個體與環境的關係，強調人格的組織性與系統性及人格的獨特性、但又具有多面性與可變性。心理學家楊國樞認為，人格是個體與環境交互作用的過程中所形成的一種獨特的身心組織，而這一變動緩慢的組織在個體適應環境時，體現在需要、動機、興趣、態度、價值觀念、氣質、性向、外形及生理等諸方面，各有其不同於其他個體之處。

　　心理學家潘菽教授等認為，人們的個性品質（人格）主要表現在他們對待客觀事物（如對工作、學習、對人對己等）的態度上和行動方式上，反映著他們在社會中所處的地位及與周圍環境的相互關係。個性品質是在社會實踐活動中形成的，由於生活環境不同、實踐活動不同，會形成不同的個性品質。這

些論述對人格做了完備的概括，指出了人格涉及的內容、研究的重點及人格的發展。

　　人格特點是在人的社會化過程中形成和發展的，反過來又影響人的社會適應性，並以固定的可預見的方式影響其行為，例如利他行為或攻擊性行為的產生、對挫折的反應、自身行為的調控及角色知覺等經濟行為的表現都體現出個體特有的人格特徵。同時，人格對經濟行為的影響也依賴於行為特有的連貫性和環境因素，例如，成就的需要是在工作環境中表現出來的，而不是在遊樂場上。

　　現代心理學以人的機體變數（人格）、環境因素和行為三者交互作用的模式來討論行為，認為人的機體變數和環境因素對理解行為是必要的，人格和環境變數的區別在於引起行為的激勵因素的性質：如果個體以特定方式行動是由內在的激勵因素引起的（如因個人抱負而接受一個挑戰性的工作），則這是人格因素的作用。如果行動是由外在的激勵因素引起的（工作能得到薪水），則這是環境變數的作用。當然兩者往往是混合地對行為發生作用。總之，動機是對行動的決心，穩定的動機傾向構成了人格的一部分，並使個體的經濟行為具有人格化特徵。這裡我們選擇幾種動機和人格加以討論，如成就動機、控制點、感覺尋求和風險態度對經濟行為的影響，特別是對企業家行為的影響。

3.4　個體的成就動機與經濟行為

3.4.1　何謂成就動機？

　　人們經常研究與經濟行為相關的一項動機就是成就動機。所謂成就動機，心理學家默里（Murray, 1938）是這樣敘述的：「成就動機就是完成某項困難事情的動力，是控制、操縱或組織物理目標、人群或思想，盡可能快地和獨立地去做、克服困難和達到一個高水準，從而實現自我，超越別人，透過成功的能力訓練來提高自尊。」通俗地講，成就動機就是指人們願意去完成自己認為是重要而有價值的工作，並力求達到完美地步的一種內在推動力。長時間地引導著人們行為方向的強烈的成就動機，有助於在行動中克服一切困難。

　　關於成就動機的研究，美國哈佛大學心理學家麥克利蘭（D. C. McClelland）是最有發言權的。他用投射測驗法（主題統覺測驗[TAT]）測定人們的成就動機，發現不同的人成就動機的強度也不一樣。TAT就是根據呈現的圖片的主題，被試憑自己的想像編述故事，所述故事的情節一般應回答下列問題：

　　──發生了什麼事？有哪些人物？
　　──是什麼引起的（即過去發生了什麼）？
　　──想到了什麼？需要什麼？是誰想到和需要？
　　──將會發生什麼？應採取哪些措施？

給被試的指導語是：「這種測驗是測試你們的想像力，答案沒有正誤之分，你們可以根據圖片儘量將情節描述得生動有趣。」每張圖片花四分鐘，即每個問題一分鐘。常用的一些圖片內容是：

──兩個發明者正在商店裡研製一台機器。
──穿格子襯衣的男孩坐在課桌前，面前攤開一本書。
──父與子在田野裡觀望。
──背景為模糊情景中的男孩。

故事內容由評判人按十二個類別記分，代表成就動機的各個方面，有十一類如出現在情節中每類記+1分，有一類如在情節中出現則記-1分，因而四張圖片總分在-4到+44範圍之間變動，表3-1給出了記分的詳細方法。

雖然這一測驗還不夠完善，敘述故事要求被試有一定的表達能力，並且在評分標準上還存在跨文化的差異，但麥克利蘭還是認為TAT是惟一研究個體成就動機的直接方法。因為，直接提問法可能受到因被測者做出適合社會需要而作答的影響，從而掩蓋了真正的成就動機。

3.4.2　成就動機與工作績效

美國心理學家阿特金森（Atkinson, 1958）做了一個這樣的實驗：在實驗中要求學生在規定時間內解決儘量多的數學題來爭取獎金。在兩個實驗中分別給定不同的獎金數額：1.25美元和2.5美元。在低獎金條件下，高成就動機者比低成就動機者完成得要好，而在高獎金條件下，高成就需要者的成就保持不

表3-1　主題統覺測驗（TAT）的評分說明

- 1	對成就目標無意義的無關想像的評分。
+1	包含成就目標（某種優秀水準上競爭的成功）的成就想像的評分，如「他正在盡力跑得更快」。
+1	故事中有人表示達到成就目標的欲望的評分，如「他想做好」。
+1	工具性行為的評分：情節中的行為至少有一個特別暗示所做的事是為了達到成就目標，不管成功與否，如「他一直是每週天天都練習」。
+1	情節中期待目標實現的積極狀態的評分，如「他正在想如果他做了則有多偉大」。
+1	情節中目標期望的受挫／失敗的消極狀態的評分，如「他在想如果失敗了多不好」。
+1	情節中目標導向行為進程因個體自身責任而受阻的困難的評分，如「他擔心這使他慢多了」。
+1	情節中目標導向行為因環境而受阻的困難的評分，如「他母親認為他花這麼多時間跑步是瘋了」。
+1	積極情感狀態的評分，如「他因成功而高興」。
+1	消極情感狀態的評分，如果情節中描述的是關於沒有實現目標的不悅情緒，如「他因失敗而懊喪」。
+1	精心輔佐的評分，如果情節中有對他從事的或對有關的行為起輔佐作用的個人努力，如「他的教練就如何改進給了他一些好的指導」。
+1	成就主題的評分，如果成就想像被精心製作而成為情節的中心思想或主題。

變，低成就需要者的成績提高，高低成就需要者的平均成績差不多相同（如圖3-2所示）。

　　這說明提供獎金給高成就需要者並不能提高他的幹勁，但可以提高低成就需要者的工作熱情。這個結果顯示，同樣的激

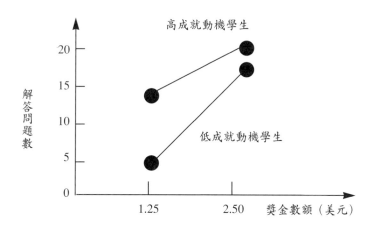

圖 3-2 不同成就動機條件下獎金額與解題數的相關係

勵方式，對成就需要強度不同的人效果就不一樣，行為也就自
然產生了差異。多發獎金只能提高低成就需要者的動機水準，
卻不能提高高成就需要者的動機水準。這在企業管理中具有借
鑑意義，根據個體不同的需要特點，應採取不同的激勵方式。

　　阿特金森還指出人們有追求成功的動機和避免失敗的動
機。若人們為了獲得滿足感，其成就動機就具有成功的傾向；
若人們為了要減少痛苦、避免失敗，其動機就具有避免失敗的
傾向。也就是說，成就動機高的人希望成功的傾向更強烈，事
實上，高成就動機者為自己設立了適當難度的目標，使成就滿
足感的可能最大化。太容易的目標任何人都可實現而不會有滿
足感，太難的目標又很可能失敗而產生挫折感。這種情況在職
業選擇中也可以反映出來，研究發現，高成就動機者所做出的
選擇有 81 ％是現實的，而低成就動機者則只有 52 ％，他們在選
擇職業時常不切實際，他們的抱負水準不是太高就是太低，這
就為高成就動機者提供了走向成功的機會，因為他們可能求得

現實的職業，從而得到良好的教育和鍛鍊。

安德魯斯（Andrews, 1967）在一家大公司對成就動機和高級管理職位的關係作了三年的研究，發現那些具有高成就需要的人比那些低成就需要的人所獲得的提升要多得多，說明高成就動機促進了工作行為的成功。麥克利蘭在自然狀態下研究了管理人員的成就需要問題，在許多國家包括當時的社會主義國家波蘭都發現結果的一致性：高成就動機可以促進個人取得巨大的成績及企業的發展。因而，他透過成就的培訓活動提高職員的成就需要強度，從而促進企業的發展和推動經濟增長，提高個人的工作績效。

3.4.3　成就動機與企業家「創新」

麥克利蘭研究認為，企業中的高層管理人員（或稱之為企業家）往往願意接受具有一定難度的挑戰性的任務。他們常常以旺盛的精力，採用新的方法創造性地完成任務，不願意墨守成規採取簡單重複的方法去完成工作，因而他們在管理中更具冒險性和創造性。

企業家的責任是將成就需要轉化為經濟發展的動力。國外曾進行過系列的實驗，檢驗企業家的成就需要水準與企業績效的關係。

施萊奇（D. Schrage）的一項研究報告指出，高成就需要的企業家會使企業得到高的利潤，而低成就需要的企業家會使企業得到低的利潤。這說明，只有高成就需要才能導致高績效的行為。

威納（I. M. Wainer）與魯賓（G. Rubbin）認為，研究和開

發企業家的動機是企業成功的因素，爲此，兩作者著重比較了企業家成就需要的強度與企業績效平均增長率的相關性。實驗是在美國波士頓地區的五十一個小型技術公司中進行的，這些公司的業務爲電腦軟體發展、集成元件、特種電腦應用。實驗的對象是工作資歷爲四至十年、年齡在三十六歲左右並受過碩士教育的企業家。使用工具爲哈佛大學動機研究小組的TAT主題統覺測驗，實驗的結果如表3-2所示。

　　由表3-2可見，成就需要與企業績效有明顯的正相關，它是一種更爲內化的需要，是導致國家、企業取得高績效的主要動力。

　　經濟學家熊彼特從另一個角度研究了企業家的「創新」活動，並把企業家創新作爲其經濟學說的核心概念。他把「創新」的倡導者稱之爲企業家，企業家與普通企業經理的不同之處在於，後者只按照習慣的和傳統的方式或方法來管理企業，而前者則是富有冒險精神的創造革新者。要指出的是，這裡熊彼特關於企業家的概念更嚴格，他認爲的「企業家」顯然是具有高成就動機的人，而非我們一般廣義上的企業家概念。

　　熊彼特認爲企業家的「創新」活動對企業的發展以至對整個宏觀經濟都有重要影響。按照他的定義，「創新」是指企業家對生產要素的新的結合，「它包括以下五種情況：(1)引入一種新的產品或提供一種產品的新品質；(2)採取一種新的生產方

表3-2　需要強度與企業績效的相關性

	強度	經濟增長率
成就需要	高（≧9）N＝14	73％
	中（4≦x≦8）N＝19	21％
	低（＜3）N＝18	36％

法；(3)開闢一個新的市場；(4)獲得一種原料或未成品的新的供給來源；(5)實行一種新的企業組織形式，例如建立一種壟斷地位或打破一種壟斷地位」。因此，在熊彼特的經濟理論體系中，「創新」是一個經濟概念，是指經濟中引入某種「新」的東西，它與技術上的新發明也不是一回事。一種新發明，只有當它被應用於經濟活動時，才成為「創新」。發明家也不一定是創新者，只有敢於冒險、把新發明引入經濟的企業家，才是創新者。

　　在熊彼特看來，企業家之所以進行「創新」活動，是因為他看到了「創新」給他帶來盈利的機會。但創新者同時也為其他企業開闢了道路，一旦其他企業紛紛模仿，形成了「創新」浪潮之後，這種盈利機會也就趨於消失。「創新」浪潮的出現，造成了對銀行信用和生產資料的擴大需求，引起經濟高漲。而當「創新」已經擴展到較多企業，盈利機會趨於消失之後，對銀行信用和對生產資料的需求便減少，於是經濟就收縮。正是這種「創新」活動的週期性變化，也就導致了宏觀經濟出現「繁榮」與「蕭條」的週期性波動。

　　熊彼特對此解釋說，由「創新」引起的「繁榮」之所以必然繼之以危機（或衰退）和蕭條是由於高漲階段，企業家和消費者都受過度樂觀心理的支配，企業家高估了社會對產品的需求，因而過度地擴充了投資；消費者則高估了可能的收入，常用抵押貸款方式購買耐用消費品，而消費者的過度購買又反過來促進企業家的過度投資。應該說，熊彼特把心理變數引入經濟分析體現了一個經濟學家對人們經濟心理的重視，他所作的分析也有可取之處。但是他把危機、衰退和蕭條的最後根源歸結為人們錯誤心理所引起的過度投資和過度舉債，而迴避了對

資本主義經濟週期的本質原因的分析。

3.4.4　成就動機與經濟增長

前面我們論述高成就動機的企業家的創造性和「創新」活動給企業帶來了生機，也給經濟發展注入了活力。但是麥克利蘭從一個更宏觀的角度研究了成就動機與經濟增長的關係，提出人們的成就動機有利於社會經濟的發展。

為了驗證這一假設，麥克利蘭採用了檔案法，比較了1920年至1929年與1946年至1950年這兩個時期中各國成就動機與經濟成長的關係。他測量並評估了三十個國家兒童讀物的故事內容中所表現出來的成就動機的強度，並與通用的經濟行為指標如電力的消耗、一個社會中獨立手工業者的數量等相聯繫，發現成就動機這個參數與這些國家二十年後的經濟發展之間存在著顯著相關：成就動機增強促進經濟的發展，而成就動機的衰減引起經濟衰退。麥克利蘭為此估計出英國在1925年經濟良好時期，國民成就動機水準排在被調查的二十五個國家中的第五位；而在1950年英國經濟衰退時期，成就動機水準在三十九個國家排在第二十七位。

麥克利蘭為了進一步深入研究成就動機對社會經濟的促進作用，曾從四十五個原始部落的文化中各選出十二個民間故事，並分析其中的成就動機，這四十五個原始部落的文化又以經濟型態來加以劃分，結果發現：經濟發展水準較高的社會文化區，故事中人物的成就動機都較強烈。這一研究從社會文化方面進一步說明成就動機是能影響經濟發展的。

雖然要完全證實麥克利蘭的理論尚需更多的資料，但這兩

者存在著相關是毫無疑問的。正如有人評價說，麥克利蘭的工作提出了一個經濟增長的宏觀心理學理論。

更進一步，發展心理學研究認為，成就動機在個人成長時期就受到父母培養方式的影響。一方面，父母本身若具有較高的成就動機，就能對其子女的成就動機給予迅速的獎勵；另一方面，父母本身的成就動機既可以為其子女提供樣本，又可以為其子女提供一個促進成就動機的家庭氣氛，這種氣氛能強烈地誘導兒童的成就動機的高度發展。

這個結果支持了韋伯的假說：資本主義並不是新教的發明，但信仰新教的人比羅馬天主教信徒更富有精力和創造性（如圖3-3所示）。新教的價值觀念支持孩子早期獨立訓練而產生高成就需要，進而孕育出更積極和富有創造性的下一代，逐步形成資本主義精神。這種發展過程，對其他種類的動機和人格特質來說，亦是如此，它們都是受到生活環境影響並具有可塑性。

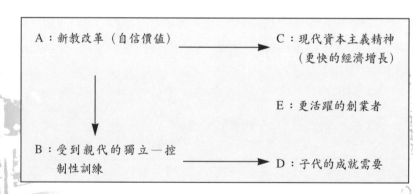

圖3-3　韋伯假說：新教改革對成就需要和經濟增長的假定影響

3.5 個體的控制點與經濟行為

3.5.1 何謂控制點？

心理學上稱人類對內外環境進行控制的需要為控制點，也就是對自我和環境的認知歸因，或稱自我對本身行為成功與失敗的解釋。對環境的控制的需要是人格特質之一，如果將行為的成功或失敗歸因於外部環境因素，如他人的力量或任務本身難度或不可預測的運氣、機遇或命運等，則這種控制點為外控制；如果將行為的成功或失敗歸因於自我能力大小及努力程度等，則這種控制點稱為內控制，如圖3-4所示。

研究顯示，成功的企業領導人或創業者都傾向於內控制，他們把努力和能力看成是成功的原因，覺得透過努力可以實現自己的目標，因而其決策行為大膽而主動，追求產品市場的更新，能夠承擔更大的風險，富有創業精神和開拓意識。

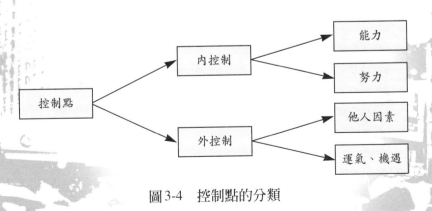

圖3-4 控制點的分類

　　控制點也是一個對行為進行歸因的問題，心理學家威納認為，個體的行為可以歸結為許多可能的因素，但都可以把它們歸入內在—外在、穩定—不穩定的四個範疇之中。在此基礎上研究了人們對成功與失敗的歸因傾向（見**表3-3**），我們將把控制點與歸因聯繫起來進行考察。

　　雖然一個人不會對每一次行為都採取同一控制點，時間不同、條件不同，控制點也會改變，但控制點還是具有相對的穩定性，可採取一定方法將人們在內、外控制傾向性上加以區分。

　　這裡列舉一些內、外控制傾向性量表的句子（見**表3-4**），被試選擇每對句子中符合自己想法的一個，每個選擇都給一個

表3-3　個體成功行為決定因素分類

穩定性 ＼ 支配原因	內在的	外在的
穩定	能力	工作難度
不穩定	努力	運氣

表3-4　控制點量表句例

(1)a 許多人可以說是環境的受害者。 　　b 別人碰到的事相當程度上是他自己所為。
(2)a 我遇到的事大多是運氣好。 　　b 我能掌握自己的命運。
(3)a 這個世界太複雜，我不能解釋清楚。 　　b 世界是複雜的，但我還是有恆心和勤奮做些事情。
(4)a 可以改變他人態度的想法是愚蠢的。 　　b 在我正確時，我能說服別人。

分數，總分代表被試的控制點傾向性。當然測驗中應儘量減少
那些被試會做出符合社會性選擇的題項。

3.5.2　控制點對企業家成功的影響

　　控制點對各種行為的績效和環境的變化都有普遍的影響，
並直接影響到人們對成功的期望值和決策活動。因為不同的歸
因總是和不同的認知聯繫在一起，而不同的認知又會影響人們
對未來事件的估計和個人努力的程度。這為人們的經驗和大量
的實驗研究所證實：當一項任務被認為是需要技能，而非依賴
於運氣和機遇時，內控制會發揮更大的作用，這時個體會提高
成功的期望並採取一些主動性策略，而外控制對此卻沒有什麼
區別。例如，研究發現內控制病人會獲取更多的生理狀況的資
訊和更多地與醫護人員配合，有信心戰勝病魔等。

　　另外的研究表明，內控制者把努力和能力因素看做是成功
的內在因素，覺得努力程度可以透過自我來控制；與把成功或
失敗歸因於運氣或其他不可控因素的外控制者相比，他們有很
高的成功期望值，決策行為積極主動而有效，對成功充滿信
心，在以後的行動中自然就增加了成功的機率。已證實商業領
導者和創業者都傾向於內控制，內控制的高級管理者傾向於追
求產品市場的更新和突破，願意承擔風險、領導潮流而不是追
隨競爭者，具有持之以恆、堅韌不拔的毅力，決策時不會因猶
豫不決而坐失良機。

　　內控制者把成功歸因於努力，把失敗歸因於缺乏努力，這
樣就會促使他們在下次行動中更加努力，不斷總結經驗教訓，
從而不斷地走向成功。而外控制者將失敗歸因於缺乏能力，或

運氣不好，這樣就會導致自暴自棄或等待時來運轉的機會，最終還是喪失成功的機會。有這樣一個實驗，讓被試從事某項智力測驗並有意地安排了失敗的結局，讓他們分析了失敗的原因後要求以快一點的速度做第二次測驗，結果表明完成任務的成績與失敗的歸因有密切關係：認爲上次失敗是由於缺乏努力的被試比歸因於低能或任務困難的被試操作成績有明顯提高。

　　總之，控制點根據個人行爲或環境控制的自我知覺歸因而區分爲內、外控制，這影響到自我保護、資訊獲取、決策活動及創業者的行爲。可以得出的一個重要結論是：和外控制的人相比，內控制的人傾向於資訊的更加開放、更富有開拓性，也更有責任感和創造性，在決策中能堅決果斷、抓住良機，正可謂「機遇偏愛有準備的頭腦」。因此一個有良好素質的企業家應該具有內控制人格特徵的心理素質，才有可能使他不斷開拓事業的高峰。

3.6　個體的感覺尋求和風險態度

3.6.1　何謂感覺尋求？

　　經濟學中認爲人是追求效用（滿足）最大化，並使得到商品和服務所付的成本（努力）最小化的。但經濟學沒有對人在需要滿足後就產生厭倦，並開始尋求各種新異刺激的現象加以解釋，只籠統地指出效用的邊際遞減原則。實際上，許多工作並不完全是爲了獲取經濟利潤，而同時是爲了尋求工作本身的

挑戰性和刺激性所帶來的體驗的滿足。也就是說，經濟行為的產生，既與經濟收益有關，也與心理感受即心理滿足有關，下面我們討論感覺尋求問題。

感覺尋求也是一個人格特質，指人在通常情況下有尋求刺激、厭惡單調的需要，具體包括四方面的內容：(1)尋求激動和冒險；(2)尋求體驗；(3)放縱欲望；(4)厭惡單調。有研究表明優秀的企業領導者一般具有高或較高的感覺尋求特質，但不是具有這一特點的人就會成為優秀的管理者。優秀的管理者中也有一些人並不具備這一特點。具有高感覺尋求特質的領導者傾向於尋求刺激和冒險，永不滿足企業現狀，總是尋求更多的投資機會，更大地拓展市場，特別是當企業處於創業階段或企業改革階段，需要有高感覺尋求的領導者，以求得企業生存空間和發展的突破。

至於厭惡單調在感知覺剝奪實驗中得到證實。當一個人因視、聽和其他感覺受到阻隔而與環境隔絕，無法得到任何感知覺資訊時，首先會變得厭倦，繼而焦躁不安，最後便產生幻覺和錯覺，無法忍受感知覺剝奪的體驗。近年來有人設計了感覺尋求問卷 SSS（sensation seeking scale）來測量刺激的需要與滿足水準，具體內容如表 3-5 所示。

計分方法按以下的選擇每個記一分：1a，2b，3a，4a，5a，6a，7a，8b，9a，10a，11b，12b，13a，14a，15a。如果你的得分在十一分或十一分以上，你傾向於高感覺尋求；得分為五分或更少，則是低感覺尋求者；得分為六至十分則是中等水準的感覺尋求者。研究表明，男性感覺尋求明顯高於女性；隨著年齡的增長，感覺尋求得分下降。表 3-5 之項目是 SSS 量表的一個簡本，只有參考價值。

表3-5　感覺尋求量表（SSS）項目節選

從每個項目中選擇最適合你的愛好和情感的一項。

(1)a.我喜歡鬧市的喧嚷。

　　b.我喜歡鄉村的寧靜與平和。

(2)a.我不喜歡空中飛行的感覺。

　　b.我喜歡在公園裡騎馬。

(3)a.我喜歡有很多出差機會的工作。

　　b.我喜歡在居住區工作。

(4)a.我常希望自己是一名登山運動員。

　　b.我不能理解冒險登山的人。

(5)a.我討厭見到同樣的老面孔。

　　b.我喜歡與相互熟悉的日常朋友交往。

(6)a.即使可能迷路，我也希望到不熟悉的地方去探險。

　　b.當我在一個陌生的地方時我需要一個嚮導。

(7)a.我感到人們反對我比贊同我的觀念更刺激。

　　b.我不喜歡與和我觀念有明顯分歧的人爭論，因為爭論是不能解決問題的。

(8)a.我喜歡用柔和的色彩作裝飾。

　　b.我喜歡用明亮的色彩作裝飾。

(9)a.長時間無所事事我會感到煩躁。

　　b.我常喜歡放鬆而不想做任何事情。

(10)a.多數人在人壽保險上花大量的錢。

　　b.人壽保險是沒有人願意放棄的。

(11)a.我不喜歡咖啡，它使我興奮而不能入眠。

　　b.我喜歡咖啡，因為它使我情緒高昂。

(12)a.最糟的社會品質是粗魯。

　　b.最糟的社會品質是變得令人討厭。

(13)a.最重要的生活目標是儘量過得充實和豐富。

　　b.最重要的生活目標是找到和平與豐富。

(14)a.我若是推銷員，寧願按使我有機會賺更多錢的任務方式工作，而不願按薪工作。

　　b.我若是推銷員，寧願有穩定的薪水而不願冒按任務為基礎而可能一事無成的風險。

(15)a.我喜歡辛辣的食品。

　　b.我喜歡溫和的食品。

　　創業者行為理論認為存在一個對機體最有吸引力的刺激喚醒水準。凡是具有諸如新穎、驚奇、可變、模稜兩可、不調和等屬性的刺激能夠對機體產生喚醒作用，屬性的缺乏或過多，如感覺剝奪或接近感覺閾限以及資訊超負荷，會引起強的喚醒，但這是不舒適的體驗；中等程度的屬性產生弱的喚醒，使人產生舒適的體驗，因而是最具有吸引力的刺激，如圖 3-5 所示。

　　這些研究結果已在假日公園、電影、旅遊等市場營銷中得到應用，這些服務提供的新奇性項目不太多也不太少，而是透過強調輕鬆、舒暢等特點以保證弱的喚醒水準，讓人感覺賞心悅目。

3.6.2　感覺尋求與職業選擇

　　可以從一個人的 SSS 得分來推斷其採取冒險行為或選擇風險性職業的可能性或傾向性。SSS 分數越高，表明個體越傾向

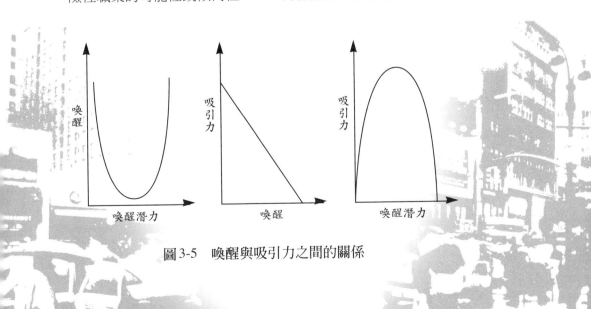

圖 3-5　喚醒與吸引力之間的關係

於尋求刺激和冒險，可以推斷他在抽牌遊戲中會常把賭注押在高風險的選擇上，在跳傘運動中會儘量延遲張傘等。因而，如果一項活動或工作缺乏風險性，他就會感到不夠刺激而不感興趣，因此會更多地選擇諸如消防員、警察、雪地汽車駕駛、賽車車手等職業，這些都已為實驗研究所證實。而SSS分數低的人，更喜歡穩定而風險小的工作，不宜從事高風險甚至冒險的工作。所以，我們可以透過SSS測驗來招聘人員，給他們安排合適的工作，以便在經濟活動中取得最大效益，同時減少各種損失。

3.6.3　感覺尋求與對待風險的態度

SSS分數與風險態度具有一致性。在確定和不確定性的選擇之間，SSS分數高的人，更敢於冒不確定性的風險，更願承擔風險，因此在經濟活動中就越容易當機立斷，獲得更好的成績和優勢。而SSS分數低的人，寧願取得一點小成績而選擇確定的項目，不願為取得大的成績而去冒不確定性風險，這就是在同樣的經濟條件下，不同的人有不同的行為，從而產生不同的結果的原因。

應該講，經濟行為中具有一定的風險意識是必要和有益的，怕擔風險和敢於冒險將導致截然相反的經濟行為，產生不同的經濟效果。研究表明，感覺尋求特質與投資、創業、逃稅避稅等經濟行為相關，而這些行為都具有一定的風險性。市場經濟的一個特徵是給人們帶來了更多的不確定性，企業的經營決策更具風險性，企業如何在市場中求得生存與發展，這對經營者提出了更高的要求，樹立風險意識，提高風險承受能力，

敢於承擔風險，提高風險決策水準是現代企業領導應注意的問題。而同時有意識的選拔高感覺尋求者擔任領導職務將給企業的發展帶來收益。

3.6.4　應用感覺尋求量表對大陸個體投資冒險性的測量研究

美國心理學家蘇格曼（M. Zuckerman）編制的感覺尋求量表（SSS）是測定感覺尋求特質的一個最有分辨力的工具。將它運用於現代經濟心理學的研究中，已取得一些令人鼓舞的結果。

俞文釗教授與研究生楊梅等人修訂了蘇格曼的SSS，在大陸經濟最發達的上海市進行調查研究，結果表明，大陸被試的感覺尋求特質由六個因素組成：尋求激動和驚險、無不良宣洩方式、厭惡單調、理智性、現實性、激情。其中尋求激動和驚險在六個因素中的效力最大。

筆者等人選擇了投資活動中兩類風險水準明顯差異的股民和儲戶作為研究對象進行調查。結果發現被試的年齡和文化程度均影響著其在感覺尋求特質上的表現：隨著年齡的增高，被試在感覺尋求量表上的得分呈下降趨勢。還發現個別因素（尋求激動和驚險因素、激情因素）雖然隨年齡的增長得分下降，但老年組的得分又優於中年組的得分，出現了新高峰，說明大陸老年被試由於生活負擔的減輕，對外界刺激性事物的興趣又開始變濃，心態亦不同於中年被試。而同時文化程度越高，感覺尋求特質水準越高。

在組成大陸被試的感覺尋求特質的六個因素中，尋求激動和驚險因素與激情因素的作用最為顯著，這與我們對冒險傾向

性的界定是一致的。高冒險傾向性的個體不僅要具有敢冒險、喜歡探求新異刺激、勇於嘗試不同經歷的特點，也需具有「理智性」，這能使其探險行為或活動指向有實際意義的事情，行為取向是理想的而非盲目衝動的、不計後果的，這對從事股票投資的股民而言，尤為重要。

我們又分別對股民和儲戶組成的各自群體的內部特徵做進一步的分析，發現自評為風險性強的股民在尋求激動、驚險因素上的得分和總分上都顯著地高於自評為風險性弱的股民，自評為投資績效好的股民與自評為投資績效不確定的股民在總分及所有因素得分上都無顯著差異。這就是說，冒險性尚不能影響股民投資績效。而風險性水準不同的儲戶只在尋求激動、驚險因素和厭惡單調因素上有顯著差異，在其他各因素及總分上均無顯著差異。

研究表明，感覺尋求特質和冒險傾向性具有一致性。不同投資活動其風險性是不同的，高風險或高不確定性的投資活動要求具有高或較高冒險傾向性（感覺尋求特質）的個體參與，但在實際操作中，也並非具有這一特點的個體就能贏得成功，投資績效的好壞並不完全取決於冒險傾向性（感覺尋求特質）。

本章摘要

◆ 理性經濟人假設認為，人是理性的，為自己的利益所驅動，但現代經濟人概念強調要在約束條件下（法律、政策等）爭取自身的最大利益，要用中國的義利觀進行評價，即要見利思義，而不能見利忘義。

◆ 個體成就動機的高低直接影響工作績效、創新程度、經濟增長的速度。

◆ 個體對內外環境進行控制的需要稱為控制點，其中包括對自我和環境的認知歸因，控制點影響著企業家的成敗。

◆ 大陸的感覺尋求特質由六個因素組成：尋求激動和驚險、無不良宣洩方式、厭惡單調、理智性、現實性、激情。

思考與探索

1.試述理性經濟人假設的內涵，並對其進行評價。

2.個體經濟行為有哪些特徵？

3.成就動機與企業家的創新活動有何關係？

4.試述個體感覺尋求與風險態度的概念及意義。

第4章
家庭中人的經濟心理與行為

4.1 從經濟心理學觀點看家庭的涵義

家庭在文學作品中常被描述爲「溫暖的」、「舒適的」、「充滿生活情趣的」。的確，在常人心裡，家庭是一個生活單位，是一個社會的細胞。然而在經濟學家的眼裡，家庭是一個生產單位，它具有投入產出的功能。在這個意義上，家庭猶如一座工廠，投入市場買來的商品和服務以及時間，生產出它所需要的產品，這些產品可以是物質的（如可口的飯菜），也可以是精神的（如美好的感覺）。

用經濟學的方法分析家庭行爲，首先視家庭爲一個經濟組織，這個組織運行的前提是擁有一定的家庭資源，運行的特點取決於家庭的規模、組成和結構，運行的目標是追求最大滿足。生產產品的過程則是由一系列家庭活動完成，家庭產出產品的深度和廣度爲家庭的約束條件所限制。至此，我們將家庭定義爲由一個或一群共用資源以追求共同福利的人組成，家庭擁有家庭成員共用的資源，並具有數種不同資源利用的方法來達到家庭的目標。這一定義表達了家庭作爲經濟組織的幾個特點：家庭行爲的主要目標是追求最大滿足、家庭是社會的最小組成部分、家庭必須擁有家庭成員分享的家庭資源、家庭應有選擇的餘地。

4.1.1 家庭行爲的主要目標是追求最大滿足

和其他社會科學家一樣，經濟學家認爲人類行爲大部分是

目標導向的，人類企圖控制他們的生活以達到他們的目的。人類行為的一個重要特徵是目的性。經濟學家認為不同的經濟單位（利益主體）有不同的目標追求：追求滿足的家庭、追求利潤的公司，以及追求社會福利的政府。另外，非營利組織，如基金會、教堂等也逐漸引起經濟學家的重視。

「滿足」和「效用」是經濟學家描述家庭目標時常用的術語。社會學家則常用「福利」一詞代表同一目標。經濟學家強調，雖然創造收入和積累財富是增加福利的手段，家庭的財富極大化或收入極大化並不一定代表家庭的最大福利，否則家庭就與公司無甚差別。實際上，對於一個家庭，福利不但包括物質性的東西，而且也包括另外一些很重要的非物質性因素，諸如愛、歡樂、健康等。

4.1.2　家庭是社會的最小組成部分

追求滿足的一個單位並不足以構成一個家庭，人們有時為了追求他們相互利益而組成各種組織。因此，家庭的另一特徵是：社會的最小組成部分，家庭是社會的細胞。從經濟學的觀點看，每一個經濟獨立的未婚者也構成一個家庭。

4.1.3　家庭必須擁有家庭成員分享的家庭資源

所謂家庭資源包括兩個部分：人力資源（時間、技能、精力等）、物質資源（收入、耐用消費品、房地產等）。很難想像，一個身無分文的人如何在商品經濟越來越發達的社會生存。一個家庭若沒有資源，這個家庭就會解體。美國最近的一

次人口普查發現，貧困家庭的夫婦更容易離婚。有些婚姻諮詢
專家感慨道：人們在婚姻發生問題時，總想在感情方面找原
因，實際上，根本原因常常在家庭財政上。

　　家庭提供給家庭成員的物品、服務、社會和物質環境是透
過非市場交易進行的。所謂「非市場」指家庭成員得到這些東
西是免費的。這種交易具有典型的單向性和隱含的物質交換性
質。在一定意義上，這是一種互惠行爲。家庭成員互相幫助，
互惠並不馬上兌現，也沒有嚴格的會計制度來結清財務，並且
家庭資源被認爲是共有財產而共同設置。

4.1.4　家庭應有選擇的餘地

　　家庭必須有不同的方法增進福利。如沒有選擇，一個家庭
就不能根據自己的需求來追求自己的目標，就不成其爲經濟意
義上的組織。

　　當然，家庭爲了達到最大「滿足」這個目標要受到諸多條
件的約束：經濟約束（時間、精力、收入、財產數量等）、技術
約束、法律約束、社會文化約束等。由於篇幅限制，這裡不展
開討論。

　　對於家庭經濟行爲分析，傳統經濟學對家庭消費、儲蓄、
工作與閒暇等等進行了深入的研究，並因之構築了微觀經濟學
的基礎之一。著名經濟學家、1992年諾貝爾經濟學獎獲得者貝
克爾（G. S. Becker）對家庭經濟行爲的分析使這一領域的研究
達到一個新的階段，貝克爾創造性地運用微觀經濟學的分析方
法研究了廣泛的家庭行爲，諸如家庭的時間使用、家庭成員的
就業行爲、家務勞動分工、家庭人力資本投資、家庭的生育行

為、家庭對兒童的需求以及婚姻市場等。以他和經濟學家舒爾茨（T. W. Schultz，諾貝爾經濟學獎得主）的研究為圭臬的成果被研究界譽為「新家庭經濟學」。這裡僅介紹幾個有代表性的研究成果，來表述從經濟學角度研究曾經是社會學研究的家庭問題，提供一個審視家庭行為的新視角。

4.2 人口出生問題的經濟心理學分析

人口問題是一個世界性的問題，當一些發展中國家正為了增長太快的人口而發愁時，發達國家卻為了人口出生率以及生育率的顯著下降而憂慮。人們生兒育女究竟遵循著什麼樣的規律呢？這曾經是社會學家和人口統計學家關注的焦點，現在經濟學家也作出了肯定的回答。貝克爾指出，生孩子的決策是嚴格地按照新古典學派的通行理論來分析的。尤其特別的是，貝克爾提出了這樣一個令人驚愕和頗受爭議的觀點，子女在一些重要方面類似於耐用消費品，例如汽車、電視、洗衣機等，因此，對分析這些物品很有效的經濟理論，也同樣可以用來分析人的生產。

為了理解家庭的生育行為，我們首先要有三個前提條件：(1)子女應為父母帶來滿足；(2)父母能夠選擇是否要小孩、要多少小孩和什麼時候要小孩；(3)生養子女是費錢的，將使用稀缺的家庭資源。無論是從歷史原因還是從當前情況來看，子女為父母帶來三種形式的滿足：

第一，父母疼愛子女，子女熱愛父母。這種父母與孩子之間的愛直接給父母帶來滿足。

　　第二，子女本身可以是家庭生產的資源。農村的孩子可以幫父母做許多農活，城市的孩子也透過幫忙家務而減輕父母的負擔，因此，子女對家庭生產的貢獻為父母帶來了間接的滿足。

　　第三，子女在父母年老時為其提供社會的、心理的和經濟的保障。在社會福利制度不健全的社會裡，如許多不發達的國家，為父母的未來提供的經濟保障極為重要。這樣，子女為父母帶來間接的滿足。

　　另一方面，生育孩子很花錢。奧爾森估計，在1980年，美國一對二十五歲沒有孩子的夫婦要花費214956美元來生育撫養一個男孩到二十二歲。如果要送他上四年制大學，總開支達226001美元。這個數字占被調查家庭平均收入的21％至24％。生養一個女孩的費用更高，以上數字還沒有計算所費時間的成本。例如，一項1975年的調查表明，具有高中教育水準的母親平均每年花費四百八十七‧一小時的時間照看零至二‧九歲的小孩，三百六十四‧九小時照看三至四‧九歲的小孩，一百八十一‧一小時照看上小學的小孩，一百一十‧一小時照看十三至十七‧九歲的孩子。有人折算出，從小孩出生一直養育到十八歲，母親照看小孩所花費的時間價值為17817.66美元，父親的時間價值還沒有計算在內。顯而易見，生養小孩要花費父母大量的金錢和時間。

　　以上分析表明，養育孩子需要父母花費一個淨成本，但儘管有著有效的避孕方法，人們總還是願意要孩子。這是因為他們可以從中得到足夠的效用（滿足），以補償所花費的成本。這種成本中包括一些明顯的項目，如食物、衣著和就學等。然而可能更重要的是，還包括父母的時間。從前述可以看出，養育

孩子的成本很大部分是由父母的時間構成的，這是一種具有替代用處的稀缺物品。的確，如果把這些時間用在勞動市場上，它將會具有相應的價值（經濟學中稱之為「機會成本」）。

這些淨成本的存在表明，孩子是某種形式的消費物品，他們在時間上的持續性表明他們是耐用消費品，這樣，他們就不得不與其他耐用消費品一起為在家庭預算中占有一定數目而競爭。更多的孩子則意味著差一點的音響設備或者是一輛更小些的汽車。那麼，下面這個結論是順理成章的：人們是否要孩子的決策受到這樣一些因素的影響，如孩子的「價格」（用所放棄的替代效用來表示）、家庭預算的多寡等等。

我們立刻就面對這樣一個問題，一般來說，耐用消費品的需求隨收入增長而增長，那麼根據前面的推理，我們應當預期對孩子的需求也會與此類似。但是有很多證據顯示，家庭規模是隨著收入的增加而縮小的。難道孩子是劣質產品嗎？貝克爾是這樣解釋的：由於父母的時間有了較高的機會成本，養育孩子的成本是隨收入增加而趨於上升的，並受預算的限制，這就意味著要求較小的家庭規模。而且，不管什麼時候，富裕的家庭總是希望孩子受到更好的教育，從而能夠有更大的收益能力，從長期看，收入的增加總是伴隨著收益能力的增加，這個觀點可用圖4-1來表示。在圖中，收入的增長——透過預算約束線平行向上移動來表示——導致互相競爭的耐用消費品和孩子的「消費」都增長（這裡假定這些商品的相對價格保持不變）。而在一條新的偏好組合曲線與一條新的預算約束線的切點上，才可以選擇更多的孩子（B_2）。

然而，如果收入的增加主要是由於家庭成員所得到的較高工資所帶來，事實上也確實如此。這將使養育孩子所花費時間

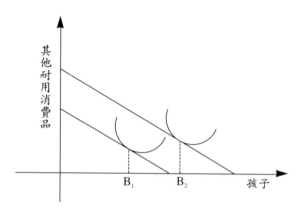

圖4-1　孩子的消費預算約束曲線 I

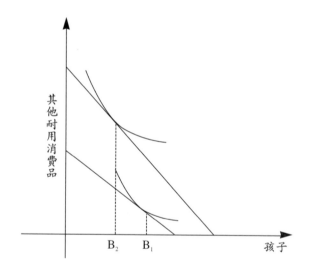

圖4-2　孩子的消費預算約束曲線 II

的機會成本提高，從而增加了孩子的相對價格。如**圖4-2**所示，
一個新的孩子和其他耐用消費品的偏好組合與預算線的交點，
就會意味著一個較小的家庭規模。

　　這個解釋是令人信服的，特別可以解釋婦女工資率提高

（婦女的時間價值增加），婦女將減少生養孩子的時間，參加更多的市場工作或推遲生育時間。明舍（Mincer, 1962）採用1950年的資料，發現美國三十五至四十四歲的居住在城市的白種已婚婦女年收入增加100美元時，家庭規模將減少〇‧一九個孩子。許多其他研究也發現，當影響生育率的其他因素保持不變時，婦女的工資率與完全的家庭規模表現為負相關的關係。還有人發現，子女數目的工資率彈性為-0.43。這樣，我們可以理解發達國家出生率下降的一個原因了。

4.3　家庭的人力資本投資

雖然早自亞當‧斯密開始的經濟學家，就已經認識到正規教育是人力資本投資的一種形式。但事實上只是在近三十年來，經濟學家才開始重視家庭是如何在人力資本上投資的。人力資本投資是家庭儲蓄的一個組成部分。人力資本（human capital）的概念對於理解家庭行為極為重要，貝克爾是這些研究者中的傑出代表，他在經濟學界也是以其關於人力資本的研究最為著稱的。

貝克爾在其著作《人力資本》（1964，1975）中，表達了這樣的一個觀點：人們為自己或為孩子的花費不僅是為了目前的滿足，同時也考慮將來的滿足。將來的滿足可以是貨幣的，也可以不是貨幣的，但是貝克爾強調的主要是前者。他認為，用於未來滿足的支出，通常只有在這種情況下才能被人承受，即：預期收益的現值（按照反映資本的機會成本的利息率打了折扣之後）至少相當於支出的現值，所以我們稱人力資本投資

是一種很重要的儲蓄。這些支出包括明顯的成本如學費和學習用品等，但是貝克爾認為，其主要組成部分是在訓練期間所放棄的收入的價值。

人力資本投資的範圍不只局限於正規教育，另一種人力資本投資為在職訓練和取得經驗。由於正規教育是顯示市場生產率（工資率）的一個重要標誌，因此家庭極為重視正規教育的投資，對教育投資的程度取決於教育收益率。在職訓練是在工作中獲得經驗、增加人力資本，從而提高生產率的重要方式。這種投資活動既可在家庭中進行，也可在市場工作中進行。儘管人們知道訓練時的工資會降低，產量會減少，但他們把這種損失計為投資，在家中或工作中專門抽出時間來進行訓練。在市場工作中，人們把非訓練期和訓練期的收入差距看做是以經驗的形式儲存起來的人力投資。在家庭活動中，人們將訓練時喪失的產量作為以經驗形式儲存的人力資本。

人力資本投資的第三種形式是透過花費金錢和時間來維持和保證健康。如同維護汽車、房子的壽命以達到儲蓄的目的，人們投資貨幣和時間來維持和加強他們的身體和心理健康。因此，健身房、跑步、看醫生、注重營養等是保持健康的各種形式。這種投資的結果是疾病減少、壽命延長以及工作和家庭生產的效率提高。

遷徙是第四種形式的人力資本投資，表現為人們從一個城市、省或國家搬遷到另一個城市、省或國家，尋找更好的工作和不同的生活方式。人們透過放棄一地的機會來獲得另一地的機會。

人力資本投資還有其他形式，如用特定的方法生育和托養小孩，從而為自己的老年提供經濟保障，儘管這種形式的投資

在發達國家不太重要，但它對於理解不發達國家的生育行為非常重要。婚姻也可作為人力投資的一種形式。例如，舊時的父母總想讓自己的兒女高攀上達官貴人，透過與富人家聯姻以期獲得未來的利益。

　　按照貝克爾的模式，從長期來看，所有這些人力資本的形成都會達到這樣一個均衡點，在這一點上，這些活動的邊際收入等於投資的邊際成本。換言之，在均衡點上，所有投資活動（包括人力的和非人力的）的收益率都相等。從這一點出發，貝克爾推演出一系列命題，它們對很多經濟活動作了新的解釋，包括收入分配模型、年齡與收益關係曲線、失業的持續時間和男女教育不平等的存在等等，都是運用上述觀點來加以闡明的。

4.4　家庭的時間配置

4.4.1　時間配置的一般概念

　　在前面的分析中，我們已看到貝克爾對時間價值的重視，他為此撰寫了一篇重要的文章，從理論上將時間配置問題一般化，同時也為制定規範的消費理論提供了基礎。

　　在貝克爾之前，消費理論中對於時間的分析，主要集中在工作和閒暇二者的簡單劃分及相互關係的論證上。工作就是指勞動市場上的有酬工作，透過它，人們可以得到市場所生產的商品和服務，而這正是經濟活動的目的。這裡，閒暇顯然具有

一個機會成本，這就是由於不工作而放棄的商品和服務。

但是，貝克爾認為時間不只有這兩種用途，時間可以用在有酬的勞動市場上，但它也可以用在各種形式的無酬工作上，如家務勞動、DIY 等等。此外，所有的「消費」也都要花費時間。因此，他提出不應把閒暇看做一個獨立的範疇：所有的「閒暇」都包括某些「消費」，所有的「消費」又包括某些「閒暇」。因此人們不是在消費物品和「閒暇」之間選擇，而是在各種各樣的「消費活動」之間選擇。這些消費活動採用從市場上出賣勞動時間得到的和把時間花在「家庭生產」（家務勞動）這兩者不同形式的組合。另外，在有酬工作和閒暇之間的選擇應該被「費時間」活動（如在家庭中預備餐席）和「省時間」活動（如漢堡的購買與消費）之間的選擇所替代，而這種選擇最終受到我們擁有的時間數量及其用於不同用途的生產率的限制。

在此基礎上，1977 年，葛羅勞（D. Gronau）對貝克爾的時間設置理論提出一個重要的改進，首次將家庭時間區分為市場工作時間、家務勞動時間和娛樂閒暇時間，並用一條家庭總預算線來表示這些時間的組合，將家庭收入、工資率、家務勞動生產率、消費品購買和時間組合直觀地表達出來，並可以得出下面這些令人信服的結論。

4.4.2　工資率變化產生的三種效應

(一) 生產替代效應

由於工資率的上升，表示每一小時的工作可換來更多的市

場商品，相對來說，市場生產率比家庭生產率更高，因此，保持總勞動時間不變時，人們願意用一些家務勞動時間換取一些市場工作時間，這種市場工作和家務勞動的相互替代稱為生產替代效應。

（二）消費替代效應

工資率提高時，閒暇相對物品來說更貴，家庭傾向於消費較少的閒暇、較多的物品。為達到這個目的，家庭成員將工作更多的時間來獲得收入，從而購買和消費更多的商品來替代相對昂貴的閒暇，這種情況稱為消費替代效應。

（三）收入效應

當家庭的實際收入增加時，家庭對物品和閒暇的需求均有增加，這種情況稱為工資率增長的收入效應。

很明顯，工資率上升時，前兩個替代效應將導致延長工作時間，而收入效應則是減少市場工作時間。同時，由於生產替代效應，家務勞動時間減少，對閒暇的影響取決於消費替代效應和收入效應的相對大小。至於非工資收入的增加將導致家庭成員對閒暇的需求增加，同時，減少工作者的市場工作時間，或非工作者的家務勞動時間。

家庭人口的增長將導致父親增加市場工作時間，母親增加家務勞動時間。隨著孩子年齡的增長，父親仍保持甚至增加市場工作時間，母親逐漸減少家務勞動時間，增加市場工作時間。

配偶工資率的上升導致另一配偶時間使用的變化。變化的方向取決於丈夫或妻子的時間是替代品還是互補品。如果是替

代品，則丈夫工資率的上升將導致妻子閒暇的增加。如果丈夫具有市場工作的相對優勢，妻子具有家務勞動的相對優勢，且丈夫將時間主要用於市場工作，妻子將時間主要用於家務勞動，則能使家庭獲得最大福利，這時他們充分利用了婚姻所提供的優勢。

從整個家庭生命週期看，人們對工作和閒暇時間的安排取決於時間的相對價值，他們在時間相對昂貴（中壯年）時多工作，在時間相對便宜（年輕或年老）時多享受閒暇或多從事時間密集的活動（如教育）。

最後，如前所述，家務勞動是經濟心理學研究的薄弱環節。目前理論家們只是認識到家務勞動是一種非正式的經濟活動形式，在社會經濟總體運行中有著重要作用，尤其在經濟蕭條時，家務勞動常常可緩解巨大的社會就業壓力。計算家務勞動時間的價值也是一個經濟學家既感興趣又感困難的實際問題。如果家務勞動的價值能夠估計出來，它可併入國民生產總值，從而使我們更好地了解國家的財富和生產率情況。由於家庭生產的物品和服務來自家務勞動時間，因此，精確計算家務勞動時間的價值將有助於改進國家的經濟統計。

4.5　婚姻的經濟心理學分析

貝克爾的另一項開創性事業，是他對婚姻經濟學理論的發展：婚姻是一種在各種類型的經濟中都毫無例外存在的、重要的和連綿不斷的現象。不管明文規定的法律制度是怎樣的，在整個成文史中，大多數成人都是「結婚」了的，人們在相互競

爭的潛在配偶中進行選擇，以使效用最大化，可謂情場如市場。按照貝克爾的理論，這種效用的衡量，是根據前面所說那種家庭製造的商品的消費來進行的。婚姻的普遍性使貝克爾認為，男女勞動力在某些家庭生產中是互相補充的，特別顯著的例證是父母撫養孩子的活動（父親在市場上掙錢，母親在家帶孩子）。總之，貝克爾認為家庭是一個生產單位，家庭生產的產品可以滿足家庭成員的需要。兩個人只有在共同所得大於各為單身時的分別所得之和的情況下才會結婚。

婚姻的另一經濟學理論是曼瑟（Manser）和布朗（Brown）所提出，他們聲稱婚姻是兩個人合作和談判的結果。上述兩個理論均認為，如果雙方的期望沒有實現，如果結婚的實際所得低於重新變為單身的期望所得，或低於與他人結婚的期望所得時，他們將離婚。結婚與離婚是人們在權衡各種選擇的利弊後的合理決策。從這個意義上講，我們常常不無貶義地談到擇偶標準，如「龍配龍，鳳配鳳」、「出得廳堂，入得廚房」、「長相像演員，身體像運動員，做飯像炊事員，買東西像採購員」等，有其一定的合理性，這些標準都強調了結婚所得。

結婚和離婚將影響人們的滿足程度和福利，這是容易理解的，同時，結婚和離婚是有成本的。這種成本分為兩類：交易成本和機會成本。交易成本指與結婚離婚直接相關的費用，如用於結婚拍照、結婚儀式、律師、法庭等的費用等；機會成本為放棄一種狀態，追求另一種狀態而獲得的福利，如結婚的機會成本為如果保持單身所獲得的福利，離婚的機會成本為如果保持婚姻所獲的福利，儘管交易成本有時很大，但結婚和離婚的機會成本更大。

另外，由於資訊的不完全，人們必須去尋找自己的伴侶，

而這種花費是很大的，因此一個人可能最終會與一個不是最理想的人建立配偶關係，或者他們也許會透過討價還價來取得補償性的讓步。這種讓步可能是一筆錢（如嫁妝等等）或行為上的約束（如許諾放棄釣魚愛好），這就為離婚埋下了伏筆。由於人們對結婚的結果不可能瞭如指掌，實際上，人們在結婚前對婚姻的期望並不等於結婚後的現實。對婚姻的期望和婚姻現實之間的差異是離婚的重要因素。婚姻好比兩個人簽訂一個合同，雙方都對婚姻的結果有一定期望。一旦期望的結果沒有實現，相當於合同破裂。如果失望足夠大，就會導致離婚。

值得指出的是，這裡所說的期望值是統計學意義上，指以機率為權重的所得平均值，和日常生活中的期望涵義有所不同。例如，假如一對男女結婚後，結婚所得為100000元的可能性為30％，所得為10000元的可能性為70％，則他們結婚所得的期望值為：

$$100000 \times 30\% + 10000 \times 70\% = 37000（元）$$

如果結婚的一方錯誤地估計了機率，則所得出的期望值為日後的離婚埋下伏筆。例如，假如上例的情況為現實情況，而結婚的一方卻估計為，結婚所得為100000元的可能性為70％，所得為10000元的可能性為30％，則其錯誤的期望值為：

$$100000 \times 70\% + 10000 \times 30\% = 73000（元）$$

一旦現實世界的結果為10000元，他（她）就會十分失望。如果這種失望達到一定程度，這個婚姻就會解體，離婚便在所難免。如前一段時間大陸大量出現的海外婚姻，真正獲得幸福美滿的只是少數，更多的人在短期內都離了婚。許多人由於資訊的缺乏和對外部世界的盲目崇拜，他們不但將結婚所得想成一個巨大的天文數字，並且也認為獲得這個所得的可能性為100

%，一旦現實所得比想像中的差得太多的話，他們不離婚才怪。

　　看來，上面的分析還是有些道理的，儘管它不能解釋婚姻問題的所有方面，但它至少表明了，人類的婚姻行為並不像通常所認為的那樣，僅僅與生物學的和制度的因素相聯繫。總之，用家庭生產的理論作為一種分析手段，看來可能僅僅是經濟學家的一個笑話，一種知識遊戲，而且它的某些結論也確實顯得平淡無奇，但是，它確實做了別的方法和理論所做不出的有趣的解釋與預測，這不能不說是貝克爾的成功之處。

　　貝克爾的理論始終貫穿了新古典經濟學的基本原則：效用最大化、市場均衡、穩定的偏好。由於這些原則已經受到挑戰，因此也就有了來自各方面的爭論，例如，對於在已婚婦女就業率和受教育程度二者之間存在的正相關關係的解釋，貝克爾認為是受教育婦女的時間具有較高市場價值，也有人認為可以是態度的變化。因為受更多教育的人更願意從事市場工作來實現自我價值，而不是在家務勞動上「浪費」時間。

4.6　家庭儲蓄的經濟心理學分析

　　有人說，甘蔗從根吃起，每一口都吃最甜的部分。也有人說，甘蔗從梢吃，每吃一口，都有更甜的在後面。如果將時間的長河比作一根甘蔗，你是傾向於「人生幾何，及時行樂」，還是傾向於「吃苦在前，享受在後」呢？用經濟學語言來說，就是你的時間偏好是什麼——是偏向於當前消費，還是傾向於未來消費，而後者就是儲蓄。

為了便於展開討論，我們先定義幾個常用的名詞：消費、儲蓄和反向儲蓄（借貸）。

消費是家庭在當前購買商品，從而獲得現時滿足的活動。今天購買食品並吃掉是消費，那麼購買汽車和服裝呢？它們可用於今天，也可用於明天，也就是說，它們能在今天產生滿足，也能延續到明天產生滿足。這恰是儲蓄的實質。

儲蓄是家庭在當前使用資源，在未來獲得滿足的活動。因此購買汽車和服裝是同為消費和儲蓄活動的例子。純粹的儲蓄可以是在銀行存錢或買股票債券。實際上，往銀行存款就是借錢給銀行。

由此可見，消費—儲蓄實際上是一個從純消費到純儲蓄的連續體。現在我們僅研究純儲蓄這一端。一般認為，儲蓄量或為零，或為正數。實際上，儲蓄也可以為負數，正如許多家庭常做的那樣。因此，反向儲蓄定義為家庭把將來資源用於當前以增加當前消費的活動。反向儲蓄包含借貸，在美國，人們申請貸款買房子、汽車或上學，就是將他們未來指望得到的資源用於當前。

4.6.1 儲蓄的需要與動機

人們為什麼要儲蓄呢？因為有儲蓄需要。儲蓄需要是人們對貨幣占有並達到一定數額的一種渴求和欲望，是人們各種需要的間接反映。

儲蓄需要主要產生於消費需要。消費需要來源於個體生存和成長的需要。人們為了生存、繁衍後代，就必須進食、穿衣、休息、消費一定的物品。要取得消費品，在商品經濟條件

下，就要借助於貨幣來實現。由於消費需要與貨幣支付能力往往在時間上、數量上存在不一致，或者有消費需要而無支付能力或支付能力不足，或是有支付能力而暫無消費需要，還有其他種種原因，使得消費需要得不到立即滿足。這種矛盾的衝突需要外部力量來調節，這時，人們可以選擇儲蓄，也可以舉債，或是透過其他途徑，但人們更多地是選擇了儲蓄。當人們選擇儲蓄方式並認為可行時，就會產生儲蓄需要。

　　當然，人們的儲蓄需要還不單是消費需要的反映，還有如安全需要、歸屬和愛的需要、發展的需要，各種需要往往以縱橫交錯的複合形式出現。另外，儲蓄需要的產生還受到周圍環境刺激或誘因的影響，因為人要與周圍環境發生關係並相互作用，從而影響其儲蓄需要。

　　所謂儲蓄動機是推動人們進行儲蓄的推動力，是推動人們為達到某種目的進行儲蓄的一種意念和想法，或者說是指居民為什麼而儲蓄，即指居民儲蓄的目標或目的，它決定了儲蓄行為。

　　關於儲蓄動機，經濟學家凱因斯進行了淋漓盡致的描述：人們儲蓄的動機有八種，「謹慎、遠慮、計算、改善、獨立、企業、自豪和貪婪」。凱因斯將這八種儲蓄動機分別解釋為：謹慎──建立準備金，以防不測之變；遠慮──預防未來用錢；計算──享受利息的增值；改善──使以後開支可以逐漸增加；獨立──享受獨立感及有能力感；企業──獲得從事投機或發展事業的本錢；自豪──遺留財產給予後人；貪婪──滿足純粹吝嗇欲，即儘量遏制消費，節約到不合理的程度。

　　經濟學家薩繆爾森（Samuelson, 1985）在他的《經濟學》一書中寫道：「個人企圖儲蓄的理由是各種各樣的，他想為老

年的生活或將來的開支（假期旅行或買小汽車）作準備；或者
他可能具有不安全的感覺而未雨綢繆；或者，他是一個高壽八
十而沒有後代的守財奴，爲積累而積累；或者保險公司的代理
人曾經說服了他，使他簽訂了一張儲蓄的契約；或者，他可能
想得到較多的財富所帶來的權力；或者節約可能僅是一種習
慣，幾乎是一種條件反射，其根源連他自己也不知道。」

4.6.2　儲蓄動機的演變與分類

從前面分析中，我們知道產生儲蓄動機必須有兩個條件，
一是內在條件，即儲蓄的內在要求——儲蓄需要，這是儲蓄動
機產生的根源與基礎；二是外部條件，只有儲蓄需要還不能產
生儲蓄動機，還必須有儲蓄能力，即收入在保證基本（最低）
生活消費後有結餘，並且有辦理業務的機構。

在經濟發展的較低階段，儲蓄行爲僅僅是消費行爲之後的
一種「剩餘」行爲，扣除消費支出，剩下多少就儲蓄多少，既
不勉爲其難、刻意節省，也不大手大腳、過分奢侈或者純粹出
於一種節約的美德。儲蓄本身成爲儲蓄者的目標，亦即爲儲蓄
而儲蓄，這可稱之爲「消極儲蓄」。在這種情況下，居民儲蓄不
可能有很明確的目標或動機。

隨著居民貨幣收入的增加，在滿足消費支出之後的剩餘收
入越來越多，這對居民來說，已不再是無足輕重的一筆額外收
入，它對改善居民以後的生活狀況具有重要作用。這時，居民
就不再採取消極的態度，而是積極地去籌劃這筆錢的用途。同
時，居民儲蓄行爲就不再是消費行爲之後的剩餘行爲而是儲蓄
與消費同時進行，意味著儲蓄一開始就有明確的目標和計畫，

這種有計畫的儲蓄稱之爲「積極儲蓄」。

接下來的問題是，「消極儲蓄」轉到「積極儲蓄」的臨界值如何？當消費支出後的剩餘收入額達到足以使儲蓄者感到重要的程度，消極儲蓄便可轉化爲積極儲蓄，但對不同的階層和不同的時期的儲蓄者來說，這個轉化的臨界值是不同的，例如2000元，對一個月收入50000元的人來說（假設他花掉48000元，剩2000元）是微不足道的，而對一個月收入10000元的人來說（假設他花掉8000元，剩2000元）就不再是無足輕重了。同樣，現在的1000元與過去的1000元在心理上的感覺也會發生變化。若現在的月收入爲過去的三倍，對同樣的剩餘收入額（1000元）人們就會採取不同的態度。過去是積極儲蓄者，而現在可能成爲消極儲蓄者。

這裡，我們可以借用心理學中的韋伯閾限定律：「觀察兩個對象間的差異時，我們察覺的不是絕對的差別，乃是相對的差別，這是在幾種感官內部曾經證實的觀察」，意即我們對三十克和三十七克的重物剛能辨別，其差數是七，然而對六十與六十一克則不能辨別，必須是六十二克才能辨別。

他的發現被總結爲一個公式，即：

$$K = \Delta I/I$$

式中，K＝常數（單位：韋伯比例或韋伯）

　　　I＝強度

　　　ΔI＝剛能引起較強感覺的刺激增加量

在上例中，我們用一個係數K＝剩餘收入÷收入總額來衡量，K_1=2000/50000，K_2=2000/10000，顯然$K_1 < K_2$，當然其心理感覺不一樣，這又和經濟學中的邊際儲蓄傾向（即儲蓄增

加額÷收入增加額）聯繫起來了。這說明，不同的收入水準其邊際儲蓄傾向也不相同。同時也表明，居民的儲蓄動機不完全是主觀的，也具有某種程度的客觀性，恰當地說，是主觀與客觀的有機結合。當主觀感覺不變時，居民儲蓄傾向隨貨幣收入的增加而提高；當貨幣收入水準不變時，居民儲蓄傾向隨其主觀感覺的變化而提高或降低。在一定時期，居民的這種主觀感覺亦即從消極儲蓄轉向積極儲蓄的臨界值，可以運用抽樣統計方法得出其機率分布，從而可以在宏觀層次上知道居民儲蓄傾向的高低，即儲蓄動機的強弱，這對於制定恰當的儲蓄政策是十分重要的。

至此，儲蓄動機決定於居民收入水準和儲蓄的社會心理，因此，儲蓄動機可用下列公式來表示：

I＝A/B

式中，I＝儲蓄動機系統

A＝貨幣收入增長幅度

B＝臨界值的提高

不難看出，儲蓄動機是一條與B成反比而與A成正比的曲線，如圖4-3所示。

從具體內容考察，儲蓄動機是一個由低到高的發展過程，整個過程可分為六個階段：

第一階段，儲蓄動機是儲蓄本身，沒有其他具體目標，可以說，是一種無意儲蓄。

第二階段，是保險動機，這是在應付不可預測的天災人禍和年老後的生活保障。當事實未發生之前，為此而進行的儲蓄一般是不會動用的，也正是由於目標具有不確定性，這類儲蓄

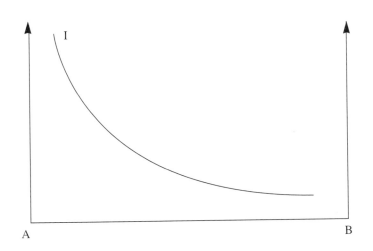

圖4-3 儲蓄動機曲線

動機相對較弱，隨意性較大，可多可少。

第三階段，供養子女和贍養老人的動機。這較前階段更為明確，但供養子女和贍養老人一般不是近幾年內的事，事實真正發生的時間較遠，從而可以向後推移，這在某種程度上又弱化了儲蓄的動機。

第四階段，婚喪嫁娶的動機。此類儲蓄一般都有明確的期限，需求迫切，故此類儲蓄的動機較強，並且在一個家庭裡是首先必須解決的問題，往往是全家動員，盡力儲蓄（在城鎮和鄉村的一般家庭尤為明顯）。

第五階段，改善生活的動機。一個家庭只有在前面的需求滿足之後，儲蓄的動機才能進入這個階段，亦即為此而進行的儲蓄才成為可能。這一般是購置耐用消費品，改善居住條件等等，一旦達到這個階段，儲蓄動機強度明顯增加。

第六階段，盈利的動機。當居民的剩餘收入額除了滿足前

面的各種需要之後還有剩餘，居民儲蓄的動機就不再局限於消費，而是把收入資本化，賺取收益，例如購入債券、股票，或存入收益率較高的銀行。

　　居民儲蓄動機的六個階段可用**圖**4-4表示，一般情況下都不可能越級儲蓄。

　　最後，居民在儲蓄動機的驅使下就會產生儲蓄行為。儲蓄行為是實際儲蓄的階段，在此之前儲蓄需要與儲蓄動機只以行為人的觀念留存於頭腦裡，只有到了儲蓄行為階段，才發生質變，由內心觀念發展到外顯行為的階段。簡而言之，儲蓄行為是在儲蓄動機支配下，人們實現儲蓄的過程。透過前面的分析，我們可以得到如**圖**4-5的一個儲蓄行為模式圖。

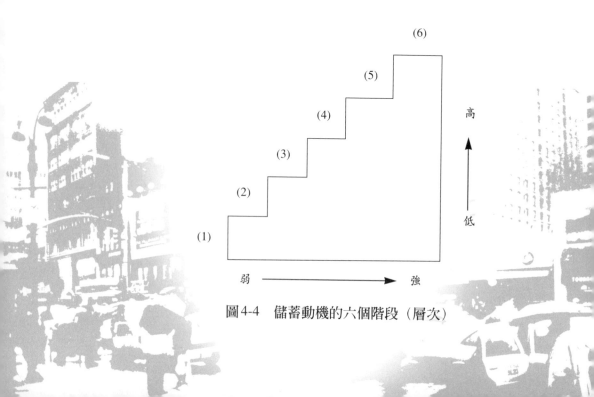

圖4-4　儲蓄動機的六個階段（層次）

4.7　影響儲蓄心理與行為的因素分析

　　影響儲蓄行為的因素有很多，其中收入無疑是一個決定性
的因素。其次是諸如市場價格、通貨膨脹、利率等，關於這些
經濟學家已有過很多的論述。這裡我們換個角度，從家庭的時
間偏好、相對收入水準、消費者的心理帳戶、儲戶的個性特點
以及理性預期等經濟心理角度進行探討。

4.7.1　時間選擇與主觀利息率

　　經濟學上稱時間選擇為經濟行為人選擇當前進行消費抑或
進行儲蓄和投資以便未來能得到更多的消費的一種時間偏好，
通俗地講就是經濟行為人如何處理積累和消費的關係問題。這
是個人、家庭、企業乃至整個國家都面臨的基本經濟問題，即

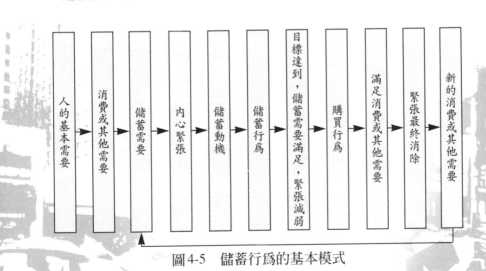

圖4-5　儲蓄行為的基本模式

個人、家庭、企業或國家如何對自己的總資源按時間先後進行分配，下面以家庭爲例，看看家庭的時間偏好圖（如圖4-6所示）。

　　前面我們討論了家庭對不同商品的偏好，這裡以同樣方式討論家庭對不同時間消費的偏好。圖4-6顯示了幾條關於第一年消費和第二年消費的無差異曲線，這些曲線可用來代表家庭的時間偏好。曲線V_0上的A點表示第一年消費少一點，第二年消費多一點，B點情況正相反。家庭對於這兩種組合同樣喜歡，因爲這兩點在同一條無差異曲線上，當然，家庭更喜歡V_1上的D點，因爲D點表示兩年的消費都增加了。

　　這些曲線的斜率表示第一年消費對第二年消費的邊際替代率。和商品的邊際替代率一樣，這些替代率是隨某年消費的減少而遞減的。因此，家庭的時間偏好是負斜率，凸向原點的。

　　時間偏好也可以說是家庭儲蓄的一個動機，它反映家庭傾

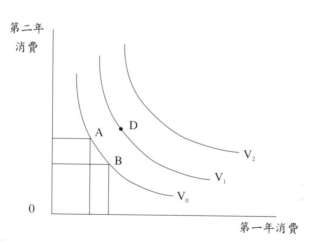

說明：V_0、V_1、V_2皆爲無差異曲線，在V_1曲線上的任何一點皆可泛指爲
　　　D點，但爲讓讀者形象了解，現用‧具體表示爲D。

圖4-6　家庭的時間偏好圖

向於當前消費或未來消費。我們定義：家庭若不存不借則為持中型，若借貸則為現時導向型，若儲蓄則為未來導向型。現時導向型的家庭傾向於及時行樂，在當前時區消費，為滿足現時的消費需要，盡可能將未來時區的資源借來；未來導向型的家庭正相反，盡可能將當前收入儲蓄起來為滿足未來的消費。持中型的家庭則不借也不存。所以，從時間選擇上說，儲蓄發生在家庭以未來為導向的時候。

研究表明，時間選擇與滿意延遲心理有關。例如，在實驗中觀察到，兒童對於為在稍後的時間裡得到更多的獎勵（如更多的糖）而推遲當前的獎勵（如只有一定數量的糖）所感受到的情感體驗不同，從而行為表現也不一樣。如果延遲的獎勵大到產生足夠的吸引力，會使其產生更大的滿足感，這時兒童會進行延遲的時間選擇。

經濟社會中對為了將來得到更多的錢而在當前儲蓄的情感測量指標就是主觀利息率。例如，年息7％意味著人們樂意在當前存10000元而在一年後得到10700元，當然，也許有人不願以這個年利息率進行儲蓄，而是認為一年後應該得到13000元。那麼這時的年息30％就是主觀年息率。可以理解，主觀利息率越高，就越會選擇現時消費，而不願存錢。在對大件商品的消費行為的調查中，發現主觀利息率有所不同，例如購買冷氣估計為25％，更換洗衣機為21％。

時間選擇的測量方法很多，最突出的是提問測驗。問題的類型有：「如果在當前的10000元和六個月後的X元中進行選擇，當X至少是多少時，你才願意接受而放棄當前的10000元？」改變提問方式，包括提出將來現金的數目，詢問被試現金的價值，舉出兩者數目和詢問時間週期等，使測量能得到準

確的結果。另外一些方法中有如強迫選擇法：「假如要你在當前的10000元現金和一年後的20000元之間選擇，你會選擇哪一種？」接下來可以使用階梯法，即如果被試選擇20000元，就問「假如要你在當前的10000元現金和一年後的17500元之間選擇，你會選哪一種？」等等，直到被試選擇10000元。這樣就從被試的時間選擇中得到其主觀利息率標準。透過類似的測試，研究金錢數額、時間跨度、盈虧數目等，可觀察到主觀利息率和社會人口統計變數（性別、職業、年齡等）的關係，並可預測儲蓄與消費行為。

　　研究還發現，隨著金額的增加和時間跨度的延長，主觀利息率也隨之增長，這個結果與存款額、貸款期限相關的市場租金行為相反。而且內在利息率在虧損時比盈利時更低，顯示出和盈的延遲相比，更情願虧的延遲，也即表明個體寧願不盈利，也要儘量把損失減少到最小。這在通貨膨脹時期表現最為明顯，當通貨膨脹率大大超過了存款利息率，居民積累的財富自然蒙受損失。若這種損失已超過了居民的心理承受力，居民會毫不遲疑地減少儲蓄或不再增加，以擴大當前消費從而使損失降低。

　　通貨膨脹使居民在當前消費和未來消費的時間選擇中進退維谷、左右為難。至於到底採取什麼行動，取決於居民對消費時期的選擇偏好和物價上漲產生的心理損耗的對比。若傾向於未來消費，並超出了物價上漲導致的心理損耗，則儲蓄率隨物價上漲而提高；反之，儲蓄率隨物價上漲而降低。這裡有一個臨界點，在臨界點兩邊的情形是截然相反的。

　　1988年大陸曾一度出現提款風潮，儲蓄存款急劇下降。這種變異現象的出現，說明物價上漲產生的心理損耗遠遠超過了

對未來的消費偏好。要使臨界點移動，使物價上漲產生的心理損耗小於對未來消費偏好，從而使居民儲蓄量不致發生大的變動，較好的辦法是提高儲蓄存款利率，這也是各國常用的一個宏觀經濟政策。

4.7.2　收入的主觀折舊率與相對收入假設

費雪在1930年提出了收入的時間選擇效用理論，指出在其他條件相同時，低收入能產生高度的耐心，特別是當個體有較強的自我控制能力，認為當時的準備對現在和未來都是很有必要時，收入的時間選擇效用更大，或者說更趨向於強的儲蓄傾向和未來消費導向。有人認為耐心受到年齡和社會階層的影響。例如，年輕人還未掌握好自我控制的技巧，在花錢時往往缺乏計畫。更有人進行了定量研究，甚至把西方近年儲蓄的下降歸罪於自我控制的缺乏。

最近，有人提出了用收入的主觀折舊率來代替費雪的收入時間選擇效用理論，發現收入的主觀折舊率隨收入的增加而下降，如表4-1所示。

費雪還提出了收入趨勢影響耐心的時間曲線。人們用期望將來得到增加的收入來評價現在的額外消費，而不是將來的額外消費，因此導致高的主觀折舊率。這與卡托納關於消費者儲蓄行為的研究結果一致：價格下跌時，人們被存款強烈激勵以待將來消費，因而淨存款額增加；而價格上升時，人們的存款得不到激勵而淨存款額減少。

同時，根據費雪的理論推算，人們當前是否有存款，以及對未來經濟形勢的預期影響到收入的主觀折舊率，如表4-2所

表4-1　主觀折舊率和收入的關係

收入級別	主觀折舊率
少於6000美元	89％
6000-10000美元	39％
10000-15000美元	27％
15000-25000美元	17％
25000-35000美元	8.9％
35000-50000美元	5.1％

表4-2　經濟預期對儲蓄的影響

		期望地位	
		悲觀的	樂觀的
當前地位	存款	9.6％	32.4％
	不存款	27.6％	42.0％

示。

　　這個結果與卡托納的觀點也相吻合。如前所述，卡托納發
現，人們儲蓄動機在低收入、經濟不景氣時更強，儲蓄量增
加，消費量減少。因為蕭條的經濟具有緊迫感和威脅性，人們
感到前途未卜，迫切需要一個能夠暫時抵擋威脅的經濟緩衝器
——一筆足以保障今後一個時期基本生活需要的儲蓄，於是儲
蓄量增加。而在經濟繁榮時，人們傾向於購買耐用消費品。旅
遊、度假和滿足其他享樂性需要，必然導致儲蓄量的減少。

　　前面我們已經提到過經濟心理與行為的研究中對社會心理
學原理的應用，謝弗潤（H. M. Shefrin）提出了「心理帳戶」的
概念來解釋消費和儲蓄行為，這裡不再贅述，下面我們討論有

關相對收入假設和儲蓄行為的關係。

　　相對收入假設非常社會學化，它的創建者杜生貝利（C. Duesenberry）認為，人們的消費和儲蓄決策不僅決定於他們的總資源（當前和未來預期的），也決定於他們所屬社會集團的消費行為。具體地說，家庭如果比他們所認為的同類消費得更多，就獲得更大滿足，否則就不滿足。問題不在於家庭擁有多少資源，或多少比例的資源用於當前的消費，關鍵是在同一社會階層中家庭總資源的相對地位以及家庭的消費水準和標準是否與本階層一致。這就是相對收入假設名稱的由來。

　　根據這一假設，家庭在收入改變時會堅持原先的消費水準。如果收入下降了，家庭仍要保持或超過它原先那一階層的生活水準。為了做到這一點，家庭會儲存較小比例的當前收入。如果收入大幅度下降，或長時期下降，家庭為維持原先的消費水準會陷入深深的債務之中。只有當家庭收入的下降持續了足夠長的時間，家庭才按照收入較低的階層調整它的消費水準，這時，家庭進入一個更低階層。

　　相反的情況也是這樣。家庭收入上升時，將繼續保持它原來的消費水準，以與它認同的同一階層的家庭的消費相同，因此，它將儲蓄較高比例的收入。只有收入的增長持續到一定長的時間，家庭才會調整它的消費水準以便與同等收入階層的家庭看齊。這時，家庭進入更高的一個社會階層。

　　總之，只要收入的變化不大，持續時間不長，就不會導致家庭進入一個新的社會階層，家庭的消費將不變，但儲蓄可能會變。而收入的變化過大，持續時間過長，將導致家庭進入另一社會階層，家庭的消費也會參照新的社會階層的消費水準而改變。

4.7.3　預期與儲蓄行爲

　　家庭在進行儲蓄決策時，總是預測未來的趨勢和可能，構想未來的藍圖。可以說，所有的儲蓄決策都涉及到以現在採取的行動取得未來不確定的報酬，因而儲蓄預期在儲蓄決策中具有十分重要的作用。

　　預期是人們的一種心理活動，是對目前有關的經濟變數的主觀判斷。換言之，預期就是決策者對與他的決策有關的不確定性的經濟變數所作的主觀判斷。儲蓄預期就是家庭對影響儲蓄存款未來收益變數的一種主觀判斷，它與物價和儲蓄利率密切相關。

　　受利益動機的支配，當儲戶看到或估計到影響經濟利益的變數即將發生變化時，往往傾向於從自身的利益出發，調整自己的儲蓄行爲，捍衛自己的未來利益。如主觀判斷物價還要上漲而儲蓄利率相對下降時，往往會放棄銀行儲蓄而購物保值，反之，則會增加儲蓄。

　　儲蓄預期對儲蓄決策的影響還表現在預期收入上。影響居民現實儲蓄不僅僅是現實收入，而且和預期收入也有關係。當預期收入高於實際收入時，就會減少儲蓄，甚至負儲蓄，增加現時消費。反之，當預期收入低於實際收入時，就會多儲蓄，以備補充未來消費。

4.7.4　風險偏好與儲蓄行爲

　　經濟心理學家達爾巴克（Dahlback, 1991）對儲蓄和冒險進

行了研究。認為存款能夠用作對付經濟危機的手段，不同的存款方式產生的防險作用是有差別的，因此可以假設個體的風險偏好會影響儲蓄。他分析了冒險傾向和儲蓄習慣之間的關係，其中冒險傾向是透過不同情況下對被試提問進行評測。結果表明，與不謹慎（傾向冒險）的被試比較，謹慎（傾向不冒險）的被試傾向於保持更低的債務並在銀行帳戶上儲存更多的錢；被試的冒險傾向和總淨資本及應付突然額外支出能力之間不存在顯著相關。顯然，在這項研究中，達爾巴克把冒險性作為人格特質的一種，是心理變數，儲蓄是一個經濟變數，並對兩者的關係進行了有意義的探索，也為進一步研究提供了思路。

本章摘要

◆ 從經濟心理學看家庭作為經濟組織有以下特點：追求最大滿足、社會的最小組成部分、家庭成員分享家庭資源、有選擇餘地等。

◆ 家庭的人力資本投資是家庭儲蓄的一個組成部分。人力資本投資的形式可以多樣化：教育、訓練、保證健康、遷徙、生育、婚姻等。

◆ 婚姻的經濟心理學分析表明，結婚和離婚是有成本的：交易成本和機會成本。

◆ 儲蓄的經濟心理學分析包括儲蓄的需要與動機及影響儲蓄的諸因素：時間選擇、主觀利息率、收入的主觀折舊率、相對收入假設、經濟預期與風險偏好等。

思考與探索

1.試述從經濟心理學的觀點如何理解家庭的涵義。

2.在現代社會中家庭的人力資本投資包括哪些內容和形式？

3.試從經濟心理學角度分析婚姻問題，並作出評價。

第5章
企業的經濟心理與行為

5.1　企業低效率現象的分析──X（低）效率理論

5.1.1　什麼是X（低）效率理論？

如何使企業取得最大效率？是什麼因素影響企業的生產效率實現最大化？這是經濟學、經濟心理學、行為經濟學和企業家們極為關心的核心問題。對此，美國經濟學家萊賓斯坦（H. Leibenstein）1966年提出X（低）效率的理論。萊賓斯坦是在其著作《超越經濟人》一書及行為經濟學學術年會上初步闡述這一觀點的。1988年弗朗茨（R. S. Franz）在其著作《X效率：理論、論據和應用》一書中進一步闡明了這一理論的全貌。這一理論對傳統的新古典經濟理論的基本假設提出了有力的挑戰，並用承認極大化和非極大化行為同時並存的假設取代了傳統的極大化行為假設。這一理論指出，企業內部並非完全有效率，不一定達到技術上的最優水準，而是存在來源不明的X低效率。

傳統理論認為，稀缺資源經市場已經進行了有效的配置，因而企業的目標就是在給定的投入（資金）和技術水準下，實現產量的極大化和單位成本的極小化。因此，這一理論強調，投入與產出的關係是純技術關係。

但是，事實與經驗表明，即使在投入（資金）與技術水準給定的條件下，並不一定能實現效益的極大化。這是因為企業的投入與產出不完全決定於單純的資金與技術因素，在影響投

入與產出的因果關係中，還存在著組織（organization）與動機（motivtion）因素。為此，企業內部並不是最有效率的，也就是存在著 X（低）效率現象，因而產生企業利潤不是極大化，企業並不是按邊際原理經營，非配置型低效率現象依然存在的問題。

萊賓斯坦當時對這種形式的低效率的性質尚不明瞭，所以稱為 X（低）效率，即「在 X（低）效率一詞中，X 代表來源不明的非配置（低）效率」。

5.1.2　X（低）效率理論與新古典理論的區別

X（低）效率理論，從哈維‧萊賓斯坦 1966 年最早提出至今，一直在積極嘗試批評性地重構經濟學中長期占統治地位的新古典學說，尤其是它的廠商理論。

新古典學派把經濟學看做研究稀缺資源透過市場在各種可供選擇的用途間進行有效配置的學問。因此，它主要關注市場（價格）的配置效率——帕累托效率——及其實現條件，而完全疏漏了企業（個人和集體）的內部效率——X 效率——及其實現條件。

萊賓斯坦看到以下一些與新古典理論描述的企業營運方式完全相違的事實：

1. 企業不是內部有效率的，即只要將工廠的內部組織作簡單的變動，廠商就能增加它們的產量。
2. 企業不是利潤極大化的，即廠商並不按邊際分析原理經營。

3.存在著勞動和資本以外的某種東西在工業化國家的增長率中發揮重要作用。

　　傳統新古典理論與實際存在的Ｘ（低）效率現象間的不一致性，標誌著傳統新古典理論陷入了危機。萊賓斯坦和他的追隨者們認為，基本假設不完全現實的新古典經濟學，特別是它的廠商理論，必須重新構造，以使經濟理論不僅能說明市場配置效率，而且也能說明企業的Ｘ效率。

　　因此，從前提、方法、架構直至結論，後者都提出了自己獨特的看法，從而形成了區別於傳統新古典經濟學的Ｘ效率理論。兩者在以下幾方面存在著根本的不同點：

　　第一，新古典理論認為，代表性企業是生產者的恰當研究單位，代表性家庭是消費者的恰當研究單位。但是Ｘ效率理論認為，有思想和行為的個人才是研究的基本單位。

　　第二，新古典理論認為，無論是生產者還是消費者，都是有理性的經濟人，他們的行為，都是要實現極大化的行為，例如，企業的行為是追求利潤（或其他目標）極大化，家庭的行為追求效用極大化。

　　但Ｘ效率理論認為，個人的行為既包含理性因素，又包含非理性因素。人並不總是表現出完全的理性，而是表現為有選擇的理性。

　　第三，新古典理論認為，在企業內部，雇員的行為就是為了使企業主的目標（比如說利潤）實現極大化，換言之，雇員沒有自己的與企業的目標和利益不一致甚至衝突的目標和利益。

　　但Ｘ效率理論認為，應該用極大化非極大化假設代替極大

化假設，因為現實生活中，不排除極大化假設，也必須承認，允許研究非極大化行為。實際情況是企業主與雇員的利益並不總是一致的，因而很難使企業目標實現利潤最大化。

　　第四，新古典理論認為，經濟行為人肯定會對環境的變化作出充分的反應。但X效率理論認為，人的行為並不總是對環境變化作出反應，這是因為人的行為有惰性特徵，人經常在「惰性區域」（inert area）工作。

　　第五，新古典理論認為，企業主與雇員所訂的勞動合同是完整的，這就是說，不僅對雇員的報酬是確定的，而且雇員的勞動時間和努力程度也是確定的。

　　X效率理論認為，勞動合同是不完整的，合同中雇傭、購買的是勞動時間，而不是勞動努力。雇員按照合同提供多少某種技能水準上的努力，有相當的自由處置權。

　　第六，新古典理論認為，雇員的努力程度是一個既定的常量。X效率理論則認為，個人的努力程度不是一機械決定的常量，而是任意決定的變數。

5.1.3　X（低）效率理論的假設與命題

　　針對新古典理論的不足，X（低）效率理論提出了一整套他們認為更實際、適用範圍更廣泛的假設和命題：

　　第一，生產活動不只是可以借助現代數學和物理方法精確描述的一種技術決定關係，在一定程度上，它決定於個人的心理和生理活動。由於只有個體的人才有思想的行動，所以，作為經濟學研究對象的恰當單位就不應該是籠統的家庭和企業，而應該是構成它們的最小行為單位——個人。

　　第二，任何個人都具有雙重性。即個人的行為，一方面具有確定和堅持標準，透過計算和注意細節，努力追求極大化的傾向；另一方面又具有不關心標準，不注意計算和細節，不努力追求極大化的傾向。

　　這兩種傾向的對立和並存，決定了新古典理論所謂的完全理性的經濟人只能是一種極端的和個別的情況，是某些人在某些時候某些條件下採取的行為的特徵，而不是所有的人在所有條件下採取的行為的特徵。通常的情況應該是，個人只具有有選擇的理性，他們只把一部分精力放在作出資訊充分的決策所必需的細節上，而讓更多的決策採取依賴於習俗、慣例、道德規範、標準程序和模仿的形式作出（這些形式明顯具有非極大化的特徵）。這就是說，個人的行為應該既包含理性因素，又包含非理性因素。因此，應該用極大化非極大化假設來替代新古典經濟學的極大化假設。

　　為了使人理解極大化和非極大化行為，X效率論者利用並改寫了約克─道德遜定律（Yerk's-Dodson law）。這個法則在1908年由心理學家羅伯特‧約克和約翰‧道德遜提出的時候，提示的是刺激強度與學習的關係。萊賓斯坦在他們1983年和1985年的兩篇著述中，將其借用來表現壓力和工作績效之間的關係：承受相對較高和較低壓力的個人，是不會努力對決策做仔細計算，不會盡可能做好工作的，只有在適度的壓力下，他們才能採取極大化行動，工作才可能有最好的績效。這個壓力，既可以由個人自身內部機制創造出來，例如，有的人比別人更傾向於按責任、義務和標準行事；也可以由外部環境透過企業內部人際關係（上司、同事）和市場競爭（或缺乏競爭）的效應形成，並且可以表現為不同的強度。這個概念是新古典

經濟理論沒有採用的（如**圖**5-1所示）。

　　第三，個人的努力程度是一個變數。應該把個人的努力（體力和腦力的運用），看做是個人對他自己的精神和（或）由外部環境確定的動機作出反應的結果。努力的構成要素，至少有活動（A）、進度（P）、品質（Q）和時間模式（T）四種，即所謂的APQT束。任何個人，對APQT束都有一定程度的自由選擇權。這種選擇，不僅根據成本和收益（新古典就強調這一點），而且，還要根據動機和認識系統（X效率理論將經濟行為分析引向它的心理學基礎）。因此，由於個人並不一定有足夠的動機按照極大化行為模式來思考問題，即使個人確實在按照偏好進行選擇，習慣也會對這些偏好和選擇作出調節；個人即使有偏好，也不一定有能力或意願對所處環境的各種變化都能作出區分。所以，個人的努力程度不應該是一個機械決定的常量，而應該是一個任意決定的變數。

　　第四，個人的行為具有惰性特徵，或者說，個人通常都是

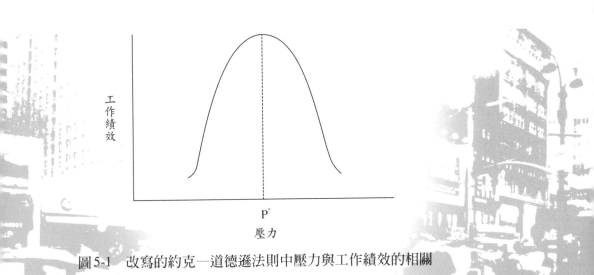

圖5-1　改寫的約克—道德遜法則中壓力與工作績效的相關

在他的「惰性區域」工作（如圖5-2所示）。這裡所謂的「惰性
區域」，實際上是一個努力區域，在這區域的下限以下，隨著努
力水準的提高，個人的滿足程度會以遞增的速率增加，在這區
域的上限以上，隨著努力水準的提高，個人的滿足水準會以遞
減的速率下降，因此，只有這個區域中的努力水準，才是令人
滿意的「均衡」努力水準。在這個區域中，各個努力水準、各
個滿足水準彼此間很難加以區分。個人一旦進入工作的惰性區
域，就會抵制改變其努力水準的各種影響，因此，自變數變動
不導致因變數相應變動，便成為這個區域最重要的特徵。這就
再一次證明，個人只有有選擇的理性：他們並不總是竭盡所能
來計算和分析各種不同努力和滿足水準的成本和利益的。

　　第五，生產過程不是一種機械過程，企業也不是一部將投
入變為產出的高效轉換器。X效率的實現要依賴企業全體成員
的努力。在企業中，上司、同事和傳統都會對個人的努力水準

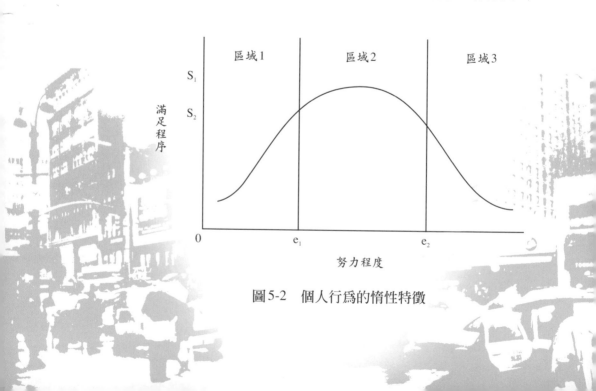

圖5-2　個人行為的惰性特徵

發生影響。通常，來自上司的壓力（如監督和獎懲）會使個人
更加勤快地工作，即變得更加理性。經理們只要創造一種能使
雇員感到他們是在為他們自己工作的環境，並使雇員們感到他
們在工作中是他人平等的合夥者，就能提高雇員們的努力水
準。而來自同事的壓力，卻可能產生三種不同的效應：(1)大家
都在盡職盡力，你也要盡職盡力；(2)如果你想偷懶，你可以偷
懶，但卻不可以太賣力，以免顯出別人不賣力；(3)盡你自己的
職責，但不可以太努力，免得使別人顯得不努力。至於傳統的
影響，可以非常典型地在這樣一則對答中反映出來：「你為什
麼這樣工作？」「不知道，人們一直就是這樣做的。」在一個擁
有眾多成員的企業中，長期形成的集體工作規範，會使得集體
表現出的努力水準接近於每個集體成員的「平均」生產率水
準。

　　第六，勞動合同是不完善的。在雇傭合同中，企業直接購
買的是勞動時間，而不是作為人力投入最重要因素的勞動努
力，但生產使用的卻是勞動努力。按照這種合同，雇員對於提
供多少某種技能水準上的努力，具有相當的自由處置權。因
此，雇員的實際努力程度，還必須取決於企業的激勵機制。透
過激勵機制，壓力影響動機，動機影響努力，努力影響成本，
從而提高X效率，或者降低X（低）效率。勞動投入不同於其
他投入，是X效率理論的一條重要立論依據。

　　第七，企業主（委託人）和雇員（代理人）的利益並不總
是一致的。企業內決定勞動程度的所有變數，並不由企業主全
部控制，而是如上所述，一部分由雇員控制，另一部分由雇主
控制。因此，企業生產率的決定問題，就成了一個典型的決策
論問題。萊賓斯坦用囚徒的兩難困境對策來描述這個問題：企

業和雇員都有三種策略可供選擇。其中，企業的極大化策略是使提供給雇員的工作條件和工資極小化，而同時又試圖使能從雇員那裡得到的東西達到極大。雇員的極大化策略是盡可能小地付出努力，但卻要照拿工資。採取這種策略的每個雇員都以為，他只是免費搭車，他個人的偷懶不會使企業遭受損失從而引起注意，所以也不會使他的個人利益（如收入和崗位）受到影響。可是，如果雙方都採取極大化策略的話，就會導致囚徒的兩難困境──一個生產效率低下、報酬和工作條件可憐的企業。

另一方面，企業可以採取完全是為了職工利益（不管職工表現如何）的黃金法則策略，或者，雇員也可以採取為企業最大利益工作（不管企業如何對待他們）的黃金法則策略，但是，除非雙方同時採取這種策略，不然，採取這種策略的任何一方都會感到自己由於對方未採取這種策略而陷入「不公平」的境地。最後，如果雙方都採取選擇同業集體標準的策略，企業按習慣提供工作條件，雇員按習慣提供工作努力，不合習慣的一方或者調整自己的行為，或者另謀他就以維持這種合作，那麼，這種同業集體標準解也能使雙方的付出和收入相等，因此，這種合作解優於其他所有的非合作解。

5.1.4　X（低）效率理論的評價

萊賓斯坦等提出的X（低）效率理論具有重要的意義：

第一，X（低）效率理論的提出，引出了人們對經濟學理性主義方法論傳統的反思與批判。傳統經濟理論的理性經濟人模型，不僅是解釋人類經濟行為的一把鑰匙，也是一個龐大的

經濟學體系的重心和支點，它為經濟學理論走向科學作出了重
要的貢獻。但是，自斯密以後近兩百年來西方經濟學方法論的
發展，其主流學派的一些代表人物把這種理性研究範式加以泛
化和曲解，誇大理性假設的邏輯意義，並上升為一種思辨因
素，從而築起了現代唯理性主義的窠臼。那種單純注重經濟理
性邏輯演繹、僅把理性經濟人高度抽象為數學符號並視為惟
一、用最大化原則來衡量經濟人的一切行為的方法，只能使經
濟理論越來越遠離實際。為此 X（低）效率理論提出了以經驗
為根據來研究經濟現象的問題，從而對一些現實經濟問題作出
了更為合理的解釋。

第二，X（低）效率理論的提出，充實了傳統經濟學的研
究內容。經濟學家們的普遍看法是，經濟學理論的數學解釋這
種精益求精的過程對理解尤其是精確的理解有好處。但是凡事
有得必有失，部分的精細化過程會把理論中似乎是不必要的知
識丟掉。不知怎麼，效率被改換為只是配置效率。經濟學的進
步中疏漏了經營者和雇員的效率觀念，一旦配置效率與效用或
利潤的極大化假設相結合，就不再有經營者和雇員的效率觀念
存在的餘地了。於是，企業和企業內部有可能進行次最優
（suboptimal）經營的觀念消失了。X效率理論修正了效率這一
觀念，並在此基礎上重新構造了廠商理論。

第三，X（低）效率理論認為，X（低）效率現象的產生並
非是由資金與技術等經濟因素造成的，而是由組織與人的因素
造成的，因而探討 X（低）效率現象的規律理所當然地應成為
經濟學與經濟心理學共同的研究對象。探討 X（低）效率現象
也是研究企業行為的一個重要方面和內容。

第四，對 X（低）效率成因的分析中涉及到在組織中個體

的心理與行爲規律：人的有選擇的理性、個人努力程度分散性
的假定、個人行爲具有惰性特徵的假定、企業與職工間兩難決
策的假定等。這些假設是初步的，但也可以成爲研究企業中 X
（低）效率現象的出發點，進一步探索其中的規律，尋求對策將
是很重要的研究課題。

　　第五，當然，鑑於西方國家的經濟與文化、政治背景與我
國不同，我們不應該照搬這一理論來分析自己國家存在的低效
率現象，而是要從實際出發，建立有自己特色的分析 X（低）
效率現象的理論、模式與實際有效的對策。

5.2　現代企業中有效激勵機制的建立

5.2.1　現代企業建立和完善激勵機制的重要性

　　激勵機制是指組織系統中，激勵主體透過激勵因素或激勵
手段與激勵客體之間相互作用的關係的總和。也就是指企業激
勵內在關係結構、運行方式和發展演變規律的總和。

　　建立和完善有效的激勵機制對任何企業都非常重要，但對
現代企業尤其重要，這是因爲：

　　第一，組織成員的協作願望與組織的規模成反比例關係。
隨著組織規模的擴大，組織成員的協作願望有弱化的趨勢，這
就需要企業經營者激勵組織成員以持續地保持協作願望。

　　第二，現代企業內部具有不同利益需求的組織群體，他們
在需求內容上具有多樣性，需求層次上也具有不一致性。隨著

職工需求的多樣化，現代企業在對職工需求結構的分析、對激勵因素和激勵手段的選擇等方面都提出了更高的要求，現代企業建立和完善有效的激勵機制就顯得更加重要了。

第三，現代企業建立和完善有效激勵機制的重要性，還基於國內企業管理的現實。我們認為，現代企業制度有利於界定企業產權，增加對企業的約束，為企業建立和完善有效的激勵機制創造了外部條件。然而，企業產權界定不能解決企業效率的所有問題，企業效率最終還要歸結於現代企業是否能建立起一套科學完整的組織機構，透過公司治理機制的設置和運作，形成調節所有者、經營者和職工之間關係的制衡和約束機制，也就是說企業效率最終歸結於現代企業是否能建立和完善有效的激勵機制，給企業經營者和職工以最有效的激勵。

第四，現代企業不僅要建立和完善對企業職工的激勵機制，還要建立和完善對經營者的激勵機制，並要建立職工與經營者相互激勵、相互制衡的機制。因此，現代企業建立和完善激勵機制比傳統企業更重要、更複雜。

綜上所述，現代企業由於規模不斷擴大，分工協作關係日趨複雜，企業成員的需求日趨多樣化，建立和完善有效的激勵機制顯得越來越重要。

5.2.2 企業中有效激勵機制的建立

建立有效激勵機制的內涵是指，透過改革建立起能最大限度調動企事業單位各層次人員的創造性、積極性的運行機制。

（一）建立有效激勵機制的推拉理論

　　從個體激勵的觀點看，激勵是在內外誘因的刺激下動機激發的心理過程。動機激發是指使人具有某種欲求，使人對某些事物產生有意識的欲望。同樣，在現代企業制度下，我們也要深入研究管理層與不同職工群體行為的動力與源泉是什麼，他們的欲求與欲望是什麼，透過建立現代企業制度，能否滿足他們的欲望，以此提高積極性，使他們處於激勵狀態中。

　　當代個體激勵的理論體系，簡稱為動機激勵的推拉理論。這一理論認為，人是否能持續地處於激勵狀態中，積極性是否一直很高，這需要有內部的推力和外部的拉力，一推一拉的複合才能達到激勵的目的。屬於推力的動機激勵包括人的內部需要，其中有屬於本能性的需要（衣、食、住、行等），也有屬於社會性的需要，如社會動機、成就動機等。這種以內部推力形式出現的動力是一種強大的驅力，它促使人透過積極的行為來達到自己的目的。當前廣大職工都有致富的願望，同時也有取得個人成就的動機。人們都想透過建立現代企業制度來實現這些目標，這就是一股強大的推力。

　　但是，僅有內部推力還是不夠的，還需要設置外部拉力作為誘因，透過誘因誘發動機來達到目的。屬於拉力的動機激勵包括目標設置理論、期望理論、歸因理論、公平理論等。當前，廣大職工非常關心企業的前途與方向、企業的分配制度（工資報酬的高低）以及企業的獎勵、晉升、培訓制度等是否有吸引力。為什麼許多職工嚮往去外商企業工作，說到底是那裡的工資待遇高，獎懲公平，能有去國外培訓的機會，晉升有望，這些就是強大的拉力。廣大職工希望透過建立現代企業制

度，最終在有關職工切身利益的各項制度上，能產生強大的吸
引力，即拉力。

　　當前，我們從理論上已知個體激勵狀態能維持多久，取決
於內部推力和外部拉力的複合。但是，在現代企業制度中，要
建立哪些推力和拉力才能使領導管理層與不同職工群體一直處
於激勵狀態中，這就需要深入探索動機激勵的推拉理論如何有
效地運用在現代企業制度的激勵過程中，由此而建立的激勵機
制真正能持續不斷地調動職工的積極性與創造性。

（二）現代企業制度內部的七個有效激勵機制

　　激勵機制就是調動人的積極性的運行機制。有效激勵的主
要內容就是要建立有效的激勵制度。我們認為，建立以下七個
制度有利於從推力和拉力兩方面使職工始終保持激勵狀態，這
就是理想目標制度、工作目標制度、分配制度、用工獎懲制
度、考評制度、晉升制度和培訓制度。

◆理想目標制度

　　這是指企業要向職工灌輸高層次的思想、信仰、精神需
求，這是激勵內容的最高層次，其激勵效果為，使職工有遠大
的工作理想。當前，理想目標制度透過以下途徑來實現：企業
精神與企業文化的建立與運行、職業道德與行為規範的建立與
運行。

◆工作目標制度

　　從激勵的層次看，企業要使職工在實現企業工作目標中體
現自我價值，獲得自我實現的可能。這一制度的激勵效果為，
使職工工作有奮鬥目標，並使企業目標與職工工作崗位密切結
合起來。當前，工作目標制度透過以下方式來三種實現：企業

方針目標體系的建立與運行；企業方針目標的分解、實施與運行；企業方針目標管理的程序、形式的建立與運行。

◆分配制度

從激勵的層次看，企業透過分配制度滿足職工的生活需要與成就需要，其激勵效果為，真正實現貢獻有報酬，按勞分配，多勞多得。

◆用工獎懲制度

從激勵的角度看，企業透過用工獎懲制度使職工有憂患、競爭意識，其激勵效果為，使職工工作既有壓力，又能催人上進。當前，企業的有效用工獎懲制度包括實行勞動合同制、主管職位人員聘任制、制定獎懲條例。

◆考評制度

從激勵的層次看，企業透過考評制度，滿足職工的成就與自尊需要，其激勵效果為，使職工工作有榜樣，晉升有依據。當前，企業的有效考評制度應包括層層考評原則，且考評的層次和方式應有所不同。如第一線員工人的考評方式為評議結合；一般主管為考核、考試和考評三者結合；中級以上主管為考核、考評、考查、評議四者結合。

◆晉升制度

從激勵的層次看，企業實施晉升制度能使職工得到他人承認和社會地位的自尊需要，其激勵效果為，使職工工作有內在動力。

◆培訓制度

從激勵的層次看，企業實施培訓制度能使職工獲得重新學習、自我完善、自我發展需要的滿足。其激勵效果為，使職工提高內在素質，發展有方向。當前企業的有效培訓制度的內容

包括：建立全員培訓機制；編制培訓計畫；制定培訓管理制
度；實現新職工職前培訓、在職培訓、出國培訓等。

　　表5-1綜述了建立企業有效激勵制度的內涵。

（三）企事業單位要根據單位的實際情況實施有效的激勵制度

　　管理的靈魂就是要根據單位的實際情況，因地制宜地實施
有特色的內部激勵機制。上海大眾汽車有限公司在實施內部激
勵機制時，採取了如表5-2所示的內部激勵制度。

　　上海施貴寶製藥有限公司根據自身的情況，採取了如圖5-3
所示的內部激勵制度。

　　以上可見，建立現代企業制度中的激勵制度，不應該只有
一個模式，而是應該根據單位的具體情況，建立權變的激勵制
度的內容。

5.3　企業行爲——企業形象的塑造

　　企業行爲的重要內容之一，就是塑造企業自身的形象。企
業如同一個人一樣，必須有鮮明的、可供識別的人格和形象。
世界上沒有兩家企業是完全一樣的，除了人力、財力、技術力
量以外，形象將成爲企業進入二十一世紀的新「護照」和生產
力。這也是企業一筆未存入銀行卻又擁有巨大利息的財產，是
企業從游擊方式向正規兵團作戰的重大變化。

表5-1　建立企業有效激勵制度的內涵

激勵制度	激勵機制的內容與運行	激勵的層次	激勵的效果
理想目標制度	1.思想政治工作機制的建立與運行 2.企業精神與企業文化的建立與運行 3.職業道德與行為規範的建立與運行	高層次的理想、信仰、精神需求	工作有遠大理想
工作目標制度	1.公司方針目標體系的建立與運行 2.公司方針目標的分解、實施和運行 3.公司方針目標管理的程序、形式的建立與運行	在實現企業工作目標中，自我實現、自我價值體現的需求	工作有奮鬥目標，企業目標與員工個人職位工作結合起來
分配制度	1.工資隨企業效益浮動 2.實行職位等級工資制 3.「技薪」、「職薪」、「實績」與工資相符	實現生活需要、成就需要	按勞分配貢獻有報酬多勞多得
用工獎懲制度	1.實行全員勞動合同制 2.主管職位人員聘任制 3.制定獎懲條例	有憂患、競爭需要	工作既有壓力，又能催人上進
考評制度	1.考評原則：層層考評原則 2.考評方式：層次不同，方式不同 3.第一線員工考核與評議結合：一般主管考核、考試、考評三者結合：中級以上主管考核、考評、考查、評議四者結合	有成就、自尊需要	工作有榜樣晉升有依據
晉升制度	1.建立全員晉升機制 2.工人考工定級晉升制 3.建立主管職務系列，考核晉升	追求得到他人承認和社會地位的自尊需要	工作有內在動力
培訓制度	1.建立全員培訓機制 2.新職工職前培訓、在職培訓、出國培訓 3.編制培訓計畫，制定培訓管理制度	有重新學習、自我完善、自我發展的需要	提高員工內在素質，發展有方向

表5-2 上海大衆汽車有限公司內部激勵機制

獎勵制度	具體內容	實施效果
理想目標制度	1.思想工作與企業精神、企業文化相結合	建立行爲規範、道德規範
	2.高目標、高起點、多層次開展精神文明建設活動（行爲規範、道德規範）	高層次的思想教育深入人心
用工制度	1.全員勞動合同制度	雙方自願選擇，優化勞動組合，提高工作效率，調動職工積極性
	2.內部招聘制。凡有空缺職位均首先在企業內公開進行內部招聘，公平競爭	鼓勵職工提高業務工作能力，學習新的專業知識，向高一級職位、高一級薪資挑戰
	3.推行「精益生產方式」裁減冗員，精簡機構，並爲失業人員提供五種去向	增強職位競爭意識和危機感，不斷提高人員素質
分配制度	1.建立薪資隨企業效益浮動的制度。如上一年企業取得良好的經濟效益，次年所有職位均可按一定比例提高職位薪資	即使不能調往高職位，也有提高薪資的機會，職工利益與企業效益緊密結合
	2.職位等級薪資制。對全公司各類職位依據「培訓和經驗」、「體能要求」、「工作環境」、「工作責任」、「工作範圍」五個方面評分，確定每個職位的薪資等級範圍	人事部門對職工的職位等級有客觀的衡量標準，促使職工根據職位要求，努力提高自身素質
	3.對有突出貢獻的傑出員工，實行薪資不受職位薪資等級限制的特殊政策	調動廣大科技人員的工作積極性，促進企業技術進步
獎懲制度	1.評選傑出職工和有特殊貢獻的職工，授榮譽稱號，拍傑出事蹟錄影片，邀請傑出職工家屬參觀工廠	增強傑出職工的榮譽感，在職工中樹立榜樣

（續）表5-2　上海大眾汽車有限公司內部激勵機制

獎勵制度	具體內容	實施效果
獎懲制度	2.既有嚴格要求，又有優厚福利待遇（免費供餐、上下班接送、帶薪休假、生日蛋糕等） 違紀處分：書面批評、書面警告、留職察看、辭退、下降一至三級薪資。廠內嚴禁吸煙、偷竊，違者重罰	使職工充分體會到企業的溫暖，並保證有一個嚴肅緊張的工作秩序
	3.鼓勵職工積極提出合理化建議和技術改進建議。組成評審委員會，對建議進行審定，並給予獎勵（住房、出國考察、晉升等）	激勵員工勤於思考，勇於探索，提高職工參與意識與主人公意識
培訓制度	1.出國培訓 2.國內高等院校培訓 3.公司培訓中心進行職位培訓	更新知識，適應企業發展需要

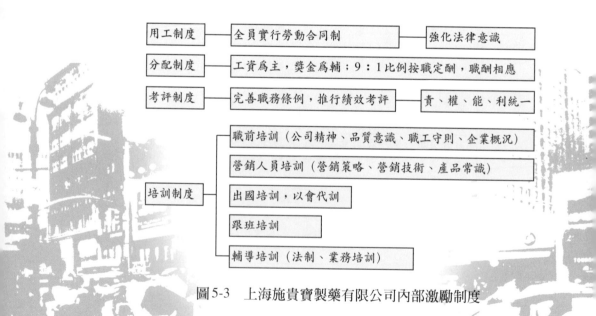

圖5-3　上海施貴寶製藥有限公司內部激勵制度

5.3.1 企業形象的塑造

當今世界，日益激烈的市場競爭，使企業的產品在品質、性能、服務、信譽等方面越來越接近，也使企業透過產品向社會大眾傳達的資訊趨於同一，由此，社會大眾很難從日趨同一的產品資訊中感受到企業獨特的魅力。因此，企業間的競爭已不再是某些單一層次上的局部競爭，而是在理念與價值取向、規模與設備投入、人才與技術裝備、產品與市場拓展、公益與社會責任等各個層次上展開的全方位的整體實力競爭，即企業形象的競爭。

企業形象是企業的一筆無形資產，它代表著企業的信譽、產品的品質、人員的素質、股票的漲跌等等，它決定著企業的命運。誰能夠將優良鮮明的企業形象呈現在公眾面前，誰就能在激烈的市場競爭中脫穎而出，穩操勝券。國內外大凡成功的企業，幾乎無一不著意塑造、強化自身的形象，如「可口可樂」、「柯達」、「麥當勞」、「雀巢」等許許多多外國商品靠它們鮮明的、強烈的形象獲得了巨大的利潤。

塑造企業形象並不能立刻給企業帶來經濟效益，而是在它創造良好社會效益的過程中，透過滿足社會公眾的利益需要，由社會效益轉化而來的。因而，塑造企業形象應成為越來越多有長遠眼光企業的長期策略。

這項長期策略最有效的工具與手段便是 CIS （corporate identity system，企業形象識別系統）。

5.3.2　CIS與企業形象

（一）CIS的定義與主要內容

　　CIS是英語corporate identity system的縮略語。corporate是指「公司、法人團體」等，也就是不僅指企業，也可以包括諸如服務機構、事業單位等一切法人組織；identity則有「同一性、獨特性、身分證明」等多重意思，國外的一些企業形象研究者認爲，identity的用法源於美國社會心理學界提出的「社會身分」的概念；system是「系統」的意思。CIS的意思是「企業形象設計」或「企業形象識別系統」。

　　CIS的定義不盡一致，台灣CIS設計權威林磐聳先生將其定義爲：「將企業經營理念與精神文化運用統一的整體傳達系統（特別是視覺傳達設計），傳達給企業周邊的關係或者團體（包括企業內部與社會大眾），並使其對企業產生一致的認同感與價值觀。」

　　日本CIS設計的開拓性人物中西元男認爲：「企業、行政等組織，在全新時代的價值觀念環境中，將自己固有的自立哲學加以明確化；在資訊化社會中透過各種傳播活動將個性鮮明地表現出來；透過改進組織內外有關人員的集團意識和組織體制，從而建立起更好的市場環境與活動環境的文化革命策略。」

　　以上兩個定義均出自權威的CIS專家與研究者，各自詳略不同，強調的重點不同，但是，基本上都包含兩點主要內容，即企業應建立並明確其獨特性；企業應統一個性或形象表現並使之標準化，並利用特定的手段對外進行大力宣傳，爭取社會公

眾的認同。

完整的CIS應包括三個子系統，即MI（mind identity，理念識別）、BI（behavior identity，行為識別）和VI（vision identity，視覺識別）。理念識別系統包括企業精神、經營觀念、企業信條、企業目標、企業標語和座右銘等。企業理念是企業文化的濃縮，是企業領導人事業宗旨的體現，是員工精神目標的確定。企業理念決定企業的差別，也左右企業的素質，更在相當程度上影響著企業的市場定位。行為識別系統包括企業內部的各項管理規章制度，員工行為方式，企業對外的公關宣傳活動，如市場調查、促銷活動、社會公益性與文化性活動等，是企業經營理念的外在的動態表現。視覺識別系統包括基本設計要素（企業的名稱、標誌、標準字、標準色等）和應用系統（辦公用品、企業車輛裝飾、員工服飾、環境布置、廣告宣傳、招牌、產品包裝等），是企業經營理念的外在的靜態表現。

一個完整的CIS系統，以上三者缺一不可，缺少任何一部分都會使企業形象設計流於形式。因此，意欲導入CIS的企業，必須首先全面認識CIS作為企業經營策略的宏觀與微觀因素；已經導入CIS的企業，也有必要全面審視一下CIS系統的建立情況，使之逐步完善。

（二）CIS的功能

CIS策略其實是企業經營的一個重要組成部分，它所能解決的問題，依企業的性質有所不同，但大致可歸納如下：

1.企業形象陳舊老化，易被誤認、誤解。
2.隨著企業向多角化經營發展，企業形象的一貫性、統一計

畫性逐漸喪失。

3.與其他公司合併後，必須重新塑造企業形象。

4.企業名稱與商品的形象不符。

5.與同行業競爭的企業比較起來，自身的活動性似乎較差，
在形象的競爭力及認知程度上明顯地處於不利的地位。

6.知名度過低。

7.企業形象不好，員工士氣低落。

8.企業形象因某種原因受損。

9.舊企業形象成為打入市場的障礙。

10.缺少能代表全公司的統一性標誌。

11.企業某種特定商品的形象，成為其他商品的障礙。

12.企業對人才的吸引力不夠。

13.已上市的股票顯示，公司正處於劣勢或遇到障礙。

14.商品和商標形象之間，出現不合理的分歧現象。

15.企業形象產生低落、陳腐化的傾向。

16.趕不上國際化、形象化的潮流。

17.當前的經營策略與企業形象無法配合。

　　歸納起來，CIS對企業來說主要有以下功能：對內，CIS的導入實施對企業內部的運作機制上有極大的正面影響，可以增強企業的凝聚力，提高經營管理水準，建設富有活力的企業文化。現今，勞動力市場的流動性越來越大，尤其是年輕一代的職工，對企業的認同歸屬感漸漸淡薄。CIS的導入，在BI方面推動時可激勵員工的士氣，形成對企業的共同意識與認同。因為CIS是在一定的企業理念、企業精神的基礎上發展起來的，是企業理念和企業精神的外化，反過來又幫助企業形成獨特的企

業文化和企業精神，從而產生凝聚員工共同價值觀的作用，這可謂是CIS最深層的作用。

(三) 企業形象的概念

企業形象的英文是corporate image，其縮略語恰巧也是CI。所謂企業形象就是公眾對於企業的總體評價，是企業的表現與特徵在社會公眾心目中的反映。「形象」的英文image也可以翻譯成「影像」，所以，企業形象似乎也可以解釋為組織或企業的實際表現在公眾腦海中投射的影像或投影。對於企業形象來講，有三個要素最重要，這就是知名度、美譽度和形象定位。

知名度是指一個企業被公眾知曉、了解的程度以及該企業社會影響的廣度和深度，這是評價企業「名氣」大小的客觀尺度。美譽度是指一個企業獲得公眾信任、讚美的程度以及企業社會影響的美醜、好壞，它是評價企業好壞程度的客觀指標。一個企業的知名度高，其美譽度不一定高；反之亦然。企業應追求的是知名度高、美譽度也高的形象，除此之外，還應重視企業的形象定位。所謂形象定位，就是指企業應首先確認自己在社會分工體系中所扮演的角色，然後再將這一角色內容廣泛地讓社會公眾了解。達到這一目的的主要手段就是企業統一的訊息傳遞活動，透過這種活動，公眾才能獲得「某某企業是屬於哪一種性質的企業」、「該企業的經營範圍和經營方針具有哪些特點」等明確的形象。形象定位模糊的企業，社會公眾無法明白此企業對社會有何功能作用、與自己有何關係。形象定位一般是根據企業的自身實力與特點、同類企業的情況、市場與目標公眾的情況這幾方面來實施。在與知名度和美譽度的關係

上，形象定位具有其獨立性。知名度與美譽度高的企業，由於
形象定位不佳，而在市場上連年受挫的例子是相當多的。

(四) CIS與企業形象的關係

前面我們提到，一個完整的CIS應當包括VI、BI和MI三
部分。如果是進行全面的CIS策劃，CIS與企業形象應當是大致
相同的，因為這種導入，實際上是對企業從裡到外，即從內容
到形式，從理念到行為，再到外觀的徹底革命。正是在這個意
義上，日本CIS策劃界經常將corporate identity的CI與corporate
image的CI互換使用，他們認為這兩者基本是一回事。

美國型的CIS一般只有一個部分，即VI（視覺識別）。美國
CIS策劃界的看法是：企業識別就是對企業名稱、標誌、商標等
這些屬於外觀的構成要素進行革新。

這種單純改變形式而不改變內容的CIS策劃，自然與企業形
象存在著差別。簡單講，這種差別就是：

1. 企業形象是逐步建立起來的，是由瑣碎的、經常性的點滴
   小事所組成，是逐步被公眾了解的；而以VI策劃為主的
   企業識別則很快就可以製造出來，就像馬賽克一樣，可以
   被仔細地、精心地拼湊組合，並能很快被公眾注意到。
2. 企業形象的改變是革命性的，VI策劃是革新、改良性
   的。從這種角度講，相對於精神性的企業形象，VI策劃
   則是「物質性的」，是那種可以看得見的、摸得著的作
   品。

因此，試圖以部分導入的手段來創造、改進、提高企業的
看法，有許多都是無稽之談，就像弗·傑弗金斯指出的「組織

形象只能是它的本來面目，它並非那種可以另外創造、發明的東西」。

　　但是，是否可以說企業視覺識別系統的設計就沒有用處了呢？不，絕對不是！單純視覺識別系統的導入在下列情況中，可以發揮巨大的威力：當企業形象不被廣泛地知曉時，當企業形象遭人誤解時，當企業形象定位不佳或在市場上不鮮明、不引人注目時，透過 VI 技巧往往可以收到意想不到的效果。正因為如此，美國的絕大多數企業都要花費大量時間和金錢來精心設計自己的視覺識別系統，力圖首先在「外貌」、「著裝」上刻意修飾、裝扮，而給社會公眾一副引人注目、討人喜歡的外表，營造一個完美動人的「第一印象」。其中一些專業人士甚至認為，識別很好把握，它對於任何人都是同樣的東西，不太容易發生誤解；而形象不好把握，比較虛幻，對不同的人可能會產生不同的看法。這種觀點很有道理。

　　綜上所述，我們可以得出以下結論：當進行 CIS 策劃是全面導入時，這對於企業的內容與形式必然帶來革命性的變化，這種導入也就是重塑企業形象；當 CIS 策劃是部分導入時，並不能影響企業形象的內容，而只能改變其外觀，在重塑企業形象外觀這一點上，這種導入仍能產生極大的作用 。更準確地講，部分導入在知名度和形象定位這兩個形象要素上，可以發揮巨大的威力；而全面導入可以在三個形象要素上都發揮巨大的威力。

（五）對CIS導入的理性思考

　　CIS 的科學在國外已經發展了三十多年，它不僅有了一整套完整細致的理論體系，而且有在這種理論指導下所誕生的一大

批世界性的優秀企業和優秀品牌作爲樣本，可供我們借鑑和學習。我們可以將這門科學引入國門，應用到我們企業的經營實踐中去。但值得注意的是，我們有不同於國外的獨特的傳統文化、民族性格以及社會發展的現狀，各個企業之間也有著不完全相同的客觀環境，這就要求我們不能完全照搬國外的一套CIS，而必然要走民族化的道路，在「中國文化」這塊基石上進行分析和改造，使之在各個方面適合我國的國情，既要國際化又要本土化。這不是一個容易解決的研究課題，需要理論界的各學科包括廣告學、公共關係學、企業管理學、文化學、市場營銷學、社會心理學等學者相互攜手，對CIS進行全方位、跨學科的縱深理論探討，從而創造出有我國特色的CIS理論體系，以指導企業的實踐。

　　CIS從引入至今，已在某些企業裡發揮了作用。惟因時間短、速度快，而沒有進行深入透徹的思考，所以在實踐過程中不可避免地出現了許多不容忽視的問題。例如，許多新成立的廣告公司紛紛以CIS服務爲時髦，其實最多只是完成視覺形象識別部分的設計，把CIS等同於VI，有的則不懂也不問企業的經營管理、服務宗旨等，不以企業理念作爲指導，單純以藝術的審美要求設計企業標識。同時許多導入CIS的企業也認爲只要企業的標識更新了，CIS也就完成了。這些其實都是沒有眞正理解CIS。這種單純變革企業外在形象、治標不治本的做法，因其沒有從根本上解決企業的實際問題，顯然不能收到CIS的預期效果。如果廣告界在策劃服務時，只停留在視覺形象設計的淺層次上，那是遠遠不夠的，而且也會把CIS導入歧途。

　　另外，CIS的開發運作是長期的檢討、修正、監督、測定、回饋的過程，是螺旋式上升的無限循環，是一項長期策略。有

的企業認為實施一次CIS就足夠了，而把後期的服務束之高閣，滿足於一次性交易。甚至有的企業為了節省開支、急功近利，只實施CIS中的VI部分，即以為大功告成，這種種錯誤，從根本上來說還是沒有理解CIS的實質。

（六）造就有中國特色的CIS的對策與建議

導入CIS是一項系統工程，在實施過程中，企業要全面審視企業的理念、經營策略、公共關係、組織管理和企業外部的視覺形象，並要積極創造條件，不斷完善和提高自身形象。根據國內實際情況，企業要真正引入與有效實施CIS，必須進行多方面的努力。

◆樹立投資意識

企業要導入CIS，必須認識到建立企業形象所花費的金錢，不是「開支」，而是「投資」。企業形象是一種文化，是無形資產，是一筆看不見的巨大財富。提高企業形象，目的是使顧客滿意，使他們對企業產生信任，購買其產品，從而使企業獲得更高的利潤。這筆投資不僅不會虧本，反而會產生「增值」。要實施CIS，就必須投入足夠的資金。由於投資大，且實施效果具有不確定性，風險較大，難以預測，因此許多企業不願或沒有能力花費鉅額資金進行投資。如果一開始就不敢投資，導入CIS自然就無法進行；或者為了節省經費而刪除某些步驟則會更有損於企業形象。

◆改變傳統觀念

企業要導入CIS，必須改變傳統觀念。這主要包括兩個方面：一是企業領袖尤其是高層決策者高度重視，帶領全體員工，樹立企業形象的意識與主動性，注重企業理念的培養，企

業內部全體人員思想達到一致，這是企業應用CIS最基本的條件；二是CIS的設計和導入是一項複雜的系統工程，它牽涉到企業經營的多個方面，既是企業外在形象的更新，又是企業內在「靈魂」的變革。因此CIS的導入及實施不是一朝一夕就可以完成的，而是一項長期的工作，少則二、三年，多則十幾年。企業在設計和導入CIS時一定要克服急功近利的想法，爲了CI而CI，否則可能是欲速則不達。

由於企業內外環境是不斷變化的，企業的經營策略方式、市場定位、組織機構設置等可能會發生較大變化，因此企業的形象也不可能是固定不變的。每個企業的員工素質、經營者水準、業務狀況、競爭策略和營銷手段都各不相同，在樹立企業形象的方式、手段、策略上必然各有差異。所以爲塑造企業形象的CIS設計和導入要結合實際，隨企業內外環境的變化和企業的性質來進行。

◆採取正確的方法

CIS主要由三大要素構成，因此實施CIS要針對這些要素來採取方法。一般來說，CIS的方法主要有以下四種：

第一，突出視覺識別系統，尋求企業形象的標準化。利用象徵性符號、標誌、標語等表現手法來表達企業形象，並將這種統一化和標準化的設計貫穿到企業的作業運行中。

第二，重整企業經營的觀念和方針，透過分析企業經營低迷的原因，對症下藥，運用市場策略等方法，來糾正企業經營上的問題。

第三，改善企業體制，改變職員的意識。解決企業本身以及職員自身的意識和素質等方面所存在的問題。

第四，自創有特色的經營方式和範圍。從原來的能夠製造

什麼，變成應該去製造什麼等。企業在競爭中提倡美的商品、美的企業和美的經營，使企業在結構上發生一系列根本的變化。

◆建立專門的 CIS 設計部門

在國外，企業導入 CIS，通常委託專門的 CIS 設計機構來實施。在目前情況下，企業可選拔一批既懂經營又懂設計的專業人才，在 CIS 專門性機構的參與和協作下，成立 CIS 委員會或部門，形成自己的 CIS 研究設計部門。

本章摘要

◆ 經濟學家萊賓斯坦提出在企業中存在來源不明的 X（低）效率現象。X（低）效率理論強調人的因素、人的雙重性（理性與非理性）、個人努力程度是一個變數、個人行為具有惰性特徵等。

◆ 現代企業制度的有效激勵機制是建立七個激勵制度：理想目標、工作目標、分配、用工獎懲、考評、晉升、培訓制度。

思考與探索

1. 什麼是 X（低）效率理論，此理論與新古典理論有何區別，並作評價。

2. 試述什麼是個人行為的惰性特徵，這對管理者的管理有何啓示。

3. 舉例說明建立現代企業的激勵機制，應採取哪些對策。

第6章
勞動力市場中人的經濟心理與行為

6.1　勞動力市場的一般概念

6.1.1　勞動、勞動力與勞動力市場

　　勞動是勞動者在各種經濟活動和與經濟有關的活動中體力和腦力的消耗。而勞動力則是勞動者體力和智力的總和，即勞動力就是具有勞動能力的人。

　　勞動是作爲生產效用而發生的一種人的體力和智力活動，能夠提供各種效用來滿足人類的各種需要。無論對勞動供給者（個人）還是勞動需求者（企業）來說，勞動都是一種稀缺性資源（勞動時間有限）。對於勞動供給者，勞動是一種謀生的手段，只有轉讓其勞動使用權，才能獲得賴以維生的收入。對勞動需求者來說，勞動則是一種生產要素，只有將它投入到生產過程並與其他要素結合，才能生產產品並從中獲得收益。

　　在任何社會中，稀缺的勞動資源的分配都面臨一系列共同的問題，每個勞動供給者和勞動需求者都要做出下列決策：(1)是否提供勞動（是選擇更多的勞動，還是選擇更多的閒暇與教育時間）和是否需要進一步增加人手；(2)勞動供給多少，勞動需求多少；(3)從哪裡獲得合意的勞動供給和找到合意的職業種類。勞動供需雙方面對的上述問題的選擇與決定過程，就是勞動資源在社會各部門的分配過程。

　　勞動力市場是勞動供需雙方進行勞動交換而發生的一系列關係的總和，其深層反映的是勞動供需之間以勞動交換爲基礎

的社會關係的總和。勞動力市場具有以下幾個特點：

第一，勞動供需雙方的行為是理性的，即以尋求最大利益為其行為的基本動機，並以各自的收益與成本的平衡原則來決定各自的供給與需求。

第二，工資率作為勞動的價格，是一種靈活的「看不見的手」，它在勞動供需之間進行利益分配。同時，透過利益機制引導，勞動力在社會各個部門、各個行業進行勞動資源的分配，以使勞動力資源的配置最優化。

第三，擇業競爭是勞動力市場配置勞動力要素的核心機制，從供需雙方來看，勞動力市場對勞動力要素的有效配置是透過勞動者與生產者（企業）之間的雙向選擇實現的。也就是說，企業根據現有生產條件和產品市場變化對生產條件的要求，提出相應的工資和福利條件，以及勞動者的數量和技能水準來選擇勞動者。勞動者則根據自己的能力和對報酬及工作條件的預期，選擇滿意的企業。

第四，勞動力市場的主要調節參數是工資和福利條件，但是由於交換對象是以人為載體的勞動能力，因而受社會因素、心理因素甚至地理因素的影響較大。

第五，勞動合約是勞動供需雙方維護各自利益的手段，也是勞動力市場有效運作的最嚴厲、最公正的裁判員。

6.1.2　內部勞動力市場

內部勞動力市場（internal labor market）理論是近二十年來西方經濟學理論所獲得的最新進展之一，並成為勞動經濟學最新的組成部分，目前仍然是理論界的一個研究焦點。

　　內部勞動力理論認為，勞動力並不完全是在外部勞動力市場透過工資的競爭進行配置的。事實上有很多勞動力是長期服務於固定的企業，並在企業內循著工作的階梯（job ladder）被提升或淘汰。因此，傳統理論只關注外部勞動力市場對於勞動力資源的配置作用是不夠的，必須研究內部勞動力市場配置勞動資源的方式和效率特徵。

　　傳統理論認為，勞動力資源的配置是透過外部勞動力市場上的競爭而實現的，當企業雇用勞動力的邊際生產力等於其工資率時，企業達到利潤最大化的目標，整個經濟也就具有充分的效率。但大量的實證研究卻表明，大部分的勞動力資源實際上是在內部勞動力市場上進行配置的。在美國，擁有目前工作已超過二十五年時間的職工占全部職工的大約25％。在法國、德國和日本，勞動力擁有穩定工作的傾向更加明顯。具體來說，導致內部勞動力市場產生的原因主要有以下四個方面：

（一）存在勞動力替換的成本

　　內部勞動力市場理論與失業理論中的「內部人—外部人」理論（insider-outsider theory）一樣，認為勞動力替換的成本是影響勞動力市場運作的一個重要因素。在「內部人—外部人」理論中，勞動力替換成本被界定為三個方面：(1)雇用勞動力和解雇勞動力的成本；(2)由於內部人不願與企業新成員合作，而破壞與新成員的關係而引起的成本；(3)勞動力替換對勞動生產率造成負面影響而隱含的成本。由於存在著這些成本，企業對於勞動力的替換總是抱著謹慎的態度，這樣，勞動力在不同企業間的流動性就降低了，從而也促成了企業內部勞動力市場的形成。

（二）崗位的特殊性

在現代經濟中，隨著分工的深化和各種崗位上人力資本和知識的專用性提高，很多崗位都對從業人員提出了更高的要求。從勞動力自身角度來說，最佳的擇業選擇一般是掌握幾項特殊的技能，然後在自己的技能範圍內尋找合適的職業。這兩方面的原因就使得從事不同職業的勞動力之間確有充分的替代性。這樣一來，當企業需要雇用勞動力時，就要耗費一定的成本進行搜尋，這本身就構成了雇用勞動力的成本之一。其次，企業對於新員工都要進行一定的培訓，這種培訓也是一種人力資本的投資，如果用外部勞動力市場的勞動力對本企業的老員工進行替換，這就會降低企業人力資本投資的收益，從而構成了企業解雇勞動力的成本之一。反過來說，保持較為穩定的勞動力組成是企業提高人力資本投資回報的一種手段。

（三）勞動力市場上資訊的不對稱性

傳統理論對於外部勞動力市場的描述實際上還是新古典主義的拍賣機制，在這種機制下，買賣雙方資訊的對稱是非常重要的。但實際上，勞動力市場上的資訊往往是不對稱的，其中，勞動者對於自身就業後的收益一般都能事先從勞動合同中得到了解，而企業一般總處於資訊的劣勢，因為具體到某個勞動力的生產效率和勞動態度都是事後才能了解的。因此，企業總是透過一定時間觀察後才能對勞動力的生產效率和勞動態度作出評價，並決定勞動者的去留和升降。從這一角度來說，內部勞動力市場的存在，也可以視為企業收集勞動力資訊的一種需要。

（四）工會的作用

　　工會與內部勞動力市場之間的關係非常複雜，但有一點可以肯定，工會即使不是內部勞動力市場的決定因素，至少也是一種促進因素。西方企業中勞資雙方談判合約中的一些規則和程序已正式化、成文化，這些規則和程序對企業內部勞動力市場的形成起重要的作用。

6.2　失業職工的心理與行為

6.2.1　失業的一般概念

　　粗看起來，失業是一個眾人皆知的術語，但問題並不如此簡單，這裡我們首先對失業這一概念作一剖析。

　　西方經濟學對失業的定義各家看法大同小異。如薩繆爾森和諾德豪斯在其合著的《經濟學》的最新版本（第十四版）中給出的定義是：「那些未被雇用，但正在主動尋找工作，或正在重返原工作崗位的人。精確地說，一個人失業是指他或她目前沒有工作，而且(1)在最近四週裡，他做了具體努力，去尋找工作；(2)從一個工作崗位被解雇並在等待被重新雇用；或(3)已找好了工作，正等待下月去報到。」這一定義與美國「當前人口調查」（the current population survey, CPS）的統計標準相一致，與國際勞工組織所頒布的標準也類似，後者把失業定義為：一定年齡以上，參考時間內沒有工作，目前可以工作且正

在尋找工作的人。

6.2.2 正確看待失業問題

（一）失業是一種客觀現象，合理的失業率是經濟發展的需要

除自願失業和摩擦性失業以外，週期性失業（經濟週期性調整所導致）和結構性失業（經濟改組或產業結構升級所導致）都是經濟發展的必然結果，是一種客觀現象，在市場經濟條件下和技術進步過程中極難消除。就目前的情況而言，企業職工的失業問題不過是隱性失業轉化為顯性失業的結果，這種表現形式的改變，對經濟發展的作用卻是積極的。

第一，隱性失業顯性化有利於提高勞動生產率。失業的威脅促使勞動者珍惜工作崗位，調動其工作積極性，提高有效勞動時間在法定工作時間中所占的比重。

第二，有利於提高企業整體技術水準。企業透過減少冗員，就可以降低工資成本，把資金用於技術改造和職工培訓，從而提高企業整體技術水準。

第三，有利於勞動力資源的重新配置。可以促進一、二級產業的多餘人員向第三級產業轉移，使產業結構更趨合理。此外，可以增加在業工人壓力，有利於競爭；失業以後，經過再就業培訓，可以進一步提高失業職工的文化科技素質等等。

隱性失業顯性化是改革發展的必然產物，在自覺的、強有力的政府宏觀調控政策配合之下，只要將失業率控制在一個合理的範圍之內，調節得當，就一定會限制其消極一面而促進和推動經濟的發展。

（二）失業對社會經濟發展的效應

大量的失業現象對社會經濟的發展必定會形成一定的壓力，其影響將是深遠的。從正面看，其效應在於：

◆能促進勞動者素質的提高

據1997年北京師範大學「城鎮企業失業職工再就業狀況調查」報告，大陸失業職工數量與文化程度之比為：文盲2.1％；小學10.9％；初中45.5％；高中、中專、技校、職高35.8％；大專4.7％；大學1.0％。學歷雖不能全面反映勞動者的綜合素質，但起碼是衡量文化素質的重要指標。這一現實提醒再就業者，要不失業就必須努力提高自身的文化、科技素質和適應社會發展的綜合能力。

◆促進勞動力市場的健全和完善

完善的勞動力市場體系應是一個功能健全的系統，在勞動力資源配置中起重要的作用。現有的勞務市場遠遠不能滿足就業者的需要和勞動力市場的需要。但是，隨著失業人數的增多，必然會引起社會各方從經濟、法律、社會管理等方面來規範勞動力市場，促使其不斷規範和完善。

◆更新觀念，優化擇業觀

由企業員工到失業者，到再就業的艱辛歷程必然使再就業者對新擇職業更有個性偏好，如相當一部分人已不再注重短期薪資報酬，而比較看重事業環境的好壞、企業體的發展和工作的前途等。

當然，失業的負面效應也不應忽視：

◆生活困難

失業後，由於社會保障體系不完善以及個人勞動力產權損

失得不到應有的補償，使失業者感到生活困難。

◆心理負擔沈重

從失業者的分布狀況看，再就業困難者主要集中在婦女、學歷低和年齡偏大者（一般指四十歲以上）。這些人由於歷史、社會等種種原因，家庭負擔沈重，文化基礎差，重塑困難，對原單位的貢獻相對來說也不小，故失業後心理不平衡，抱怨較多。

◆影響社會穩定和經濟持續發展

比如因大量失業而導致的購買力下降使疲軟的市場更難以啟動；人窮志短、道德水準下滑等都嚴重影響經濟和社會的發展。

6.2.3 精簡人事的心理對策

(一) 運用心理學的有關激勵理論，使裁員對在職員工產生激勵效應，在企業中真正形成一種增效機制

根據美國心理學家、管理學家波特和勞勒提出的激勵模式，一個人之所以獲得激勵，是他過去學習得到了經驗，因而產生了對未來的期望。如果人們相信自己的努力會得到預期的結果，而此項結果又會隨之得到令人滿意的內在或外在的獎勵，他們就會受到激勵，付出自己的努力。該激勵模式如圖6-1所示。

如圖所示，要使人們取得好的績效，首先，要有激勵。其次，透過成功的激勵，人們煥發出高度的積極性，從而去努力工作。第三，在人們明確自己的角色、責任和具有符合崗位要

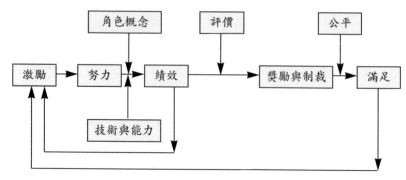

圖6-1　綜合激勵模式

求的技術與能力的條件下，經過努力而產生良好的績效。第
四，根據績效的大小，進行獎勵和懲罰。第五，獎勵與懲罰是
否公平合理，這本身又會影響人們的滿足程度。人們的滿足程
度反過來又會變成新的激勵，促使人們去努力工作從而產生新
的績效，這樣循環往復，以至無窮。

　　把這一模式應用到目前企業裁員問題上，在確定誰是不適
任人員，以及不適任人員失業後，能否對在職人員形成激勵，
最關鍵的是要把握好「努力→績效」和「獎懲→滿足」兩個環
節。

　　我們先來分析前一個環節。一個人只有努力去工作，才能
取得良好的績效，但並非任何人經過努力都能達到良好的績
效。將努力與績效連接起來的兩個重要因素是「角色概念」和
「技術與能力」。所謂角色概念，是指個人應將他的努力用在什
麼地方的意思。角色概念是否明確，是指一個人是否明確自己
的職責和任務，只有角色概念明確，努力才會有正確的方向和
目標，因而也就能取得較大的績效。在角色概念清楚的情況
下，個人能力的大小和技術熟練程度，又決定著不同的績效水

準。一個人只有具備了與其所在崗位相適應的技術和能力的前提，其努力才會取得好的績效。目前企業裁員，目的是爲了提高效率，但裁員能否增效，能增多大的效，這取決於留在崗位上的人員是否清楚自己的角色及具備與該角色相適應的技術與能力，或者說，是否眞正把具有與所需角色相適應能力和技術的人員留在了崗位上。這就要求企業在確定失業人員方案之前，首先要根據企業所處市場的供需狀況、企業的技術狀況和成本要求，以及企業的經營發展策略，科學合理地確定崗位以及每個崗位所需人員的能力和技術要求，在此基礎上，再確定人員編制和失業人員方案。這樣的方案在見諸職工之後，一方面會成爲企業各方代表和職代會討論的客觀依據，有利於失業人員名單確定的公正性；另一方面，又必然會對未失業人員形成有效的激勵。因爲按這種公開、公正原則所確定的失業人員方案，有利於使每個未失業人員清楚自己的角色，以及該角色要求自身提高哪些方面的能力和技術水準。

　　我們再來分析後一個環節，即「獎懲→滿足」環節。這個環節表明：一個人如果工作成績較好，從而獲得了較高的獎勵，同時，他又認爲這種獎勵是公平合理的，那麼，這種獎勵就會導致他對工作的滿足，而這種滿足又構成了下一個行爲過程的激勵。相反，如果人們在心理上感到不滿足，就會對下一個行爲過程產生消極影響。在這裡，公平的體驗是人們對獎勵的衡量。如果把視角換成有不適任人員企業的職工面對保住職位還是失業問題的話，公平的體驗也就轉換成具有一定能力和技術水準、並在以前的工作中取得較好績效的人員能否得到公正的評價，並在相應的崗位上繼續工作的問題。這是一種比一般的物質或精神獎勵更爲重要的獎勵。如果一個人是由於自己

的能力、技術水準和工作績效，透過競爭獲得某個職位，而不是由於其他方面的原因，他就會獲得心理上的滿足，並因此受到激勵。同時，他也會更加珍視這一職位，即努力使自己的能力和技術水準不斷地保持與所從事的工作職位相適應，這會爲企業經濟效益的不斷提高，提供一個內在的激勵機制。

（二）運用心理學的公平理論，促進裁員過程的平穩進行

在心理學中，公平理論是由心理學家亞當斯提出來的，它實際是一種社會比較過程的理論。它重點研究當一個人和他人進行比較時，他對自己的待遇感到公平的程度。當一個人感到他所獲得的結果與他們的投入的比值和作爲比較對象的別人的這項比值相等時，他就有了公平感；如果這個比值不相等，則感到不公平。這個理論可以用下面的公式表示：

$$\frac{O_P}{I_P} = \frac{O_0}{I_0}$$

式中，O_P和O_0分別代表一個人和作爲比較對象的另一個人所獲報酬或結果的感覺；I_P和I_0分別代表這個人和作爲比較對象的另一個人所做投入的估價。在我們現在所討論的問題中，如果把上述公式的涵義作一變換，那麼作爲結果（報酬），就是指一個人的留住職位還是失業；作爲投入，就是指某個人的能力和技術水準，以及在此前工作中所取得的績效。如果能力、技術水準和績效相同的人，有的保住職位有的失業，那麼失業的人就會感到不公平。當一個人受到不公平的待遇時，通常採取的行爲方式有：改變他人狀況以求公平；採取相應對策，改變自己的狀況以求實際公平；重新選擇參照對象，獲得主觀上的公

平；發牢騷、洩怨氣，製造人際矛盾，甚至放棄、破壞工作
等。

在當前企業精簡人事的實際運行過程中，尤其是在確定裁
員名單時，也必須嚴格按照公開、公正的原則進行，也就是要
努力使職工不論留任還是失業，都能在心理上感到公平。這對
於順利、平穩地完成企業裁員增效，度過經濟不景氣的這一重
要難關，是十分必要的。否則，必然增大裁員過程的難度，增
加社會的不穩定因素。這就要求在確定失業人員名單或職工競
爭職位時，一是方案的確定要經過職工或職代會的討論，使所
確定的職位符合企業生產經營和企業發展的實際需要，使各崗
位人員的條件科學、公開、合理；二是失業人員名單的確定要
透過民主的方式，或者是由企業領導集體決定，或是由職代會
民主討論確定。這樣做，一方面能對留任職工起到激勵作用，
另一方面，能使失業職工儘量減少不公平感，以避免由於感到
不公平而產生的失控行為。

6.2.4　失業職工的心理與行為

企業職工的失業待業，從有關個人職業生涯的心理學研究
來看，實質上是個人一生中的一個難以迴避的職業轉換過程。
有關職業轉換過程的理論以及有關社會變革的心理反應過程的
理論都提出，在整個過程中，個體的心理和行為都要經歷一個
從抗拒抵制到認同適應的轉折階段。在這一階段中，情緒的激
憤、自我的否定以及對他人的敵意和攻擊是較為普遍和明顯的
心理和行為反應。具體表現在以下幾個方面：

第一，在失業待業的認知觀念上普遍持有否定的反應傾

向。即否定自身失業待業的合理性、公平性和自主性，否定原單位提供支援幫助的可能性，否定周圍的其他人，進而否定自我，表現出一種因遭受挫折而沮喪、怨憤進而不能認同變革並拒絕適應的心態。

導致這種心態的出現，有多方面的原因，就失業職工個人自身情況而言，年齡偏大、知識缺乏、技能單一、家庭負擔較重，且經受過較多的社會急劇變遷的磨難，所有這些無疑都是促成失業職工面對社會變革和職業轉換時難以維持心態平衡、難以較快認同適應的主客觀原因。

從理論上來看，這種心態恰是發生在被迫的職業轉換和急劇的社會變革階段，環境條件的改善、社會的廣泛關注和領導群體的體諒寬容是促使這種心態經歷轉折，朝向認同變革並向逐步適應階段轉變的重要因素，特別是擇業和就業狀況的改善能夠較大程度地改變這種否定的心態。

第二，在失業待業的心理感受和體驗方面，他們雖然具有較為普遍的否定的感受和體驗，但多數人的這種感受和體驗並不非常強烈，其中關於自我的否定感受和體驗又不如關於他人的否定感受和體驗那麼普遍和強烈，這表明失業職工所持有的否定的心理感受和體驗主要是指向他人而不是指向於自己。這與失業職工對自身失業待業所作的認知歸因有較密切的聯繫，即將自身的失業待業歸因於周圍的其他人，從而導致對周圍其他人的否定的心理感受和體驗。

第三，在擇業的觀念和心態方面，失業職工普遍將工作的功利意義看作是工作的第一意義，並有較多的人持有較強烈的認同傾向，而對工作的社會服務意義的認同明顯地少於對工作的其他幾種意義（功利意義、生活意義、自我實現意義）的認

同。這表明失業職工的工作價值觀在很大程度上與實用主義的價值取向和對物質生活的需求密切相關。與這種擇業觀念相聯繫，失業職工在選擇職業時也就會傾向於將收入、福利和工作的穩定看做是非常重要的因素。另一方面，對於在一定程度上標誌和象徵職業高低貴賤等級特徵的社會地位和單位所有制兩個因素，大部分人認為是選擇工作的重要因素，而對工作環境和勞動強度的要求則不太高。由此看來，在當今失業職工的擇業觀念和就業心態中，實用主義、功利主義取向的擇業觀念已非常強烈，而對工作所體現的社會等級觀念已明顯淡薄，在選擇工作時，考慮較多和優先考慮的並不是工作自身的社會等級價值，而是工作自身的經濟價值。

第四，失業女職工待業心態和擇業觀念的特點主要表現為：持有較男性失業職工更為強烈和普遍的不公平感；不願對自己的前途和出路較男性失業職工更為擔心和憂慮；選擇工作時除看重工作的功利意義和經濟價值外，還較多關心和重視工作的生活意義和價值；對工作的自我實現意義和價值的關心不如男性失業職工那麼強烈，也不是她們選擇工作時所關心和重視的主要內容。所有這些都表明，失業女職工在失業待業時內心經歷著較為複雜和強烈的矛盾衝突和焦慮，既對自身的遭遇深感不公，但又不怨天尤人；既不滿於已經發生了的不公遭遇，更擔心日後新的不公再次降臨。在選擇工作時，將工作看做生活的重要組成部分，重視工作的外部結果，較少考慮工作與自身的聯繫及產生的影響。當失去工作後，女性內心所感受到的不僅是自身的矛盾困惑和家庭負擔的壓力，還包括有來自他人和社會的潛在無形的壓力和衝擊，這種雙重的壓力無疑是造成失業女職工心理反應強烈的重要原因。此外，不以個體自

我為取向的成就動機也是促成女職工擇業觀念的功利傾向和生活傾向的重要原因之一。

6.2.5 失業職工的挫折、焦慮、抑鬱心態及其對策

心理學家馬斯洛的需要層次理論認為，安全需要是人的五種基本需要之一，它包括職業安全、勞動安全、生活穩定、生活有保障、勞動有保護、有社會保險、退休金等等。對失業職工來說，他們的安全需要尤其強烈：物價上漲幅度大、以後的就業前景不明確，因而他們處於一種失去生活安全感的挫折之中，心理衝突日益加劇。

從上面的分析中我們可以看出，由於他們的安全需要得不到保障，對失業的心理承受力又比較低，從而導致他們中的許多人產生較嚴重的挫折、焦慮和抑鬱心理。因而，對失業職工心態及其對策的研究已成為社會關注的重點問題。

(一) 失業職工的挫折感

所謂挫折，是指人們在通向目標的道路上遇到障礙而又不能克服時產生的緊張狀態或情緒反應。也就是說，當人的需要不能實現時，或實現需要的阻力不能排除時，就不可避免地產生挫折心理。

失業職工失去求職安全感，不能滿足職業安全需要，是導致心理挫折的重要原因之一。職工失業待業的原因，有的並非本人工作表現所致，而是由於產業結構的調整、企業的改組改制以及勞動力供需失衡等原因造成的。這種在短期內無法克服，又非職工自身原因而造成的失業，最終將導致他們的心理

失衡，並產生一定的挫折感。

失業職工對挫折的承受力和容忍力是各不相同的，這取決於個人的生理條件、社會經驗、對挫折的認知等條件。在實際調查中我們發現，往往那些年齡接近於退休的職工，遭受挫折的程度相對較低，而年齡偏輕的職工，對挫折的知覺判斷明顯偏高。另外，個人所處的家庭和社會環境的壓力也是影響挫折知覺的關鍵因素。

（二）失業職工的焦慮、抑鬱感

焦慮是指個體由於不能達到目標或無法克服障礙，致使自尊心與自信心受挫或使失敗感、內疚感增加而形成的一種緊張不安、帶有恐懼的情緒狀態。

抑鬱泛指以心境低落、悲觀失望、興趣喪失、精力減退和行動遲緩為主要表現，並伴隨著認知、精神、人際關係與社會功能衰退等整體活動水準改變的一組綜合症。焦慮與抑鬱症狀經常同時出現，都屬於情感性障礙或心境障礙類別。

焦慮、抑鬱症狀與挫折心理有內在的聯繫。挫折是個體內在動機受阻，而焦慮、抑鬱則是個體遭受挫折後的一系列生理心理反應。由於失業職工在相當長一段時間內無法找到新的工作出路，從而使之不斷地處於一種挫折狀態中，最終導致焦慮與抑鬱症狀產生。

考察失業職工的焦慮和抑鬱程度，可以採用焦慮自評量表（簡稱SAS）與抑鬱自評量表（簡稱CES）進行測評。透過對一定數量的失業人員進行測評，我們發現，自評生活困難的失業職工，其心理焦慮與抑鬱指標都大大超過正常臨界值。然而，已找到新的就業機會的失業職工，其焦慮與抑鬱水準大大降

低，這說明，找到新的工作職位有利於失業職工擺脫挫折心理狀態。

（三）提高失業職工心理承受力的對策

失業不是個人力量所能控制的事情，如何幫助失業職工儘快從消極困惑中走出來，重新面對現實，以坦然、健康的心態度過失業期，再揚生活的風帆，不僅是政府、社會、企業的事，也是失業職工自身的事。作為失業職工自身，因失業而導致的不良心態若不注意主動調適，不僅會嚴重影響身心健康，而且會給重新擇業帶來心理障礙。主動積極調節自我心態可以從以下四方面入手：

◆排解不良情緒，增強承受能力

無論對於誰，突如其來的失業，失去工作和生活的保障，都是痛苦的經歷，因為工作是生活中重要的內容，由此而苦悶、煩躁、失落、憤懣都是正常反應。但如果這些消極情緒長期積累，對自己身心就會產生極大的危害。所以失業後應接受家人和朋友的關懷和支持，透過安慰、聊天、訴苦等方式宣洩消極情緒，儘快從失落的陰影中走出來。

◆改變不良認知，重新振奮精神

多數職工失業不是由於自己工作不努力，而是由社會原因造成的。失業不等於炒魷魚，更不意味自身價值喪失，不必過分內疚和自責。認清改革過程中失業的不可避免性，認清競爭時代優勝劣汰的規律，不把失業看成災禍、厄運，而視其為人生的再選擇、加油站，要看到危機中孕育著生機：失業使人有了一個再學習、再發展、重新塑造自我的機會，而且可能提供以前認為不可能成功的機會。認知端正了，心態也就平衡了，

新的動力也就產生了。

◆認真剖析自我，努力提高素質

　　失業是人生的一次新挑戰、新機遇，面對挑戰，把握機遇的前提是對自己有客觀、清醒、全面的評價。失業職工應該認真分析自己，了解自己的長短，發揚自身優勢，揚長避短、量力而行，並根據自身的條件積極參加職業、學歷、技能培訓，掌握新的生存本領，應努力做到「精一門，會兩門，學三門」，根據市場需要，學習再就業的技巧，克服盲目性，增加預見性，提高應變能力。

◆轉變就業觀念，調整就業心態

　　失業職工能否走出困惑取決於能否儘快重新就業。現實生活中不少失業職工遲遲未能再就業的主要原因之一就是受舊有擇業觀念的束縛。轉變就業觀念要做到：克服等、靠、依賴思想，樹立自強自立意識，主動找市場抓機會；克服求全、求穩心理，增強競爭意識、風險意識，摒棄擇業終身制觀念；克服求逸、攀比心理；不怕工作苦和累，行行能就業；克服好面子心理，職業無貴賤之分，用勞動換取報酬最光榮。

　　失業職工心態的引導和調節也需要政府、社會、企業共同努力，制定相關政策，創造再就業條件。

◆社會應大力宣傳再就業的先進典型

　　輿論對失業職工心態的調適有重要的作用。社會理應同情和理解失業職工，改變對失業職工的偏見和歧視，尊重他們的人格。特別應該加強宣傳失業職工中那些不失志氣、自強不息、奮發進取、辛勤創業的典型，為失業職工提供自強自立的榜樣，提倡艱苦奮鬥的精神，引導擇業觀念的轉變，重新鼓起失業職工再創業的勇氣，燃起他們生活的希望和信心。

◆逐步完善社會保障體系

失業職工最關心的是社會保障。社會保障制度包括養老保險、失業保險、醫療保險及社會福利制度等。在目前社會保障體系還不完善的情況下，首先應保證失業職工的基本生活需要，解決他們的後顧之憂。

◆積極推行多種形式的職業培訓

失業職工再就業的競爭力取決於他們是否能夠掌握社會需要的專業技能。應促進企業、政府、民間各方面的積極性，創辦各種形式的職業培訓機構，為失業職工提供學習的機會，改變他們技能單一的狀況，使他們透過培訓，獲得相應的職業資格，掌握實用的勞動技能，提高整體的素質，增強再就業的適應性。

◆成立再就業的輔導和服務機構

大批失業職工的生活困境和不良心態僅僅依靠他們自身的調節是不夠的，社會應該有針對性地提供心理輔導，鼓勵失業職工排除消極情緒，重新認識自我，找回人生定位。此外，針對失業職工再就業管道缺乏、就業資訊不暢的現狀，應該成立再就業服務中心，提供職業能力測試、就業行情分析等服務；除此之外，在職業與失業職工之間架起一座聯繫的橋樑也是當務之急。

◆發展第三產業，開闢新的就業領域

為使失業職工能儘快再就業，需要擴大就業領域，增加就業機會。第三產業對勞動力的吸納力強，已成為失業職工再就業的重要管道。社區服務作為第三產業發展中的一個新的增長點，特別適合於安排中年失業女職工。

引導失業職工形成積極健康的心態與行為是一項關係到社

會穩定的重要工程，也是社會轉型期社會科學工作者應重視和
加強研究的迫切課題。只有社會、政府、企業、失業職工個人
多方努力，失業職工早日走出困境，滿懷希望地創造美好未來
的新生活才會成為可能。

本章摘要

◆ 勞動力市場的特點是尋求最大利益的理性行為，擇業競爭
是核心機制，工資與福利是調節參數，勞動合約是手段和
保障。

◆ 對待失業職工要採取排解不良情緒，增強承受力；改變不
良認知，重新振奮精神；認真剖析自我，努力提高素質；
轉變就業觀念，調整就業心態等對策。

思考與探索

1.試述產生內部勞動力市場的原因。

2.試述企業精簡人事的心理對策。

3.試述失業職工的心理障礙——挫折、焦慮、抑鬱心態及其克服的措施。

參考文獻

俞文釗（1989）。〈在改革中重視提高人的心理承受力〉。《科學雜誌》，41（2）。

俞文釗（1989）。《實驗心理學》。杭州：浙江教育出版社。

俞文釗（1989）。《管理心理學》（修訂版）。蘭州：甘肅人民出版社。

俞文釗（1993）。《中國的激勵理論及其模式》。上海：華東師範大學出版社。

俞文釗（1996）。《市場經濟中人的投資心理與投資行爲》。北京：人民教育出版社。

俞文釗（1998）。《市場經濟中人的經濟心理與行爲》。北京：人民教育出版社。

彭星輝（1995）。〈企業形象研究——上海企業形象的維度構成〉。華東師範大學九五屆碩士研究生學位論文。

楊梅（1996）。〈風險投資中個體的冒險傾向性及其測量〉。華東師範大學九六屆碩士研究生學位論文。

阿爾布（1992）。符錦勇譯。《經濟心理學》。上海：上海譯文出版社。

薩繆爾森等（1992）。高鴻業等譯。《經濟學》（第二版）。北京：中國展望出版社。

Antonides, G. (1991). *Psychology in economics and business.* Kluwer: Academic Publishers.

Pjing, M. J. (1993). *Investment psychology explained.* John Wiley & Sons, Inc.

經濟心理學

商學叢書

編 著 者／俞文釗・魯直・唐爲民

出 版 者／揚智文化事業股份有限公司

發 行 人／葉忠賢

總 編 輯／林新倫

執行編輯／晏華璞

美術編輯／周淑惠

登 記 證／局版北市業字第1117號

地　　　址／台北市新生南路三段88號5樓之6

電　　　話／(02)2366-0309

傳　　　眞／(02)2366-0310

E-mail／book3@ycrc.com.tw

網　　　址／http://www.ycrc.com.tw

郵撥帳號／14534976

戶　　　名／揚智文化事業股份有限公司

印　　　刷／鼎易印刷事業股份有限公司

法律顧問／北辰著作權事務所　蕭雄淋律師

初版一刷／2002年11月

定　　　價／新台幣400元

ISBN／957-818-438-7

本書由東北財經大學出版社授權出版發行

國家圖書館出版品預行編目資料

經濟心理學 / 俞文釗, 魯直, 唐爲民編著. -- 初
版. -- 台北市：揚智文化, 2002[民91]
　　面；　公分. -- （商學叢書）
參考書目：面
ISBN 957-818-438-7 （平裝）

1. 經濟心理學

550.14　　　　　　　　　　　　　91015043